비엔나
워킹
투 어

이 도서의 국립중앙도서관 출판예정도서목록(CIP)은 서지정보유통지원시스템 홈페이지
(http://seoji.nl.go.kr)와 국가자료공동목록시스템(http://www.nl.go.kr/kolisnet)에서
이용하실 수 있습니다. CIP제어번호 : CIP2009003229

중세의 골목길에서 만나는

영광의 역사와 예술 그리고 낭만

비엔나 워킹 투어

| 정준극 지음

한울

이야기를 시작하면서

영국의 황태자비였던 다이애나의 애칭이 디Di라는 것을 아는 사람은 꽤 있다. 하지만 오스트리아 제국의 왕비였던 엘리자베트의 애칭이 씨씨Sissi라는 것을 아는 사람은 별로 없다. 비엔나, 나아가 오스트리아에서 '씨씨'라는 애칭의 엘리자베트를 모른다면 그건 이야기가 안 되는 일이다. 씨씨의 남편인 프란츠 요제프 황제에 대해서도 마찬가지이다. 오늘날 세계에서 가장 오랜 기간 동안 군주의 자리를 지켜온 사람은 타이의 푸미폰 국왕이다. 1948년에 왕위에 올랐으니 2009년으로 61년이라는 기간 동안 왕위에 있었다. 영국의 엘리자베스 여왕은 1952년에 대관식을 했으므로 2009년으로 57년 동안 군주의 자리에 있다. 그러나 푸미폰 국왕이나 엘리자베스 여왕은 통치는 하지 않고 군림만 하는 상징적 인물이다. 오스트리아 제국나중에는 오스트로-헝가리 제국의 프란츠 요제프 황제는 무려 68년 동안 실제적인 군주로서 제국을 통치했다. 기네스북에 올라야 할 기록이다. 오스트리아는 알면 알수록 흥미로운 국가이다. 그리고 비엔나는 그러한 오스트리아의 수도이다.

비엔나 사람에게 오스트리아와 한국은 여러 면에서 인연이 많다고 하면 자못 궁금해 한다. 우선 대한민국의 초대 대통령 이승만 박사의 영부인이 비엔나 근교 출신이다. 이승만 박사와 프란체스카 여사는 비엔나에서 결혼식을 올렸다고 한다. 또 다른 인연도 있다. 애국가를 작곡한 안익태 선생은 비엔나의 음악예술아카데미에서 리하르트 슈트라우스 등으로부터 작곡을 배웠다. 안익태 선생은 원래 첼리스트였으나 비엔나에 와서 작곡을 본격적으로 공부하기 시작했다고 한다. 애국가는 물론 교향곡 「코리아 판타지」에 대한 구상도 비엔나에서 다듬어졌을 것이다. 우선 이 두 가지 예만 보아도 우리나라와 오스트리아는 상당한 인연이 있다고 말할 수 있다. 그런 오스트리아에 대해 우리는 너무 모르는 것 같다. 하기야 대한민국 초창기에는 프란체스카 여사를 '호주댁'이라고 부르기까지 했다.

오랫동안 비엔나에 살고 있는 다른 나라 출신의 사람에게 카푸치너키르헤의 지하에 있는 합스부르크의 황실 영묘카이저그루프트를 찾아가 본 일이 있느냐고 물어보면 대부분 "그런 것도 있나요? 뭐하는 곳인데요?"라고 되묻는다. 호프부르크의 보물실샤츠캄머을 방문하여 전시품들을 찬찬히 감상해본 사람들도 많지 않다. 그런 곳에 대해 알고 있다고 해도 '시간 많은데 나중에 한번 가보지!'라고 생각하는 것 같다. 한국에서 친지들이 찾아와 비엔나 관광을 하게 되면 빠듯한 일정 때문인지 가는 곳이 한정되어 있다. 슈테판 성당, 호프부르크, 쉰브룬 궁전, 라트하우스시청, 슈타트파르크의 요한 슈트라우스 기념상 등이다. 얼른 사진 한 장 찍고 다른 곳으로 가는 것이 보통이다. 시간이 있으면 한국인이 경영하는 면세점에 들러야 한다. 캐른트너 슈트라세의 기념품 상점에도 들러야 한다. 점심이나 저녁은 한국식당이 필수코스이다. 비엔나를 좀 더 알고 싶다면 '비엔나의 심장'과 '비엔나의 영혼'이라는 제1구 인네레 슈타트Innere Stadt, 시내 중심의 구시가지를 집중적으로 둘러보아야 할 것이다. 인네레 슈타트를 아는 것이 비엔나를 이해하는 길이기 때문이다. 그럼에도 체계적으로 비엔나를 탐구하지 못하는 것은 '인네레 슈타트에 대한 자료들이 없어서!'라는 것이다. 그래서 다른 나라 사람들은 몰라도 비엔나에 살고 있는 한국 사람들과 비엔나를 방문한 한국 관광객들만이라도 인네레 슈타트에 대한 이야기를 좀 더 알고 있는 것이 필요하다는 생각이 들었다.

필자는 1970년대 말부터 시작하여 지금까지 30여 회 이상 비엔나를 방문했다. 한국원자력연구소에 근무했었기 때문에 국제원자력기구IAEA의 본부가 있는 비엔나에 자주 갈 수 있었다. 비엔나와 그토록 오랜 인연을 맺게 된 것은 기쁨이자 행운이었다. 인네레 슈타트의 이모저모를 탐구하고 정리함으로써 30여 년에 걸친 비엔나와의 인연을 계속 이어나가고 싶었다. 그러나 생각대로 진척되지 못했다. 미진하게 내버려두고 있던 차에 비엔나에 사는 어떤 한국 분이 필자가 개인 블로그에 올린 글을 보고 의견을 주셨다. 그분이 비엔나 인네레 슈타트 집중 탐구에 대한 필자의 글을 보고 '이런 이야기는 책으로 남겨 놓아야 한다'고 주장하는 바람에 약간 용기를 내어 스토리를 다시 정리하기 시작했다. 비엔나 소재의 국제원자력기구 자문관이었던 오토 빌트그루버

Otto Wildgruber 박사는 업무 때문에 만난 사람인데, 역사 교수도 저리 가라 할 정도로 합스부르크의 역사에 대해 대단히 박식했다. 게다가 비엔나 토박이였다. 그분에게서 많은 이야기를 들었다. 비엔나 중심가에 있는 펜션 빈Pension Wien의 지배인이었던 한스 피츠너Hans Pfitzner 씨 역시 비엔나 토박이였다. 비엔나에 출장 갈 때에 그 펜션에 자주 묵었기 때문에 교분을 쌓을 수 있었다. 그분한테도 재미난 이야기를 많이 들었다. 이런 분들이 없었다면 이야기를 정리하지 못했을 것이다. 비엔나에 대한 일반 관광 가이드는 다른 책자들을 보면 자세히 나와 있으므로 되도록 생략했다. 오로지 인네레 슈타트를 집중적으로 둘러보고 탐구하듯 산책하는 것에 초점을 맞추었다. 마침 도서출판 한울과 인연이 닿아 책이 나오게 되었다. 감사한 일이다.

비엔나에 대하여 귀중한 자문을 해주시고 자료를 제공해 주신 오토 빌트그루버 박사와 한스 피츠너 씨, 사진자료를 도와준 윤정 씨, 현지에서 도움을 준 이정공 씨에게 감사의 말씀을 드린다. 도서출판 한울의 김종수 사장님, 박행웅 고문님께도 감사의 말씀을 드린다.

2009년 9월 정준극

차 례

둘째 날 _ 97

셋째 날 _ 135

넷째 날 _ 177

Chapter 4 링-카이를 따라서

Chapter 5 비엔나 외곽과 근교의 필견 15곳

오스트리아 제국의 왕비였던
엘리자베트(일명 '씨씨')

Chapter 1

비엔나를 읽는 키워드

3W의 도시

_Waltz왈츠, Weib여인, Wein와인

비엔나는 위대한 합스부르크Habsburg 제국의 중심지이며 신성로마 제국의 수도이자 예술과 낭만이 화려하게 펼쳐지는 중심지였다. 특히 비엔나는 음악의 도시이다. 글루크, 하이든, 모차르트, 베토벤, 슈베르트, 브람스, 요한 슈트라우스가 활동했던 고전음악의 메카인 동시에 역사의 도시이며 문화와 예술의 도시이다. 하지만 비엔나 사람들은 비엔나의 또 다른 면모를 생각한다.

비엔나Wienna, Wien의 첫 글자인 W를 빌려서 세 개의 W가 또 다른 비엔나를 상징해준다는 것이다. 즐겁고 화려한 원무곡인 왈츠Waltz의 W, 아름답고 매혹적인 여인Weib 을 뜻하는 W, 그리고 향기로운 와인Wein의 W를 말한다. 비엔나에서 꽃을 피운 비엔나 왈츠는 새로 빚은 와인호이리게의 핑크빛과 함께 비엔나의 로맨스를 피어나게 한다. 비엔나 사람들은 이 세 가지 W가 한데 어울려 매력이 넘치는 비엔나 기질Wiener Blut을 만들어냈다고 생각한다. 블루트Blut는 '피' 라는 뜻이긴 하지만, 이 단어를 정확하게 꼬집어서 설명하기는 힘들다. 보통 비너 블루트를 '비엔나 기질'이라고 번역하기는 하지만 딱 떨어지는 표현은 아니다.

비너 블루트

_ 비엔나 기질

세 개의 W가 수놓여 있는 '비엔나 기질'이란 무엇인가? '비엔나 기질'이 가장 적절하게 표현된 것 중의 하나가 비엔나 오페레타라고 한다. 비엔나의 기질인 오페레타는 화려하고 즐겁다. 그러면서도 어딘지 아련한 추억이 서려 있다. 아마도 지난날의 영광에 대한 추억일 것이다. 오늘날 오페레타라고 하면 우선 비엔나 오페레타를 머리에 떠올린다. 비엔나는 세기말에 오페레타가 가장 화려하게 꽃을 피웠던 곳이다. 르네상스가 시작되고 인본주의 사상이 파도처럼 넘실대자 사람들은 신화와 성경에만 중점을 두었던 오페라로부터 벗어나고 싶어 했다. 오페라는 심각함보다는 즐거움을 주어야 한다는 생각에서였다. 이탈리아의 나폴리를 중심으로 유쾌한 내용의 오페라 부파Opera buffa가 태어났고, 파리에서는 위트에 넘치는 오페라 코미크Opera comique가 막 움트기 시작하고 있었다. 오페라 코미크는 작은 오페라라는 뜻에서 오페레타라고 부르기도 했다. 비엔나에서도 화려한 로맨스를 주제로 삼은 오페레타가 사랑을 받기 시작했다. 비엔나의 오페레타는 특히 1차 대전 이후에 만개했다. 절망과 위축에서 벗어나고 싶은 바람 때문이었다. 비엔나 오페레타는 비엔나 왈츠와 함께 발전해 나갔다.

대제국의 영화

_ 합스부르크의 도시

비엔나에는 위대한 합스부르크 제국의 영광이 도처에 남아 있다. 합스부르크 왕조는 오스트리아뿐만 아니라 신성로마제국을 통치했던 위대한 가문이다. 합스부르크는 640여 년 동안 유럽의 거의 대부분 지역에 영향력을 행사했던 막강한 왕조였다. 합스부르크의 사람들은 오스트리아 공국을 통치했을 뿐만 아니라 신성로마제국의 황제로서 위엄을 떨쳤다. 비엔나는 오스트리아의 수도이면서 신성로마제국의 수도였다. 따라서 비엔나는 합스부르크 제국의 중심지이자 유럽의 중심지였다. 비엔나가 합스부르크 제국의 중심지였다는 자부심과 추억은 요한 슈트라우스가 했다는 한마디 말로서 표현된다. "제국의 수도가 하나인 것처럼 비엔나도 하나뿐이다Es gibt nur ein Kaiserstadt. Es gibt nur ein Vienna."

만추의 황혼

비엔나 사람들은 화려했던 옛 영광을 마음에 간직한 채 스스로 위안을 삼으며 지낸다고 한다. 붉게 물든 낙조를 바라보며 영광스러웠던 한낮의 태양을 회상하는 것과 같은 것이다. 비엔나 출신의 오페레타 작곡가로 칼 밀뢰커Carl Millöcker가 있다. 그의 대표작은 〈거지학생Der Bettelstudent〉이다. 밀뢰커는 〈거지학생〉에서 비엔나를 '봄날의 라일락 꽃향기처럼 사랑스러운 정취가 넘쳐 있는 도시, 그런가 하면 만추에 마로니에 낙엽을 비추는 황혼과 같은 쓸쓸한 도시'라고 표현했다. 찬란했던 대제국의 영광이 만추晩秋의 황혼처럼 비엔나를 감싸고 있다는 설명이다. 과거의 영광에 대한 아름다운 추억! 비엔나를 만추의 황혼에 비교하는 것도 그 때문일 것이다. 합스부르크 제국의 찬란했던 영광이 요한 슈트라우스의 흥겨운 왈츠와 모차르트의 감미로운 아리아, 그리고 클림트Gustav Klimt의 황금빛에 어울려 면면이 이어 내려오는 곳이 비엔나이다. 과연 그러한가? 그것이 전부인가? 비엔나의 진짜 매력은 어디에서 나오는 것일까?

네 명의 관광상품

모차르트 기념상

비엔나는 탐미적인 예술의 도시로, 탐미적인 분위기를 대표하는 네 명의 '관광 상품'이 있다. 거리의 북적이는 기념품 상점에서부터 한적한 커피하우스에 이르기까지 어느 곳에 가든 이 네 명과 관련된 모습을 볼 수 있다. 바로 엘리자베트씨씨, SiSi, 클림트, 모차르트, 그리고 왈츠의 황제 요한 슈트라우스이다.

바바리아 출신으로 젊은 황제 프란츠 요제프 1세와 결혼한 엘리자베트는 아름다운 왕비였다. 합스부르크의 역사상 씨씨만큼 아름다운 왕비는 찾아볼 수 없을 것이다. 하지만 행복하지는 못했다. 하나뿐인 아들 루돌프 황태자가 자살을 하는 불행을 겪었으며 자신은 한 무정부주의자의 손에 피살당하는 비운을 겪었기 때문이다.

구스타프 클림트는 아르 누보의 선구적인 인물이다. 그의 작품에는 저항하기 어려운 관능미가 넘쳐 흐른다. 유명한 작품 '키스Der Kuss'를 보고 있자면 관능적인 아름다움에 자기도 모르게 빠져 들어간다. 모차르트는 어떠한가? 그의 음악을 들으면 감미로움에 젖어 행복해진다. 하늘이 선사한 아름다운 음악이다. 그리고 요한 슈트라우스! 그의 황홀한 왈츠를 들으면서 흥겨운 감상에 젖지 않을 사람이 어디 있겠는가? 비엔나에는 이 모든 것이 거리 곳곳에서 여전히 숨 쉬고 있다.

MOZART

고전음악의 메카

비엔나는 낭만이 넘치고 누구나 동경하는 아름다운 도시이다. 수많은 음악가, 미술가, 작가, 철학자, 과학자, 건축가, 정치가가 비엔나를 동경하여 이곳에 정착하여 살았다. 무엇보다도 비엔나는 세계가 인정하는 음악의 도시이다. 언제 어디서라도 모차르트의 오페라 아리아와 요한 슈트라우스의 왈츠가 들리는 도시이다. 18세기 말부터 20세기 초까지 비엔나는 세계 고전음악의 메카였다. 비발디, 글루크, 하이든, 베토벤, 슈베르트, 브람스 등이 비엔나에 기반을 두고 찬란한 음악을 완성했다. 리스트, 쇼팽, 바그너, 말러, 브루크너, 주페, 크라이슬러, 베베른, 야나체크, 쇤베르크, 골드마크, 레하르와 같은 세계적인 작곡가들도 비엔나를 무대로 활동했다. 이것을 우연이라고만 할 수 있을까? 비엔나 슈타츠오퍼국립오페라극장 와 비엔나 필하모닉을 통해 면면히 이어 내려오고 있는 고전음악의 뛰어난 전통은 어디에서 기인한 것인가? '다른 도시들의 도로는 아스팔트로 포장되어 있지만, 비엔나의 도로는 음악으로 포장되어 있다' 라는 지휘자 클레멘스 크라우스의 말이 실감이 날 정도로 비엔나의 거리거리에는 음악의 정취가 남아 있다.

아르 누보Art Nouveau의 보고

비엔나는 아르 누보 미술의 보고이다. 비엔나에는 역사주의와 현대주의를 접목시킨 위대한 건축가 오토 바그너Otto Wagner의 새로운 감각적 건축물이 거리의 곳곳에 있다. 세기말에 유겐트스틸Jugendstil 스타일의 작품으로 새로운 풍조를 창조했던 오토 바그너는 일상적인 건축물의 창조에 탁월했다. 그는 비엔나 시내의 지하철 정류장, 도나우 강변의 부두 건물, 우편국청사 등을 설계했으며, 일반 아파트 건물의 설계에도 참여했다. 그라벤 10번지, 링케 볼차일레 38~40번지가 대표적이다.

이 밖에도 구스타프 클림트와 에곤 실레Egon Schiele의 탐미적인 아름다움을 곳곳에서 발견할 수 있다. 특히 비엔나의 미술사박물관은 세계적인 미술보고이다. 알베르티나 미술관, 레오폴트 미술관, 리히텐슈타인 미술관, 벨베데레 궁전의 20세기 미술관 등도 위대한 명화의 전당이다.

학문과 정치의 중심지

비엔나는 과학과 의학의 중심지이다. 정신분석학자 지그문트 프로이트는 비엔나 출신이다. 유서 깊은 비엔나대학교에서만 7명의 노벨 과학상 수상자가 배출되었다. 또한 비엔나는 건축의 메카이다. 거장 피셔 폰 에를라흐Fischer von Erlach 와 루카스 폰 힐데브란트Lucas von Hildebradt가 활동했던 도시이기도 하다. 폰 에를라흐는 칼스키르헤, 국립도서관, 호프부르크의 정문, 스페인승마학교 등 수많은 건축물을 남겼다. 폰 힐데브란트는 쇤브룬 궁전, 벨베데레 궁전 등을 설계한 세계적 건축가이다. 비엔나 중심지역을 둘러싸고 있는 환상環狀 도로를 따라 장엄하게 늘어선 건축물들을 보면 저절로 감탄이 나올 수밖에 없다. 한편 비엔나는 세계의 정치 판도를 바꾸어놓는 데도 큰 역할을 담당한 도시였다. 나폴레옹 이후, 메테르니히 재상 시대의 '회의는 춤춘다Die Kongress tanzt'라는 말은 덮어두고라도 1차 대전이 비엔나에서 연유된 것은 역사적인 사실이며, 2차 대전에서는 독일에 합병되어 치욕의 역사를 썼던 나라도 오스트리아이다. 2차 대전의 장본인인 히틀러도 오스트리아 사람인 것은 어떻게 설명할 수 있을까? 여하튼 비엔나로 대표되는 오스트리아가 세계의 역사를 바꾸어놓은 주역이었다는 점은 분명해 보인다.

세계의 인종박람회장

비엔나를 진정으로 비엔나답게 만들어주고 있는 주역들은 비엔나의 시민들이다. 이들이 비엔나의 전통을 이어가기 위해 부단히 노력하고 있기 때문에 오늘날의 비엔나가 유지되고 있다. 그런데 비엔나 시민이라면 누구를 말하는 것일까? 이들은 바벤베르크와 합스부르크의 영광을 가슴에 안고 지내온 시민들을 일컫는다. 물론 이른바 '토박이'라고 하는 사람들은 불과 몇 퍼센트에도 이르지 못한다. 그리고 그들의 뿌리를 따지고 보면 거의 모두 비엔나 이외의 지역에서 하나 둘씩 모여든 사람들이다. 이들이 모여 전통을 이어가고 문화와 예술을 발전시켜 나갔던 것이다. 박물관의 도시인 비엔나는 인종의 박물관이기도 하다. 독일인, 폴란드인, 유대인, 헝가리인, 보헤미아체코인, 세르비아인, 우크라이나인, 슬로바키아인, 루테니아인, 크로아티아인, 루마니아인, 이탈리아인, 그리스인, 알바니아인, 아르메니아인, 터키인, 아랍인, 그리고 중국인, 베트남인, 필리핀인, 인도네시아인을 비롯해서 날로 늘어나고 있는 아시아인들! 1970년대에 완공한 UN 기구도시UNO City는 비엔나를 세계의 인종박람회장으로 만드는 데 기여했다. 이 모든 사람들이 비엔나의 시민들이다.

고전과 현대의 공존

비엔나는 고전과 현대가 융합된 도시이다. 역사적으로 유서 깊은 보수와 함께 개혁과 진보를 추구하고 있는 사람들이 공존하는 곳이 비엔나이다. 유럽의 다른 도시에서 현대적 감각의 건축물을 구상하기도 전에 비엔나에서는 이미 오토 바그너와 훈데르트바서Hundertwasser 등에 의해 첨단 감각의 건축물들이 들어서기 시작했다. 첨단과 고전의 공존은 비엔나 중심지역에서 자주 대면할 수 있다. 아마 가장 대표적인 경우가 슈테판 성당과 마주보고 있는 하스하우스Haas Haus일 것이다. 유리와 철근으로만 된 하스하우스를 지을 때 수많은 찬반 논란이 있었다. 그러나 가장 보수적일 것 같은 비엔나 사람들은 결국은 가장 첨단적인 건물을 비엔나 시내의 가장 핵심적인 중심지에 받아들이기로 결정했다. 이처럼 비엔나는 전통에 기반을 두면서도 현대를 지향하는 도시이다. 이것이 비엔나의 비밀이자 매력이다.

생활 속의 멜랑즈Melange

_ 인종

비엔나는 오래전부터 이민자들의 도시였다. 비엔나의 모든 조건이 외국으로부터 사람들을 모여들게 했다. 원래 합스부르크 제국은 여러 영토를 거느린 다국적 제국이었다. 전성기의 합스부르크는 오스트리아를 중심으로 헝가리, 체코, 폴란드, 이탈리아, 유고슬라비아 등의 일부 지역, 그리고 독일의 일부까지도 영토로 포함하고 있었다. 이들 각 지역에서 제국의 수도인 비엔나로 일자리를 얻고 공부를 하거나 경력을 쌓기 위해 오는 것은 당연한 일이었다.

16~17세기의 바로크 시대에는 이탈리아 사람들이 몰려왔다. 비엔나의 음악, 조각, 건축, 회화, 그리고 말할 나위도 없이 종교는 모두 이탈리아의 영향을 받았다. 19세기에는 주로 동구의 사람들이 비엔나로 일자리를 찾아왔다. 특히 체코에서 많이 왔다. 보헤미안집시들이었다. 이들은 저임금을 받고도 노동할 일자리만 있으면 비엔나에서 살았다. 당시 비엔나는 '링Ring'과 '카이Kai'를 중심으로 하는 대대적인 도시계획을 추진하고 있었다. 새로운 건물과 도로를 건설하는 데 필요한 벽돌을 만드는 일은 체코에서 온 노동자들의 몫이었다. 이들을 치겔뵘Ziegelböhm이라고 불렀다. 치겔Ziegel은 벽돌이란 뜻이며 뵘Böhm은 보헤미아 사람을 말한다.

한편 헝가리에서 온 사람들은 주로 요리사로 일했다. 귀족집의 요리사와 유명식당의 주방장은 대체로 헝가리 사람들이었다. 식당이나 카페에서 바이올린을 연주하는 사람들도 대부분 헝가리 출신이었다. 오스트로-헝가리 제국의 동북쪽 변방인 부코비나Bukowina에서 온 여자들은 대부분 귀족집의 하녀로 일했다. 중국에서 온 사람들은 주로 식당에서 일하거나 막노동을 했다. 1910년경에도 비엔나 시민의 3분의 1은 외지에서 온 사람들이었다. 당시에는 주로 유럽의 다른 나라 사람들이 와서 살았다.

요즘은 어떠한가? 밤중에 도로공사를 하는 사람들이나 거리에서 신문과 잡지를 파는 사람들은 거의 모두 중동 사람들이다. 비엔나에는 아시아에서 온 음악 유학생들이 콩나물 시루의 콩나물처럼 많다. 아시아 식당들이 해마다 늘어나고 있다. 한국 식당이건 베트남 식당이건 종업원들은 거의 모두 중국 아니면 필리핀에서 온 사람들이다. 현재 비엔나에는 필리핀 사람 1만 5,000여 명이 살고 있다.

비엔나는 유럽에서 체코인과 유대인이 두 번째로 많은 도시였다. 특히 유대인만 따진다면 비엔나는 세계에서 여섯 번째로 유대인이 많이 사는 도시이며, 유럽에서는 파리 다음으로 유대인이 많다. 유대인들은 주로 지금의 2구인 레오폴드슈타트에서 살았다. 사실은 시내 중심지역에 살다가 외곽인 레오폴드슈타트로 쫓겨난 것이다. 사람들은 유대인들이 사는 게토를 '마체스의 섬'이라는 별로 달갑지 않은 이름으로 불렀다. 마체스는 유대인들이 유월절에 먹는 누룩을 넣지 않은 무교병無酵餠을 말한다. 비엔나는 중세 이후로부터 성문을 개방하여 누구나 들어와서 살도록 자유를 주었다. 그렇기 때문에 영국과 스페인, 그리고 심지어는 동구의 나라에서 천대를 받았던 유대인들이 자유가 보장된 비엔나로 몰려와서 살았다. 특히 동서 교통의 요지로서 상업이 발달했고 학문과 예술이

발달했던 비엔나야말로 유대인들의 취향과 맞아 떨어진 도시였다. 핍박받는 도시에서 생존하려면 무엇보다 돈이 있어야 했다. 유대인들은 생존을 위해 기를 쓰고 돈을 움켜쥐었다. 그렇지 않으면 뛰어난 학자나 예술가가 되어 무시를 당하지 말아야 했다.

_ 음식

여러 민족의 혼합은 비엔나의 경제, 학문, 문화뿐만 아니라 비엔나 사람들의 일상생활에도 많은 영향을 끼쳤다. 비엔나 특유의 방언사투리에는 독일어와 히브리어의 혼합언어인 이디시Yiddish, 그리고 체코어, 헝가리어, 이탈리아어가 많이 섞여 있다. 여기에 전통적으로 상류사회를 통한 프랑스어도 한몫했다. 카페Cafe, 멜랑즈Melange 등은 대표적이다. 비엔나의 음식은 보헤미아의 디저트, 헝가리의 굴라시Goulash, 이탈리아의 아이스크림젤라토, 세르비아의 쌀고기 다짐 등 다뉴브 왕국의 풍미를 복합적으로 지니고 있다. 굴라시 또는 구야시는 헝가리의 넓은 초원에서 목동들이 주로 먹는 매운맛의 음식으로 원래는 방랑자, 목동이란 뜻이다. 비엔나의 대표적 명물인 비너슈니첼Wiener Schinitzel: 슈니첼은 얇게 저민 커틀릿을 말함도 사실 비엔나 고유의 메뉴가 아니다. 원래 비잔틴에서 유래했으며 그 후 밀라노에서 유행하던 것을 밀라노 출신의 요리사가 마리아 테레지아 궁정에 소개했다고 한다. 일설에는 라데츠키 장군이 이탈리아와의 전투에서 승리하고 귀환할 때 함께 따라온 메뉴라고도 한다. 비엔나의 전통적인 음식점은 바이즐Beisl이라고 부른다. 그러나 이 말도 실은 히브리어로 '집' 을 뜻하는 단어에서 유래한 것이다.

_ 커피

비엔나의 또 다른 명물인 커피하우스카페도 비엔나 고유의 것이 아니다. 비엔나에 커피하우스가 처음 생긴 것은 1683년이라고 한다. 터키군의 비엔나 공성攻城 당시 게오르그 프란츠 콜쉬츠키Georg Franz Kolschitzky라는 사람이 터키 진영에 잠입하여 스파이가 되어 유리한 정보를 가지고 온 보상으로 왕실로부터 커피하우스를 개업할 권리를 얻은 것이 유래였다. 터키군이 썰물처럼 퇴각한 후 비엔나군 사령관은 콜쉬츠키에게 보상받고 싶은 것을 말하라고 했다. 콜쉬츠키는 터키군이 남기고 간 커피 자루를 달라고 했다. 그때까지만 해도 비엔나 사람들은 커피가 무엇인지 몰랐다. 그렇게 해서 비엔나에 커피가 전파되었고, 이후 비엔나 사람들의 기호품이 되었다는 이야기다.

그러나 이 이야기는 소문에 불과하다. 실은 1685년에 아르메니아 출신의 요하네스 데오다토Johannes Deodato라는 사람이 비엔나 최초의 커피하우스를 열어 소일거리 장소로 제공했다는 것이 정설이다. 커피하우스는 비엔나 생활에서 중요한 기능을 한다. 만일 비엔나에 커피하우스가 없었다면 정치인이 정책을 기획하거나 문인과 예술가가 창작 아이디어를 얻을 수 없었을 것이다. 최근에 비엔나커피의 대명사처럼 되어 있는 '멜랑즈'는 원래 혼합물을 뜻하는 프랑스어이지만, 정작 프랑스의 카페에서는 멜랑즈를 찾아보기 힘들고 오로지 비엔나에서만 볼 수 있다. 비엔나의 멜랑즈는 뜨거운 커피에 휘핑크림과 설탕을 혼합한 것이다. 이처럼 멜랑즈는 비엔나의 혼합된 인종, 문화, 예술을 상징적으로 드러내 보이는 단어이기도 하다.

중세의 골목길

_ 글라슬베르크

비엔나 사람들은 길거리가 복잡하게 얽혀 있는 지역을 글라슬베르크Glasslwerk라고 부른다. 이것은 '입으로 불어서 만드는 유리 세공'이라는 뜻이다. 중세에는 교통량이 그다지 많지 않았기 때문에 거리를 만들 때에도 길을 넓게 잡지 않았다. 그래서 큰길은 슈트라세Strasse, 좁은 길은 가세Gasse라고 불렀다. 좁은 가세들이 얽혀 있는 곳이 글라슬베르크이다. 루게크Lugeck의 뒤쪽에 펼쳐 있는 비엔나 구대학교 부근, 루프레헤트 교회 부근, 콜마르크트, 그리헨가세 부근 등이 대표적인 글라슬베르크이다. 비엔나 사람들은 집의 대문이나 현관, 심지어는 주소 표지판이나 상점 간판까지 장식하기를 좋아한다. 이런 장식들은 글라슬베르크와 같은 중세의 지역에서 자주 볼 수 있다. 예를 들면 쇤란테른가세를 들 수 있다. 오죽하면 '아름다운 등잔이 걸려 있는 거리'라는 이름이 붙었을까! 좁지만 아기자기한 역사와 전통이 간직되어 있는 글라슬베르크는 비엔나의 상징이며 비엔나 사람들의 성품을 대표한다.

호프부르크 궁전의 정문인
미하엘 문의 양쪽에 세워져 있는
헤르쿨레스 조각상

Chapter 2

비엔나 역사의 뒤안길

빈도보나의 전설

_ 로마제국의 국경 요새도시

비엔나의 역사에 관한 자료를 보면 빈도보나Vindobona 또는 Vindo bona라는 단어가 자주 등장한다. 빈도보나와 비엔나는 어떤 관계가 있는 것일까? 비엔나에는 언제부터 마을이 형성되고 사람들이 살게 되었을까? 처음에 이곳에는 어떤 사람들이 살았을까? 기록에 의하면 기원전 4세기경에 켈트인들이 오늘날의 비엔나에 와서 정착하기 시작했다고 한다. 이들이 마을을 이루고 살았던 장소가 현재의 호에르 마르크트Hoher Markt라고 한다. 그러므로 비엔나의 역사는 2,000년 전 이상으로 거슬러 올라간다. 그러다가 기원전 15년경에 로마인들이 켈트족을 몰아내고 이곳에 로마제국의 동부 군사요새를 설치했다. 로마제국은 이 요새를 빈도보나라고 불렀다. '좋은bona 마을vindo'이라는 뜻이다. 로마제국은 빈도보나를 서쪽에 있는 게르만 민족과의 경계로 삼았다. 6,000명의 로마병사가 주둔했다. 3세기에 이르러 인구가 늘고 상업거래가 빈번해지자 빈도보나는 단순한 로마군의 요새가 아니라 로마제국의 중요한 지방 도시로 격상되었다. 거의 400년 동안 그렇게 지냈다.

호에르 마르크트의 로마유적지에서 발굴한 인물상들
(로마박물관)

_ 빈도보나에서 빈으로

기원후 400년경, 게르만 민족의 대이동이 시작되었다. 빈도보나는 게르만 민족이 통과하는 루트였다. 이어 훈족흉노족이 물밀듯이 침범했다. 로마제국은 훈족에게 모두 양보하고 철수해야 했다. 그러다가 976년에 신성로마제국의 황제였던 오토 1세가 훈족을 몰아내고 바벤베르크Babenberg 가문에게 이 지역을 통치하도록 힘을 실어주었다. 이것이 바벤베르크 왕조의 시작이다. 도나우 강변에 자리 잡은 빈도보나는 알프스와 동유럽을 잇는 지리적 요충지로서 동서교역의 가교 기능을 했다. 알프스를 넘어 비엔나를 거쳐 동구로 연결되는 길을 베른슈타인 길Bernstein-strasse이라고 불렀다. 빈도보나는 점차 국제적인 상업도시로 발전했다. 특히 빈도보나는 발틱 해로부터 아드리아 해에 이르는 호박 길Amber Road의 길목에 있었다. 그 후 12세기 초에 바벤베르크 왕조의 하인리히 2세야소미어고트가 빈도보나를 영토의 중심으로 삼고, 이름도 빈영어로는 Vienna으로 변경했다. 이처럼 빈이라는 이름은 빈도보나에서 유래되었다.

_ 거리마다 살아 있는 역사

비엔나는 전체 23구로 구성되어 있다. 그중 제1구가 비엔나의 구시가지로서 중심지역이다. 오늘날 제1구 인네레 슈타트에서는 로마시대의 유적이 여러 곳에서 발견되고 있다. 비엔나의 역사를 보여주는 중요한 유적지이기도 하다. 제1구의 거리에 붙여진 이름 중 상당수는 오랜 과거의 유산을 잘 보여준다. 이름에서 보듯이 마르크-아우렐-슈트라세Marc-Aurel-Strasse는 로마제국의 철학자이자 황제인 마르쿠스 아우렐리우스 Marcus Aurelius, 121~180년를 기념하는 거리이다. 아우렐리우스는 빈도보나에 와서 지내다가 부근인 카르눈툼Karnuntum: Carnuntum 요새에서 세상을 떠났다.

비엔나는 동서 교역의 교량이었으므로 상업과 관련 있는 거리의 이름도 많다. 예를 들어, 잘츠토르가세Salztorgasse와 잘츠그리스Salzgries는 중세부터 소금Salz(잘츠)을 거래하던 시장터였다. 볼차일레Wollzeile는 모직공들이 모여 살았던 곳이고, 플라이슈마르크트Fleischmarkt는 정육업자들, 보그너가세Bognergasse는 활과 화살을 만드는 사람들, 나글러가세Naglergasse는 바늘을 만드는 사람들, 자일러슈태테Seilerstätte는 밧줄을 만드는 사람들, 투흐라우벤Tuchlauber은 옷감 상인들이 살았던 곳이라는 것을 알 수 있다.

이처럼 비엔나에는 시장과 관련된 지명이 다른 어느 도시보다도 많다. 새로 장터를 마련했다는 뜻의 노이어 마르크트Neuer Markt, 조금 높은 지역에 있는 장터라는 뜻의 호에르 마르크트Hoher Markt, 도축자들이 살았던 플라이슈마르크트Fleischmarkt, 농산물을 팔았던 바우에른마르크트Bauernmarkt, 땔감을 팔았던 콜마르크트Kohlmarkt, 마초를 팔았던 호이마르크트Heumarkt, 우유를 팔았던 나슈마르크트Naschmarkt 등등을 보면 거리의 이름에서 옛 장터의 모습을 떠올릴 수 있다. 또한 비엔나에 보험 회사가 많은 이유 역시 기본적으로 상인들의 장사를 보호하기 위해서였던 것임을 알 수 있다.

바벤베르크 왕조의 출범

_ 야소미어코트 공작

비엔나를 1156년에 신성로마제국의 변경지방이었던 오스트리아당시는 오스타리키 Ostarrichi의 정식 수도로 삼은 사람은 하인리히 2세이다. 그때부터 오스트리아는 공국으로서 인정을 받았고, 변경백邊境伯이라는 직책은 비로소 공작으로 불리게 되었다. 하인리히 2세는 오늘날의 암 호프Am Hof에 바벤베르크 왕조의 궁전을 처음으로 건설했고, 훌륭한 성당이 있어야 한다고 생각해서 슈테판 성당을 짓기 시작했다. 슈테판 성당의 바로 건너편에 있는 야소미어고트슈트라세Jasomirgottstrasse는 하인리히 2세의 별명인 야소미어고트Jasomirgott 공작을 기념해서 붙인 거리 이름이다. 신앙심이 두터웠던 하인리히 2세는 무슨 일에나 입버릇처럼 "Ja so mir Gott helfe그렇습니다. 하느님께서 나를 도우십니다"라고 말했다. 그래서 그를 야소미어고트라고 부르게 된 것이다.

_ 국제도시로서의 성장

10세기 후반, 유럽의 동부인 오스타리키 지방을 근거지로 일어난 바벤베르크 왕조는 도나우 강을 끼고 있는 넓은 비엔나를 거점으로 삼은 후에 다른 민족들에게도 문호를 개방하여 거주하도록 했다. 실은 그때부터 유대인도 와서 살게 되었고, 심지어 종교 때문에 영국으로부터 피난처를 구하러 온 순례자들도 많이 들어와 살았다. 야소미어고트 공작은 신성로마제국의 변경지방인 오스트리아에도 가톨릭을 크게 전파하기 위해 독일 레겐스부르크에서 활동하고 있던 아일랜드의 베네딕트 수도승들을 비엔나로 초청하여 가톨릭 전파에 앞장서도록 했다. 그래서 생긴 것이 쇼텐슈티프트Schottenstift와 쇼텐키르헤Schottenkirche이다. 당시로서는 이탈리아 이외의 지역에서 수도승들을 데려온다는 것을 생각하기 어려웠으므로 야소미어고트 대공이 아일랜드 수도승을 초청한 것은 상당히 개방적인 정책이었다. 바덴베르크의 개방 정책으로 비엔나는 점차 국제도시로 성장했다.

_ 도심지의 확장

이렇게 야소미어고트 공작의 정책으로 인해 비엔나가 점차 활기를 띠자 유럽의 유명한 음유시인들이 비엔나 궁진을 찾아오기 시작했다. 예를 들어, 탄호이저Tannhäuser는 비엔나 궁전에서 최고의 인기를 끌었다. 짐작컨대 이때부터 비엔나의 음악 예술이 영글기 시작한 것으로 보인다. 이렇게 암 호프에 있는 야소미어고트 궁전은 유럽 사교계의 중심으로 부상하기 시작했다. 십자군들도 성지 예루살렘으로 가기 위해서

APOTHEKE

쇼텐키르헤
(아일랜드수도회교회)

는 비엔나를 거쳐 갔다. 신성로마제국의 프리드리히 바르바로사Friedrich Barbarossa 황제는 성지로 가기 전에 비엔나에 들러 십자군 전쟁을 준비했다. 십자군 전쟁에 참여했던 영국의 사자왕 리처드는 바벤베르크의 레오폴트 5세Leopold V: 1172~1195년 재위 공작에 의해서 비엔나 서쪽으로 80킬로미터 떨어져 있는 뒤른슈타인 성에 감금되었다가 막대한 몸값을 내고 석방되었다. 사자왕 리처드의 몸값은 은화 5만 마르크였다. 이 금액은 은 12톤에 해당하는 것이다. 레오폴트 5세는 이 몸값으로 비엔나 도심지를 확장하는 공사비의 상당액을 충당했다. 그러고 보면 비엔나의 발전에 영국인들의 기여가 컸다고 할 수 있다. 이렇게 도심지의 확장과 함께 비엔나는 번창일로를 걸었다.

1246년 바벤베르크 왕조의 프리드리히 2세Friedrich II, 1230~1246년 재위는 후사가 없이 세상을 떠났다. 이후 오스트리아는 약 12년 동안 군주가 없는 공위空位 시대로 지냈다. 그러다가 1278년 합스부르크 가문의 루돌프 1세Rudolf I, 1276~1282년 재위가 보헤미아의 오토카르Ottokar를 퇴치하고 신성로마제국의 황제 및 오스트리아 대공에 올랐다. 이로부터 비엔나를 중심으로 한 합스부르크 왕조가 시작되었다. 비엔나의 황금시대가 열린 것이다.

합스부르크 왕조와 비엔나의 황금시대

_ 루돌프 4세의 치적

루돌프 4세Rudolf IV, 1358~1365년 재위는 비엔나대학교를 세워 학문을 진작시켰다. 루돌프 4세는 슈테판 성당의 본당 건물을 완성했다. 이를 기념하여 훗날 사람들은 슈테판 성당 '징거토르' 안쪽의 성소에 루돌프 4세가 슈테판 성당의 모형을 들고 서 있는 조각을 설치했다. 루돌프 4세가 슈테판 성당을 하느님께 봉헌한다는 의미였다. 우뚝 선 슈테판 성당의 모습은 날로 발전하는 비엔나를 상징하는 것이기도 했다. 합스부르크의 위상이 높아지자 합스부르크는 신성로마제국의 황제권에 도전했다. 간단히 말해서 '독일의 군주들이 뭐가 그리 대단하기에 신성로마제국의 황제까지 겸직하느냐? 가톨릭 교회를 수호하는 일에 비엔나보다 더 열심인 나라가 있으면 나와 보아라! 그러므로 신성로마제국의 황제는 합스부르크에서 나와야 한다' 라는 것이 주장의 핵심이었다. 또 한 가지 내세운 사항은 '오스트리아의 통치자를 왜 공작Duke이라고 불러야 하느냐? 왕이라고 부르지 않는 것은 그래도 참을 수 있다. 적어도 대공Archduke이라고 불러야 한다' 라는 주장이었다. 이러한 주장은 귀족계급과 장인계급일반 시민으로 나뉘어 뜨거운 논란으로 번졌다.

_ 신성로마제국의 수도

합스부르크의 위상을 드높이자는 주장을 내세운 레오폴트 4세Leopold IV, 1386~1411년 재위는 장인계급의 지지를 받았다. 귀족계급들은 슈티리아Styria와 카린티아Carinthia를 통치한 레오폴트 4세의 동생 에르네스트Ernest the Iron, 1386~1424년 재위를 지지했다. 에르네스트는 '현재로서 만족! 우리는 신성로마제국의 충실한 신하일 뿐이다' 라고 주장했다. 당시 비엔나의 시장은 콘라트 포아라우프Konrad Vorlauf였다. 귀족계급의 선도자인 포아라우프 시장은 '공연한 분란을 일으키자 말자' 라는 신조로 레오폴트 4세의 주장에 협조하지 않았다. 이에 레오폴트 4세는 1408년 포아라우프 시장을 전격 체포하여 과감하게 처형했다. 이후 레오폴트 4세의 입지는 더욱 강화되었다. 그러다가 합스부르크의 알브레히트 5세가 알브레히트 2세Albrecht II, 1404~1439년 재위라는 타이틀로 독일 왕에 선출되었다. 독일 왕은 통상 신성로마제국의 황제를 겸하지만 굳이 독일 왕이라고 칭한 것은 바티칸의 로마교황으로부터 정식으로 신성로마제국 황제의 직위를 축복받지 못해서였다. 이로써 비엔나는 마침내 신성로마제국의 수도가 되었다. 알브레히트 황제라는 이름은 1421~1422년 비엔나에서 유대인들을 추방한 장본인으로 기억되고 있다.

터키의 비엔나 공성

_ 터키는 왜 비엔나를 공격했나?

터키는 두 차례에 걸쳐 비엔나를 공성攻城했다. 1529년이 첫 번째였다. 이를 제1차 오스만투르크의 공성이라고 부른다. 공성은 실패로 끝났다. 터키군 진영에서 느닷없이 역병이 돌고 더구나 추운 겨울이 닥쳐왔기 때문에 병사들이 들판에서 지내기가 어려워 집으로 돌아갔던 것이다. 일단 안도의 한숨을 내쉰 비엔나는 새로운 성벽이 필요하다는 것을 절실히 느끼고 대공사를 시작했다. 시내를 둘러싸는 해자Moat가 조성되었고 성벽을 보강하여 십여 곳의 망루요새가 만들어졌다. 오늘날 바슈타이Bastei라고 불리는 지명은 비엔나 성곽의 망루 요새가 있던 곳이다. 성벽 밖에 있던 건물들은 비엔나 방어책으로 인해 거의 모두 허물어졌다. 성 안에서 대포를 쏘거나 소총을 쏠 때에 앞을 가로막으면 안 된다는 생각에서였다. 1683년에 터키가 대군을 이끌고 다시 공격해왔다. 당시 비엔나 수비 병력은 고작 1만 5,000명이었다. 비엔나가 터키의 공격에 두 달 동안 버티긴 했지만 더 이상 버티기 어렵게 되었을 때에 폴란드의 얀 3세 소비에스키Jan III Sobieski 왕이 가톨릭 구원군을 이끌고 달려와 터키군을 공격했다. 놀란 터키군은 황급하게 퇴각하고 말았다. 오스만투르크는 두 번에 걸친 비엔나 공성에 실패한 후 몰락을 거듭했다.

그렇다면 왜 터키는 비엔나 공격에 사활을 걸었을까? 첫째는 경제적 이유였다. 흑해에서 서유럽과 남유럽으로 통하는 무역의 거점을 차지하기 위해서였다. 비엔나는 동과 서를 잇는 교통의 요충이었기 때문이다. 또 다른 이유는 종교이다. 터키는 종교개혁에 동조한 헝가리 등 일부 지역이 가톨릭의 박해를 받자 도와주겠다는 명분을 내세웠던 것이다. 비엔나는 신성로마제국의 수도이고, 예전에 십자군 전쟁으로 이슬람이 고전했던 것을 생각하면 신성로마제국은 이슬람 국가인 터키의 원수였던 것이다.

_ 터키 전쟁의 부산물: 크루아상, 커피, 그리고 악기

반달처럼 생긴 빵인 크루아상Croissant은 1683년에 터키군을 몰아낸 것을 기념해서 비엔나에서 만들었다는 에피소드가 있다. 당시 터키군의 깃발 모양은 반달이었다. 이를 뒷받침하듯 크루아상이라는 프랑스어는 비앙누아세리Viennoiserie라는 말에서 나왔다는 주장이 있다. '비엔나의 빵'이라는 뜻이라고 한다. 오스트리아의 마리 앙투아네트가 1770년 시집올 때에 반달처럼 생긴 파이 빵을 프랑스에 소개했다는 주장도 있다. 어쨌든 19세기 이전에 크루아상이 있었다는 기록은 없으며, 퇴각하는 터키군을 조롱하기 위해 만들었다든지 또는 마리 앙투아네트가 처음 소개했다든지 하는 일화는 모두 19세기 초에 나온 것이다. 비엔나의 바겔Bagel이라는 빵도 합스부르크-오스만투르크 전쟁과 관련이 있다는 주장이 있다. 폴란드의 얀 3세 소비에스키 왕이 이끄는 용감한 폴란드 기병대의 돌격 나팔 소리를 기념하기 위해 바겔을 만들었다는 것이다. 비엔나에서 제일 처음 만든 커다란 바겔은 소비에스키 왕에게 증정되었

카푸치너키르헤(카푸친수도회교회). 지하에 유명한 카이저그루프트(황실 영묘)가 있다.

다는 것이다. 그러나 이 전설도 신빙성은 별로 없다. 1610년에 바겔과 비슷한 빵을 만들어 먹었다는 기록이 있기 때문이다.

터키 전쟁 이후의 커피에 관한 일화는 잘 알려진 것이다. 터키군이 퇴각할 때에 커피콩을 담은 자루를 여러 개 버리고 갔다. 이것을 콜쉬츠키Kolschitgky라는 사람이 보상으로 받아 유럽에서 세 번째로, 비엔나에서는 첫 번째로 커피하우스를 열었다는 이야기다. 처음에는 쓴 커피를 그대로 마셨으나 시간이 지나자 요즘과 같이 설탕과 크림을 넣어 마시게 되었다고 한다. 전설에 따르면 카푸친Capuchin수도회의 수도승들이 커피의 쓴 맛을 달게 하기 위해 커피에 꿀을 넣어 마시게 되고부터 카푸치노Cappuchino라는 말이 유행되기 시작했다고 한다. 또 다른 유래는 신성로마제국황제 레오폴트 1세의 애인이 커피를 마시다가 너무 써서 밀크와 꿀을 넣어 마시기 시작했다는 것이 현재의 카푸치노 커피 스타일이 되었다는 것이다. 또 한 가지 터키군이 남기고 간 것이 있다. 터키군이 황망하게 도망가면서 버리고 간 심벌즈, 베이스 드럼, 트라이앵글 등의 타악기는 터키와의 전쟁이 남긴 부산물이라고 한다. 비엔나 궁정악단이 이들 악기를 챙겨서 사용해보니 아주 그럴듯하게 좋았다는 것이다. 그때까지 유럽에는 그런 타악기가 없었다.

회의는 춤춘다

비엔나는 1805년과 1809년에 나폴레옹의 군화에 두 번이나 짓밟힌 일이 있다. 첫 번째 점령은 아무런 전투도 없이 싱겁게 이루어졌다. 나폴레옹 휘하의 프랑스군 장군 세 명이, 도나우 강을 건너는 유일한 다리이자 오스트리아군이 철통같이 방어하고 있는 타보르브뤼케Taborbrücke를 유유히 건너와 오스트리아군 사령관에게 "여보게, 전쟁은 이미 다 끝났네! 그러니 알아서 하게!"라고 말하는 바람에 오스트리아군은 싸움 한 번 하지 않고 프랑스군을 영접하고 말았다. 신통하게도 비엔나 시민들은 무혈 입성한 프랑스군을 손을 흔들며 환영했다. 이에 보답하는 의미에서 나폴레옹은 1만 명의 오스트리아 국방군을 무장해제하지 않고 그대로 직무에 충실하도록 조치를 취했다. 나폴레옹은 비엔나를 떠날 때 무기고에 있는 모든 무기와 탄약을 하나도 건드리지 않고 고스란히 남긴 채 신사답게 떠났다.

그러나 두 번째 방문은 이야기가 달랐다. 1809년에 나폴레옹이 모스크바로 향하기 전에 다시 비엔나를 침공했을 때에는 상당히 치열한 전투를 겪어야 했고 패배의 쓴잔을 마셔야 했다. 나폴레옹 군대는 비엔나 근교의 아스페른Aspern에서 카를 대공이 이끄는 오스트리아군에게 대패하여 비참하게 후퇴했다. 카를 대공의 기념상은 헬덴플라츠에 우뚝 서 있다. 몇 년 후 나폴레옹의 최후 패배 이후, 비엔나에서는 열강들이 모여 나폴레옹 이후의 유럽 지도를 연필로 다시 그렸다. 오스트리아의 재상 인 클레멘스 벤첼 폰 메테르니히Klmens Wenzel von Metternich: 1773~1859년 가 비엔나 회의를 주관했다. 비엔나 회의는 1814년 9월 18일부터 이듬해 6월 9일까지 장장 9개월에 걸쳐 지루할 만큼 계속되었다. 하지만 회의는 뒷전이었고, 실은 거의 매일 화려한 파티와 무도회가 이어졌다. 그래서 리뉴 공자Prince de Ligne인 샤를 조제프Charles Joseph는 "Le congres danse beaucoup, mais il ne marche pas회의는 춤을 많이 춘다. 그러나 진전은 없다: Die Kongress tanzt"라는 유명한 말을 남겼다.

호프부르크의 무도회

돌푸스 수상과 나치

_ 합스부르크 제국의 종식

발칸 반도에서 전쟁이 발발하고 이것이 전 유럽으로 번졌지만, 다행히 비엔나는 직접적인 전화에 휩쓸리지 않았다. 1차 대전의 종식과 함께 영원무궁하리라던 합스부르크 제국도 찬란했던 깃발을 내리게 되었다. 더구나 68년간 제국을 통치했던 프란츠 요제프 황제도 1차 대전 중인 1916년에 세상을 떠났다. 따라서 오스트로-헝가리 제국의 영광스러운 무대도 속절없이 막을 내리게 된 것이다.

_ 제3제국과 돌푸스 수상

1차 대전이 끝난 1918년 11월 12일, 라트하우스 옆에 있는 국회의사당 앞에서는 수천 명의 비엔나 시민들의 지켜보는 가운데 공화국수호연맹이 주관하는 독일-오스트리아Deutsch-Österreich 공화국 선포식이 열렸다. 오스트리아는 독일과 같은 배를 탄 나라라는 의미였다. 이로부터 비엔나와 오스트리아의 정치 상황은 걷잡을 수 없는 혼란 속으로 빠져 들어갔다. 오스트리아와 독일프러시아은 서로 끈끈한 관계가 있다는 주장과 끈끈하기는커녕 아무런 관계도 없다는 주장이 좌우익으로 갈라져 첨예

하게 대립했다. 대표적인 좌익단체는 사회주의를 추종하는 공화국수호 연맹Republikanische Schutzbund이었고, 우익단체는 방위군과 민병대를 중심으로 한 조국수호Heimwehr 단체였다. 1920년대는 이들 좌우익의 대결로 하루도 편한 날이 없던 시기였다.

그러다가 1927년 대법원이 오스트리아는 독일과 손잡을 아무런 이유도 없다고 결정하자 이 판결에 불복종하는 사회주의자들의 시위가 벌어졌고, 이를 제지하는 와중에 경찰이 발포하자 군중들은 삽시간에 폭도로 변했다. 더구나 오스트리아의 최대 은행이 파산했기 때문에 국민들의 불안은 가중되었던 때였다. 국회가 해산되고, 급기야 1934년 2월에는 유명한 내란이 일어났다. 마치 해방 후 한국에서 좌우익이 갈라져 싸우던 때와 흡사했다. 이 와중에 등장한 인물이 엥겔베르트 돌푸스Engelbert Dollfuss 수상 겸 외무장관이었다. 돌푸스 수상은 나치당과 공산당과 좌익이 연합한 공화국수호연맹의 활동을 금지하고 이어 1934년에는 사회민주당의 활동까지도 금지했다. 돌푸스 수상은 독일과의 통합을 주장하는 나치 추종자들에 의해 수상 집무실에서 비참하게 살해되었다.

_ 히틀러의 오스트리아 합병

1930년대 후반, 나치는 '우리는 같은 민족! 반갑습니다!' 라는 기치를 내걸고 합병이라는 미명 아래 독일 제3제국과 오스트리아를 합병하는 데 성공했다. 오스트리아 출신인 아돌프 히틀러는 1938년 3월 13일, 독일과 오스트리아의 역사적인 합병을 선언하기 위해 비엔나를 방문하여 헬덴플라츠영웅광장에 운집한 20만 명 군중들에게 '오스트리아는 결국 고향으로 돌아오게 되었다' 라고 선언했다. 이와 함께 오스트리아 제국의

1938년 히틀러가 비엔나 시민들 앞에서 독일과 오스트리아의 합병을 선언했던 헬덴플라츠

뒤를 이은 오스트리아 공화국은 독일 제3제국의 지방에 불과한 오스트마르크Ostmark가 되었다. 아돌프 히틀러의 반유대인 정책은 독-오의 합병이 있자 그렇지 않아도 비엔나에 뿌리를 내리고 있던 반유대 분위기에 불을 지폈다. 1938년 8월, 나치는 비엔나에 유대인이민중앙사무소KZ Oberlanzendorf Wien를 설치하고 본격적인 유대인 사냥에 나섰다. 책임자는 오스트리아 출신인 아돌프 아이히만Adolf Eichmann이었다.

지금까지 세계사 속에서 비엔나의 역사적 발자취를 중요한 사건을 기준으로 살펴보았다. 비엔나는 도시 자체가 살아 있는 박물관이라고 해도 좋을 정도이다. 그러므로 비엔나에 대한 기본적인 역사 지식이 있으면 '비엔나를 좀 더 아는' 데 도움이 될 것이다. 역사 이야기만 하면 지루하니, 이쯤에서 방향을 돌려 비엔나 중심가를 둘러보자. 6일 정도 비엔나의 제1구인 인네레 슈타트에 머물면서 구석구석을 살펴본다면 비엔나의 거의 모든 것을 볼 수 있다.

페테스키르헤 내부의 성 요한
네포무크의 순교를 표현한 조각

Chapter 3

6일간의 비엔나 중심가 워킹 투어

비엔나의 심장, 슈테판 성당의 야경

첫째 날 : 슈테판 성당

● 비엔나의 심장 ● 하이든, 모차르트, 슈베르트와의 인연 ● 야소미어고트 대공의 꿈 ● 거장 안톤 필그람 ● 2차 대전 막바지의 대화재 ● 거인의 문 ● 이교도의 탑 ● 빵과 옷감의 표준 ● '가수의 문'에서 '랑데부 문'으로 ● 눈물을 흘린 푀츄의 성모 ● 하인들의 성모 ● 프리드리히 3세의 대리석 관 ● '사도들의 문'과 바울의 회심 ● 중앙 제단의 성 슈테판의 순교 ● 오르간을 짊어진 사람 ● 72명의 성자들을 담은 비너 노이슈타트 제단 ● 치통의 그리스도 ● 비엔나의 랜드마크 '올드 슈테플' ● 마리아를 사랑했던 젊은 석공의 비극 ● 품메린을 품에 안은 '독수리 탑'

비엔나의 심장

슈테판 성당Stephansdom, St. Stephans Cathedral, 성슈테판 대성당은 비엔나를 상징하는 랜드마크이다. 파리의 에펠 탑과 런던의 빅벤이 그 도시의 랜드마크인 것처럼 슈테판 성당은 비엔나를 대표하는 건축물이다. 하지만 이것이 전부는 아니다. 비엔나 국립오페라극장슈타츠오퍼Staatsoper: 비엔나에서는 보통 '오퍼' 라고 부름이 '비엔나의 영혼'이라면 슈테판 성당은 '비엔나의 심장'이다. 슈테판 성당은 비엔나 중심 지역의 한가운데 자리 잡고 있다. 이 성당을 중심으로 비엔나의 중심 지역인 제1구 인네레 슈타트의 거리들이 마치 혈관처럼 뻗어 있다. '인네레Innere'라는 단어에는 '정신적'이라는 뜻도 포함되어 있다. 예를 들어, 인네레 에미그라치온Innere Emigration은 오스트리아 사람들이 자주 말하는 '정신적 망명'이라는 뜻이다. 그러므로 비엔나의 제1구인 인네레 슈타트는 '정신적인 중심지'를 의미한다고 해도 과언이 아니다.

슈테판 성당은 비엔나 500년의 역사를 지켜본 산증인이다. 바벤베르크 왕조와 합스부르크 왕조의 영욕을 지켜보았으며 1, 2차 대전의 참화를 목격했다. 슈테판 성당이 1137년에 처음 세워졌을 때에는 비엔나의 성벽 밖에 있었기 때문에 비엔나의 중심으로서 기능하지는 못했다. 하지만 18년 후인 1155년에 비엔나 시내가 현재의 링 슈트라세를 중심으로 재정비되자 슈테판 성당은 비엔나의 중심으로 우뚝 섰다.

하이든, 모차르트, 슈베르트와의 인연

슈테판 성당은 모차르트가 결혼식을 올렸고 그가 세상을 떠났을 때 장례미사가 진행되었던 곳이다. 그런가 하면 하이든과 슈베르트가 소년 시절에 성가대원으로 활약한 곳이기도 하다. 2장 '비엔나 역사의 뒤안길'에서 살펴보았듯이 슈테판 성당은 합스부르크 왕조와도 깊은 관계가 있다. 슈테판 성당의 카타콤에는 합스부르크 왕족들의 내장이 작은 항아리에 담겨 보관되어 있다. 유명한 마리아 테레지아 여제의 내장도, 아름다운 엘리자베트씨씨 왕비의 내장도 슈테판 성당의 지하 카타콤에 보관되어 있다. 합스부르크 왕실의 관례에 따르면, 죽은 왕족들의 심장은 아우구스틴 교회에 보관하며 내장은 슈테판 성당에 보관하고 시신은 관에 넣어 카푸친 교회의 황실 영묘Kaisergruft에 보관한다. 그리스도의 최후의 심판 때에 부활할 것을 염두에 두고 그런 관례가 비롯되었다고 한다.

거장 안톤 필그람

처음에 슈테판 성당의 대확장 공사를 책임 맡은 사람은 레오폴트 에른스트Leopold Ernst와 프리드리히 슈미트Friedrich Schmidt 였다. 장엄한 고딕 양식의 성당 내부는 오로지 두 건축가의 공로이다. 슈테판 성당의 상징인 남탑의 책임을 맡은 사람은 벤첼 헬블링Wenzel Helbling이었다. 그러나 그는 남탑의 완성을 보지 못하고 세상을 떠났다. 1430년대에 남탑의 건설 책임을 맡은 사람은 거장 페터 폰 프라흐티츠Peter von Prachtitz였고, 그의 뒤를 이어 오늘날의 남탑을 완성한 사람은 폰 프라흐티츠의 수제자인 한스 푹스바움Hans Puchsbaum이었다.

한편, 16세기 초에 징거토르Singertor: 가수의 문를 비롯하여 성당 내부를 완성한 사람은 거장 안톤 필그람Anton Pilgram이었다. 징거토르는 이 책의 67쪽에서 감상할 수 있다. 이 외에도 장대한 오르간 좌대에 필그람이 자신의 상반신 모습을 조각해 넣은 아름답고 섬세한 작품(이 책 83쪽)이 있다.

기하학적 디자인의 지붕이 완성된 것도 이때였다. 남탑의 높이는 136.4미터이며 북탑은 60.6미터이다. 남쪽 지붕에는 성당의 확장공사가 대대적으로 마무리된 1831년의 숫자가 적혀 있으며, 북쪽 지붕에는 2차 대전 후 복구 작업이 마무리된 1950년의 숫자가 장식되어 있다. 남쪽 지붕의 1831이라고 써넣은 쪽에는 오스트리아 제국의 문장과 오스트리아 제국을 선포한 F. I., 즉 프란츠 요제프 1세Franz Joseph I의 이니셜이 적혀 있다.

그리고 북쪽 지붕의 1950이라고 써넣은 쪽에는 오스트리아 제2공화국과 비엔나 시의 문장이 장식되어 있다. 대부분 성당들은 동쪽을 향하거나 서쪽을 향하도록 짓는다. 슈테판 성당은 약간 동남쪽을 향하게 지었다. 현재의 슈테판 성당의 전신인 바실리카 스타일의 성당을 거의 완성하던 해인 1137년 12월 26일 아침에 해가 뜬 방향을 향하도록 했다는 것이다. 그리고 슈테판 성당은 전체적으로 왼쪽으로 약간 기울어져 있다.

2차 대전
막바지의 대화재

슈테판 성당의 수난은 근대에 들어와서도 있었다. 2차 대전이 막바지일 때 비엔나 중심가는 독일군이 방어하고 있었고, 다뉴브 강 건너편에서는 러시아군을 중심으로 한 연합군이 포진하여 비엔나를 탈환할 기회를 노리고 있었다. 이러한 때에 시내 한가운데 서 있는 슈테판 성당은 연합군의 직접적인 포격망 안에 들어가 있을 수밖에 없었다. 물론 연합군은 슈테판 성당에 직접 포탄을 퍼붓지는 않았다. 하지만 이웃하고 있는 건물들에 떨어진 포탄으로 불이 붙기 시작했고, 급기야 불길이 바람을 타고 성당의 지붕으로 번져 본 건물에도 불이 붙기 시작했다. 불길은 이틀 동안이나 지속되었다. 슈테판 성당이 불길에 휩싸인 것을 본 시민들은 포화의 위험 속에서도 불을 끄기 위해 너도나도 몰려나왔다. 불이 꺼지자 시민들은 잿더미 속에서 부서진 벽돌 한 장 한 장, 깨진 조각상 한 조각 한 조각을 소중하게 찾아서 간직했다. 언젠가 복구될 때에 다시 사용될 것을 믿었기 때문이었다.

전쟁이 끝나고 슈테판 성당의 복구가 시작되자 시민들이 전쟁의 막바지에 간직했던 성당의 잔해들을 들고 나왔다. 이처럼 비엔나 시민들의 뜨거운 정성으로 전쟁이 끝나자마자 성당의 재건에 착수하여, 5년 후인 1950년 1차적인 복구를 마무리하고 1952년에는 복구된 성당을 봉헌할 수 있었다. 하지만 그 후로도 계속 보수공사가 진행되었으며 2008

슈테판 성당의 지붕

년 말부터는 남탑의 오염된 때를 벗겨내는 작업이 장기 계획으로 진행되고 있다. 약간 이야기가 빗나가긴 하지만, 1683년 터키의 제2차 비엔나 공성 때에는 터키군이 슈테판 성당에 1,000여 발의 대포알을 퍼부었다. 하지만 끄떡없었다. 슈테판 성당의 종Pummerin은 터키군이 미처 가져가지 못한 대포를 녹여서 만든 것이다. 기하학적인 사라센 디자인의 지붕은 약 23만 개의 타일로 구성되어 있다. 타일 한 개의 무게는 2.5킬로그램이며, 모두 10가지 색으로 되어 있다. 슈테판 성당 지붕에 있는 색 타일을 일렬로 늘어놓으면 그 길이가 51킬로미터에 이른다고 한다.

거인의 문

로마네스크 양식의 성당 정문은 '거인의 문Riesentor: 리젠토르'이라고 부른다. 영화〈제3의 사나이The Third Man〉캐롤 리드 감독의 1949년 영화로, 황폐한 전후의 비엔나를 무대로 미국의 작가가 친구의 진실을 찾는 과정을 그리고 있다에 등장하여 유명해진 프라터Prater 유원지의 대관람차를 리젠라트Riesenrad, 즉 거대한 바퀴라고 부르는 것처럼, 'Riesen'이라는 단어는 '거대하다'라는 뜻이다. 하지만 리제Riese 또는 리젠Riesen은 산에서 나무를 베어 아래로 쉽게 보내기 위해 만든 미끄럼 운반 장치를 뜻하기도 한다. 슈테판 성당에 높은 탑을 세울 때 미끄럼 운반 장치를 만들어 건축자재를 올리고 내리도록 했다고 한다. 그런 배경에서 '리젠토르'라는 명칭이 비롯된 것이 아닌지 생각해보게 된다. 이름이 '거인의 문'이라고 해서 문의 규모가 거대하지는 않다. 어떤 사람들은 '거인의 문'이 슈테판 성당에서 세례를 받았다는 전설의 '거인 이교도'와 관련이 있다고 말하지만, 이에 대한 근거는 없다.

슈테판 성당의 출입문으로는 서쪽을 향해 있는 '거인의 문'이 정문의 성격을 띠고 있지만, 이 밖에도 북쪽과 남쪽으로 각각 두 개의 문이 따로 있다. 북탑 쪽에 있는 출입문은 '주교의 문Bischofstor'과 '독수리문Adlertor'이며, 남탑 쪽에 있는 것은 '가수의 문Singertor'과 '큰 종의 문Primtor'이다. '주교의 문'은 사제와 여자 신도들이 출입할 때 사용했던 문이다. 일반 남자 신도들이 출입했던 문은 남쪽의 '가수의 문'과 '큰 종의 문'이었

슈테판 성당의 정문인 리젠토르(거인의 문)의 부조

다. 북쪽에 있는 '주교의 문'은 오늘날 폐쇄되었다. 현재 성당 기념품 상점이 있는 곳이다.

이교도의 탑

현재의 슈테판 성당 건물이 들어서기 전의 로마시대에는 이곳에 이교도의 신전이 있었다고 한다. 당시 기독교인들이 교회를 건축할 때에는 기존의 이교도 교회의 자리를 이용하는 것이 일반적이었다. 이교도의 사악함을 깨뜨리고 아울러 기독교의 권세를 보여주기 위해서였다고 한다. 전에는 '거인의 문' 안쪽에 로마시대의 묘비들이 몇 개 있었다. 원래 이교도의 신전이 있었던 장소라는 것을 알게 해주는 묘비들이었다. 로마의 신전이 있던 장소에 교회를 세운 때부터 약 100년 후인 1263년에 같은 위치에 교회를 확장하기 위해 로마네스크 스타일의 바실리카직사각형의 회당를 건설했다. 오스트리아가 보헤미안 출신의 오토카르 2세 치하에 있을 때였다. 이때 세워진 바실리카의 자취는 아직도 남아 있다. 정문의 양쪽에 서 있는 두 개의 '이교도의 탑Heidenturme'이 바로 그것이다. 탑의 모양이 이교도 사원의 탑과 흡사하게 생겼기 때문에 그런 이름이 붙어 있다.

빵과 옷감의 표준

정문 왼쪽 벽의 키 높이쯤에는 둥그렇게 움푹 파인 곳이 있고 쇠막대기 두 개가 가로로 박혀 있다. 이른바 표준측정 기구이다. 둥그런 것은 중세의 빵 한 덩어리의 표준 사이즈라고 한다. 빵 장수가 빵의 양을 속인다고 생각하면 이곳으로 빵을 가져와서 성당의 표준 사이즈와 비교해보고, 만일 양을 속였다고 판정되면 빵 장수를 나무로 엮은 통에 넣어 다뉴브 강에 마치 오리가 잠수하는 것처럼 빠뜨렸다가 꺼내는 벌을 주었다고 한다. 두 개의 쇠막대기는 하나는 길고 하나는 짧다. '작은 자'와 '큰 자'라는 이름이 붙어 있다. 작은 자는 0.78미터이고 큰 자는 0.89미터이다. 만일 벽돌이나 옷감의 길이에 분쟁이 생기면 이곳에 가져와서 재보았다고 한다.

빵과 옷감의 표준을 정하는 원형과 쇠막대

'가수의 문'에서 '랑데부 문'으로

나이트하르트 푹스의 묘소라고 생각되는 장소의 옆에 있는 문이 옛날의 성당 출입문인 '가수의 문징거토르'이다. 옛날에 그 부근에 슈테판 성당의 성가대원으로 활동했던 사람들의 묘지가 있어서인지 아니면 그 출입문이 건너편의 징거슈트라세Singerstrasse를 향하고 있어서 그런 이름이 붙었는지는 확실치 않다. 일반적으로는 성당의 성가대원들이 이 문을 통해 성당을 출입했기 때문에 그런 이름이 붙었다는 이야기가 설득력 있다. 당시 성가대원들은 주로 소년들이었다. 여성은 성가대원이 될 수 없었으므로 소년들에게 소프라노와 알토를 맡겼다. 하이든과 슈베르트도 슈테판 성당의 소년 성가대원을 지낸 일이 있다. 이렇게 생각해보면 징거토르는 징거슈트라세와 아무런 관련이 없을 것 같다. 왜냐하면 나중에 다시 언급하겠지만, 징거슈트라세의 유래는 노래를 부르는 가수Singer와는 상당히 거리가 있기 때문이다.

옛날에는 성당 출입문인 징거토르 중에서 가운데에 있는 큰 문은 특별한 경우를 제외하고는 거의 사용하지 않았다. 대신 옆에 붙어 있는 작은 문을 사용했다. 이 작은 문에는 '남자들의 문'이라는 이름이 붙어 있다. 여자는 출입하지 못하고 남자들만 드나들 수 있었던 문이라고 한다. 그래서인지 이 문에는 남자 성인聖人의 조각만 장식되어 있다.

중세부터 유럽의 거의 모든 성당들은 여자들의 미사 참석을 상당

징거토르

히 제한했다. 여자들은 성당에 들어오더라도 한쪽 구석에 조용하게 앉아 있어야 했다. '거인의 문'으로 들어가서 왼쪽으로 뻗어 있는 회랑은 바로 여자들을 위한 좌석이었다. 그래서 '여인들의 회랑Women's Nave'이라는 명칭이 붙어 있다. 이렇게 옛날에는 남자 전용문과 여자 전용문이 따로 있었다. 징거토르는 '랑데부 문'이라고도 불렸는데, 예전에는 연인들의 만남의 장소였기 때문이다.

여인들의 회랑

눈물을 흘린 푀츄의 성모

성 엘리기우스 채플을 지나서 중앙 회랑으로 나오면 오른편에 수많은 촛불이 타고 있는 곳의 옆에 아늑한 채플이 있다. '푀츄의 성모Madonna von Pötsch'라는 그림이 모셔져 있는 곳으로 보통 '마리아 푀츄의 제단'이라고 부른다. 이 성모상은 원래 17세기 때부터 헝가리의 푀츠지금은 Pocs에 있던 것이었다. 어느 날 성모가 눈물을 흘리고 있는 것이 목격되었고, 그 후 이 성모상에게 기구하면 어려운 질병이 낫게 되었다는 전설이 생겼다. 당시 그림 속의 성모의 눈에서 흘러나온 액체를 학자들이 열심히 조사했더니 인간의 눈물과 성분이 같다는 결과를 얻었다고 한다. 얼마 후 푀츄의 성모상은 슈테판 성당으로 옮겨져 중앙제단을 장식하였으나 나중에 지금의 위치로 옮겨졌다. '푀츄의 성모'에 대한 내력을 아는 사람들은 아직도 이 성모상에게 질병의 고통에서 벗어나게 해달라는 기도를 올린다고 한다.

퇴츄의 성모 제단

하인들의 성모

성당 오른편의 회랑을 따라 중앙제단 쪽으로 내려가보면 남탑이 서 있는 장소에 이른다. '가수의 문'으로 통하는 공간이다. 이곳에 성캐터린 채플이 있다. 성캐터린 채플을 살펴보기 전에 벽 쪽으로 검은색의 대리석 성모상이 서 있는 것을 볼 수 있다. '하인들의 기도를 들어주는 성모Dienstbotenmuttergottes'이다. 보통 '하인들의 성모'라고 불리는 성모상으로 성모가 아기 예수를 안고 있는 아름답고 우아한 작품이다.

여기에 얽혀 내려오는 전설은 다음과 같다. 오래전 비엔나에 부유한 백작 부인이 살고 있었다. 신앙심이 돈독했던 백작 부인은 자기 저택에 작은 예배처를 만들고 누가 보든 않든 열심히 기도하는 생활을 했다. 그런데 실상은 마음씨가 고약한 여자였다. 특히 하인들을 못살게 구는 일에는 둘째가라면 서러워할 인물이었다. 그래서 일부 하인들은 백작 부인을 천사를 가장한 악마의 화신이라고 생각하며 두려워했다. 하인 중에는 천애의 고아인 아름다운 처녀가 있었다. 백작 부인은 기회만 있으면 잔소리를 퍼부어대면서 처녀를 괴롭혔다. 어느 날 백작 부인은 자기 보석함에 두었던 비싼 진주 목걸이가 없어진 것을 알고서는 무조건 처녀를 도둑으로 몰아세웠다. 처녀는 유일하게 백작 부인의 침실을 드나들 수 있는 하녀이기 때문이었다. 백작 부인은 경찰을 불렀고, 이 비참한 운명의 처녀는 체포되어 감옥으로 끌려갈 형편이었다. 절박한 순간에 처녀는 백작 부인 저택에 있는 예배처로 뛰어 들어가 성모상 앞에 꿇어 엎드려 눈물을 흘리면서 도와달라고 간구했다. 백작 부인은 '감히 하녀 따위가 나의 성모상에게 기구를 드린다'면서 화를 냈다. 이 모든 모습을 본 경찰관은 그 아가씨가 범인이 아닐지도 모른다는 의문을 갖고 다시 한 번 집 안을 샅샅이 조사해보았다. 진주 목걸이는 마구간을 담당하는 청년의 짐에서 발견되었다. 청년은 자기의 범죄를 자백했고 처녀는 누명을 벗었다. 마음 좁은 백작 부인은 자기 저택에 있는 성모상이 그 처녀에게 기적을 베풀어준 것을 내심 못마땅하게 생각했다. 그래서 생색이라도 내기 위해 성모상을 슈테판 성당에 기증했다. 이어서 슈테판 성당에 새로 모셔진 성모상이 불쌍한 처녀의 기도를 들어준 기적의 성모상이라는 소문이 퍼졌고, 일반 사람들 특히 하인들과 하녀들이 소망을 기구하는 대상으로 존경을 받았다. 그렇게 '하인들의 성모'라는 이름이 붙어 오늘날까지 하인들의 수호 성모상으로서 사랑받고 있다.

하인들의 성모

프리드리히 3세의 대리석 관

하인들의 성모상을 살펴본 후 성캐터린 채플을 보기 전에 잠시 중앙제단 방향으로 눈을 돌린다. 성당의 오른쪽 회랑 끝까지 가서 출입금지가 되어 있는 곳의 안쪽에 마치 노아의 방주처럼 네모난 대리석 관이 높직하게 안치되어 있는 것을 볼 수 있다. 프리드리히 3세Friedrich III, 1440~1493년 재위 황제의 대리석 관이다. 일반인들은 그곳까지 들어갈 수 없으므로 그저 멀리서만 볼 수 있지만 그 규모의 웅장함에는 찬사를 보내도 좋을 것이다. 프리드리히 3세의 대리석 관이 있는 장소는 슈테판 성당에서도 명당에 속한다. 왜냐하면 슈테판 성당에서 특별한 행사라도 열리면 바로 프리드리히 3세의 대리석 관 앞에 합창단이 자리 잡고 장엄한 미사곡을 연주하기 때문이다. 그곳에는 별도의 오르간도 있다. 프리드리히 3세는 자기가 세상을 떠난 후 들어갈 대리석 관을 만들기 위해 플랑드르의 조각가인 니클라스 게르하르트 반 레이덴Niclas Gerhaert van Leyden을 비엔나로 데려와 아름다운 석관을 만들게 했다. 반 레이덴은 1467년부터 작업을 시작했다. 그러나 1493년 프리드리히 3세가 세상을 떠났을 때 대리석 관은 겨우 뚜껑 부분만이 완성되었을 뿐이었다. 그래서 프리드리히 3세는 임시로 대공들의 묘소에 안치되었다. 대리석 관은 그로부터 20년 후인 1513년에야 완성되었다. 프리드리히 3세의 유해는 장엄한 의식과 함께 예정된 대리석 관에 안치될 수 있었다. 나중에 프리드리히

3세의 대리석 관을 완성한 조각가는 비엔나 출신의 마르틴 디히터Martin Dichter로서 총 경비는 4만 듀카트dukats가 들었다고 한다. 그 정도의 돈이면 웬만한 작은 예배처채플를 하나 짓고도 남는 것이었다고 한다. 대리석은 특별히 잘츠부르크에서 가져온 붉은색 대리석이다. 아무튼 프리드리히 3세의 대리석 관은 슈테판 성당에서 가장 귀중한 예술작품의 하나로 인정받고 있다.

프리드리히 3세의 대리석 관

'사도들의 문'과 바울의 회심

사도들의 문에 있는 사도 바울의 회심과 순교 장면 부조

남탑 아래에 있는 '가수의 문'은 보통 때에는 닫혀 있지만 열어달라고 간청해서라도 들어가볼 필요가 있다. '가수의 문'을 들어서면 작은 성소聖所가 있다. 성소에는 이 성당에서, 나아가 비엔나에서 가장 훌륭하고 장엄한 부조들이 있다. 하나하나 살펴보자. 오른쪽에는 슈테판 성당의 실제 건축자인 루돌프 4세 대공이 성당의 모델을 들고 서 있는 조각상이 있다. 왼쪽에는 하느님께 찬양하는 루돌프 4세 대공의 부인인 카테리네 왕비의 모습이 있다. 두 사람의 뒤편에는 역시 찬양하는 천사들의 모습이 조각되어 있다. 성소로 들어가는 문의 위쪽에는 사도使徒들의 모습이 부조되어 있다. 그래서 이 문을 '사도들의 문'이라고 부른다. 사도들의 모습 중에서 가장 인상적인 것은 나중에 회심回心하여 바울Paul이라고 불린 사울Saul의 이야기를 부조로 만들어놓은 것이다. 사울은 넘어진 말의 목 위로 마치 날아갈 듯한 모습이고, 그의 뒤편에는 다른 사람이 따라오는 말을 훌쩍 비켜선 모습이다. 너무나 생생하고 극적인 부조여서 깊은 감동을 준다. 이 부조의 위편에는 사도 바울이 회심 후에 세례를 받는 모습, 그리고 왼쪽에는 바울이 순교할 때 사형집행인이 바울의 목을 치기 위해 칼을 높이 들고 있는 모습이 조각되어 있다.

중앙 제단의 성 슈테판의 순교

1647년 검은 대리석으로 완성된 중앙 제단은 화려한 로코코 양식이다. 중앙에 있는 성화는 성 슈테판이 돌에 맞아 순교를 당하는 장면으로 토비아스 포크Tobias Pok의 작품이다. 중앙 제단 뒤편 양쪽에 있는 14세기의 아름다운 스테인드글라스는 2차 대전의 참화 중에서도 손상을 입지 않고 버텨왔다. 슈테판 성당의 성직자들은 2차 대전의 와중에 스테인드글라스를 건사하기 위해 유리창을 떼어 지하 카타콤에 숨겨두었다. 그래서 오늘날 우리가 중세의 영광을 다시 볼 수 있는 것이다. 남쪽 회중석과 연결된 곳에는 1683년 비엔나가 터키의 공성으로부터 해방된 것을 기념하는 기념 조형물이 세워져 있다. 이 조형물은 유명한 조각가 헤르만 헬머Hermann Helmer의 작품으로 1893년 제막되었다. 기념 조형물은 터키군을 몰아내는 데 큰 공을 세운 용감한 뤼디거 슈타렘베르크Rüdiger Starhemberg 백작이 비엔나 시민들로부터 환호를 받고 있는 장면이다. 그러나 일반인이 중앙 제단으로 가깝게 갈 수 없으므로 먼발치에서나마 감상할 수밖에 없다.

잘 보이지 않기 때문에 얼핏 지나칠 수 있지만 사실은 대단히 중요한 채플이 '거인의 문'을 통해 성당으로 들어서면 왼편 끝에 있다. '성십자가 채플Heiligenkreuzer Kapelle' 또는 '삼위일체 채플Trinity Chapel'이라고 불리는 곳이다. 성십자가 채플에서 1791년 12월 6일 모차르트의 장례 미사가

슈테판 성당의 중앙 제단

거행되었다. 모차르트의 부인 콘스탄체가 심한 감기에 걸려 미사에만 겨우 참석하고 성마르크스st Marx 공동묘지까지는 가지 못했기 때문에, 지금까지도 모차르트의 진짜 묘지가 어디 있는지 아는 사람이 없다고 한다. 성십자가 채플은 실상 사보이의 오이겐 공자Prinz Eugen von Savoyen가 안치되어 있는 곳으로 더 유명하다. 그래서 '오이겐 채플'이라고 불리기도 한다. 채플의 앞을 장식하고 있는 철책 장식은 대단히 아름다워 오이겐 공자의 저택이었던 벨베데레 궁전의 화려한 정문 철책을 연상시킨다. 철책 안을 들여다보면 평범한 석관이 평면 바닥에 설치되어 있는 것을 볼 수 있다. 오이겐 공자를 안치한 석관이다. 채플의 안쪽 한구석에는 이 석관의 주인공인 오이겐 공자를 설명하는 정교한 기념 조각이 있다. 기념 조각은 철책 밖에서는 보이지 않으며 안으로 들어가야 볼 수 있다. 보통 때에는 아무리 사정해도 열어주지 않지만 아침 일찍 아홉 시 전에 가면 대개 청소를 하기 위해 문을 열어놓기 때문에, 그때 슬쩍 들어가서 청소부들에게 미안하다고 말하고 잠시 보면 된다.

오이겐 공자의 심장 항아리가 발견되었던 성십자가 채플의 제단 위에는 십자가에 못 박힌 그리스도를 표현한 커다란 십자가상이 걸려 있다. 그리스도의 수염은 진짜 사람의 머리털로 되어 있다고 한다. 특이한 것은 그 수염이 해마다 자란다는 것이다. 그래서 해마다 성금요일예수가 십자가에서 돌아가신 날에는 슈테판 성당의 성직자들이 가위를 들고 자란 수염을 깎아준다는 것이다. 그래서 이 채플은 '주님의 수염이 자라는 채플'로 알려져 있다.

오르간을 짊어진 사람

중앙 회랑으로 나오면 세 번째 기둥에서 가장 위대한 고딕 예술의 하나를 볼 수 있다. 바로 강론대설교단이다. 거장 안톤 필그람이 제작한 것으로 후기 고딕 조각의 전형이다. 강론대의 하단에는 네 명의 신앙심 두터운 본당 주임 신부들의 모습이 생생하게 조각되어 있다. 마치 살아 있어서 무슨 말이라도 할 듯한 얼굴 모습들이다. 그레고리, 제롬, 오거스틴, 암브로스이다. 그보다도 눈길을 끄는 것은 강론대에 장식되어 있는 온갖 종류의 악마처럼 생긴 동물들의 모습이다. 동물들 중에서 두꺼비와 도마뱀은 마치 강론대의 난간을 기어 올라가는 듯한 모습이다. 난간의 꼭대기에는 한 마리의 개가 짖어대는 모습의 조각이 있다. 개는 파수꾼을 의미한다. '하느님의 개God's dogs'라고 해석할 수 있다. 그런데 실제로 '하느님의 개'라는 용어는 도미니크회도미니크회는 검은 옷을 입고 다녔기 때문에 'Black Friar'라고도 불렸다를 경멸하는 뜻으로 사용하던 것이었다.

이 강론대에서 조금 동쪽으로 가면 왼쪽 벽에 장대한 오르간 좌대座臺가 있다. 처음 성당을 확장했을 때에는 거대한 파이프 오르간이 그곳에 있었다. 오르간의 좌대는 예술적으로 보아 일종의 도전적인 작품이다. 원래는 필그람의 자화상을 조각하여 넣지 않는 것으로 설계했다. 그 대신 매우 섬세하고 아름답게 조각하도록 설계했다. 그러나 동료 석공들은 좌대가 너무 섬세하게 조각되어 있어서 거대한 오르간을 떠받치기 힘들다는 주장을 하며 필그람에게 조소를 보냈다. 화가 난 필그람은 '주춧돌이 못한다면 내가 하겠다'고 대꾸하고 자기 상반신 모습을 조각해 넣었다. 과연 필그람의 얼굴이 조각된 좌대는 전체 오르간을 어깨에 짊어진 듯한 모습이다.

오르간 좌대를 떠받치고 있는 안톤 필그람

72명의 성자들을 담은 비너 노이슈타트 제단

슈테판 성당의 성단소聖壇所: 성상 안치소로서 성가대와 성직자의 자리를 통틀어 말함에 있는 제단은 금줄을 치고 일반의 출입을 금지하고 있다. 그러나 갈 수 있는 만큼 가까이 가보면 회랑 끝에 있는 놀라울 정도로 장엄한 목제 조각 제단을 볼 수 있다. 패널에 성자 72명의 모습을 담은 비너 노이슈타트Wiener Neustadt 제단이다. 운이 좋으면 미사가 시작되거나 막 마칠 때 그리스도와 성모에 대한 여러 장면을 조각한 대형 목제병풍을 가까이에서 볼 수 있다. 만일 비너 노이슈타트 제단에 가까이 갈 수 있다면 병풍 조각 작품이 있는 곳에서 왼쪽으로 슈테판 성당의 창시자인 루돌프 대공의 석관도 볼 수 있을 것이다. 하지만 앞에서도 언급했듯이 석관뿐이며 시신은 들어 있지 않다. 어쨌든 루돌프 대공과 부인 카테리네를 위해 만들어놓은 석관이 너무 높은 위치에 있어서 웬만해서는 잘 볼 수 없다는 것이 유감스럽다. 비너 노이슈타트 제단이 있는 쪽에 알브레히트 3세Albrecht III 대공과 그 부인의 조각상이 벽에 설치되어 있어서 눈길을 끈다. 또한 라우셔Rauscher 대주교의 석상도 설치되어 있다. 슈테판 성당의 대주교인 라우셔는 위대한 정치가이며 훌륭한 언어학자로서 1875년에 세상을 떠났다.

비너 노이슈타트 제단

치통의 그리스도

채플에서 나오면 문 반대편의 어두컴컴한 벽면에 '가시 면류관을 쓴그리스도' 조각상이 있다. 원래 이름은 '십자가상의 그리스도'이다. 이 조각상은 성당 밖 뒤편 벽에 있는 '치통의 그리스도Zahnwehherrgott' 조각상의 오리지널이라고 한다. 성당 뒤편의 '치통의 그리스도' 조각상은 장기간의 성당 보수작업으로 막아 놓아 볼 수 없으므로 안에 있는 조각상을 보는 것으로 만족해야 할 것이다.

이상한 이름이지만 아무튼 '치통의 그리스도'에 대해서는 다음과 같은 이야기가 전해 내려오고 있다. 원래 이 조각상은 성당 주위에 있던 공동묘지에 있었다. 그래서 공동묘지를 찾아오는 사람들이 이 그리스도의 조각상에 꽃을 걸어주는 일이 많았다. 어느 날 한 노파가 다른 사람들처럼 그리스도의 머리에 화환을 걸어놓았다. 그런데 화환이 한쪽으로 기울게 놓여서 그리스도의 얼굴이 본의 아니게 우습게 보이게 되었다. 다음 날 이른 아침, 젊은이 세 명이 지나가다가 그리스도상과 화환을 보고 "보라! 우리 주님께서 이가 아프신 모양이야!"라고 소리쳤다. 과연 조각상은 마치 치통 때문에 고통스러워하는 모습이었다. 세 청년은 자기들이 그렇게 이야기해 놓고 생각해보니 너무 우스워서 큰 소리를 내며 웃었다. 청년들은 집으로 돌아갔고 그중에 처음 소리치던 청년은 집에 들어서자마자 심한 치통이 생겨 참을 수 없을 정도가 되었다. 너무나 아파

치통의 그리스도

서 별별 방법을 다 동원해보았지만 아무런 효력이 없었다. 참다 못한 청년은 이발사당시는 이발사가 외과의사 역할도 했음에게 달려갔지만 이발사도 아무런 도움이 되지 못했다.

한참 후 자기가 새벽에 그리스도 조각상을 보고 농담을 했던 것 때문에 벌을 받아 아픈 것이라고 확신한 청년은 곧바로 슈테판 성당으로 달려가 '십자가상의 그리스도' 조각상의 발밑에 꿇어 엎드려 크게 뉘우쳤다. 놀랍게도 치통은 순식간에 가라앉았다. 마침 뒤에서 무슨 소리가 나기에 돌아다 보니 언제 나타났는지 다른 두 명의 친구도 서 있었다. 두 명의 친구들도 같은 이유로 고생을 하다가 느낀 바가 있어서 이곳으로 달려와 참회를 했고 치통도 씻은 듯 나았다는 것이었다. 그러므로 만일 가시 면류관을 쓴 그리스도 조각상 앞을 지나갈 때는 최대한 경의를 표해야 하며 절대 웃지 말아야 할 것이다. 믿거나 말거나!

비엔나의 랜드마크 '올드 슈테플'

카타콤 입구를 지나서 회랑을 가로질러 남문이 있는 쪽으로 다시 발길을 돌려보자. 높은 남탑을 더 자세히 보기 위해서이다. 슈테판 성당의 남탑은 비엔나의 상징으로 영광스러운 과거를 회상하게 해주는 동시에 일종의 향수를 불러일으킨다. 1954년 Der Alte Steffl Old Steve이라는 애칭을 갖고 있는 남탑이 12년이나 걸리는 대대적인 보수 때문에 비계로 가려진다는 소식이 전해지자 비엔나의 시민들은 너도나도 성당 앞으로 몰려왔다. 그들은 남탑이 가려지기 전의 마지막 모습을 그저 쳐다보는 것만으로도 마음의 위로를 삼았다. 특히 남탑을 가리는 가설물이 설치되는 날 밤에는 수천 명의 시민들이 12년 후에나 볼 수 있는 남탑의 마지막 모습을 보기 위해 경건한 마음으로 밤을 지샜다. 그만큼 비엔나 사람들은 슈테판 성당의 남탑에 한없는 애정을 가지고 있다. 그 남탑이 또다시 당분간 가려지게 되었다. 때를 닦아내는 공사를 하기 위해서이다. 2008년부터 시작한 청소 공사는 역시 10년이라는 기간을 잡고 있으므로 2018년에 가서야 제 모습을 볼 수 있을 것이다.

슈테판 성당의 남탑은 높이 136미터로 비엔나에서 가장 높은 건축물이다. 나선식 계단을 통하여 343계단을 올라가면 넓은 공간이 나온다. 지상으로부터 72미터 높이에 있다. 한때 화재감시를 위한 소방대가 주둔했던 공간이다. 이곳까지 올라가는 데에는 엘리베이터가 없다. 그래서 예

오른쪽이 높이 136미터의 남탑(슈테플)이다. '큰 종의 문'은
반대편에 있어서 사진에서는 보이지 않는다.

전에도 이곳에서 근무하던 소방대원들은 비지땀을 흘리며 모두 걸어서 올라갔다. 남탑에는 엘리베이터가 없지만 북탑에는 엘리베이터가 설치되어 있다. 날씨 좋은 날에 남탑에 올라가면 저 멀리 알프스의 자락과 비엔나 숲을 볼 수 있으며, 헝가리 쪽으로는 아스페른과 에슬링을 지나 나폴레옹이 주둔했던 마르흐펠트Marchfeld까지 내다볼 수 있다. 남탑의 바로 아래에는 '큰 종의 문Primglockleintor'이라는 커다란 출입문이 있다.

마리아를 사랑했던 젊은 석공의 비극

성당을 돌아선 곳에 있는 북탑은 '독수리탑'이라고도 부른다. 아마 그 아래에 '독수리 문'이 있기 때문인 듯싶다. 북탑은 남탑의 장엄함에 비추어 규모 면에서 상대가 되지 않는다. 원래 북탑은 남탑과 대칭으로 세우려 했다. 그러나 1511년 공사가 중단되었고 꼭대기에 르네상스 스타일의 장식만 추가된 채 중단되었다. 여기에는 그럴 만한 전설이 있다. 공사 인부 중에 한스 푹스바움Hans Fuchsbaum이라는 젊은 석공이 있었다. 대석공 프라흐티츠Prachatitz의 수제자였던 그는 대석공의 딸 마리아를 사랑하고 있었다. 젊은이는 대석공에게 마리아와의 결혼을 승락해 달라고 간청했으나 '보잘것없는 견습 석공에게 딸을 줄 수 없다'는 대답만 들었다. 그러나 젊은이가 너무나 진지하게 간청하는 바람에 대석공은 한 가지 조건을 내걸었다. 마침 대석공은 남탑의 건설을 책임지고 있었고 견습 석공인 푹스바움은 북탑의 건설에 참여하고 있었다. 대석공은 푹스바움에게 '북탑을 남탑과 같은 시기에 완성한다면 결혼을 승낙하겠다'고 했다. 남탑은 이미 거의 완성되어가고 있었기 때문에 북탑을 같은 시기에 완성한다는 것은 불가능한 일이었다. 실의에 빠진 견습 석공은 식음을 전폐한 채 고민만 거듭하고 있었다. 어느 날 견습 석공이 북탑의 비계에서 작업을 하고 있을 때 처음 보는 석공이 다가와서 무슨 일 때문에 그렇게 수심이 가득하냐고 물었다. 푹스바움은 사정을 이야기하고 이렇게 불가능한 일을 어떻게 할 수 있겠느냐며 한숨을 내쉬었다. 그 낯선 사람은 푹스바움에게 '만일 당신이 공사 내내 하느님의 이름은 물론 다른 어떤 성인의 이름을 부르는 일이 없다면 내가 북탑을 남탑과 같은 시기에 완성하도록 해주겠다'라고 제안했다. 푹스바움은 지푸라기라도 잡는 심정으로 무조건 그렇게 하겠다고 약속했다. 그때부터 북탑의 공사는 아주 척척 진행되었다. 그런데 그 낯선 사람은 바로 악마였다.

어느 청명한 날, 이날도 푹스바움은 높은 비계에서 즐거운 마음으로 북탑 공사를 하고 있었다. 그러다가 잠시 아래를 내려다보니 사랑하는 마리아가 성당 구내의 묘지를 거닐고 있는 것이 아닌가? 푹스바움은 너무나 반가운 김에 "마리아!"라고 소리쳤다. 아뿔싸! 마리아는 성모의 이름이 아니던가? 푹스바움은 약속을 어긴 것이 되었다. 푹스바움이 '마리아'라는 이름을 부르자마자 악마가 순식간에 나타나 푹스바움에게 약속을 어긴 것을 탓하며 그를 밀쳐 떨어뜨렸다. 푹스바움은 아래로 떨어져 죽었다. 사람들이 몰려갔으나 이상하게도 시신은 온데간데없었다. 그 후부터 어느 누구도 북탑에서 작업을 하려고 나서지 않았다. 그리하여 북탑은 현재처럼 작은 규모로 남았다. 물론 이것은 전설에 불과하며 사실과는 거리가 멀다. 대석공 프라흐티츠는 74년에 걸친 공사 끝에 1433년 남탑을 완성했다. 13년 후인 1446년, 프라흐티츠가 56세 때에 그는 슈테판 성당 건설의 도편수가 되었고 그때부터 그의 설계로 북탑이 건설되기 시작했다. 그러나 프라흐티츠는 북탑의 완성을 보지 못하고 8년 후에 세상을 떠나고 말았다. 그에게 마리아라는 아름다운 딸이 있었다느니 하는 것은 모두 지어낸 이야기에 불과하지만 어쨌든 재미는 있다.

품메린을 품에 안은 '독수리 탑'

슈테판 성당의 북탑은 높이가 60미터에 이른다. 엘리베이터를 타고 꼭대기의 전망대까지 올라갈 수 있다. 전망대에는 오스트리아에서 가장 큰 종인 품메린Die Pummerin, The Boomer, 큰 종이라는 의미이 있다. 품메린은 1683년 터키가 제2차 비엔나 공성을 풀고 퇴각할 때에 버리고 간 대포들을 녹여 만들었다고 한다. 품메린은 예전에 새벽에 기도 시각을 알려주었고, 한때는 통행금지 시각도 알려주는 기능을 했다. 북탑 쪽에 있는 '독수리의 문'이나 '주교의 문'을 통해서도 성당 안으로 들어갈 수 있지만 평시에는 거의 닫혀 있다. 그러나 성당에서 중요한 행사가 있으면 행사 요원들의 출입을 위해 문을 열어놓는다. 북탑의 문으로 들어서면 오른쪽 벽면에 유명한 '치통의 그리스도' 조각상이 높이 설치되어 있는 것을 볼 수 있으며 왼쪽으로는 성바르바라 채플로 통하는 문이 있다.

슈테판 성당의 북탑

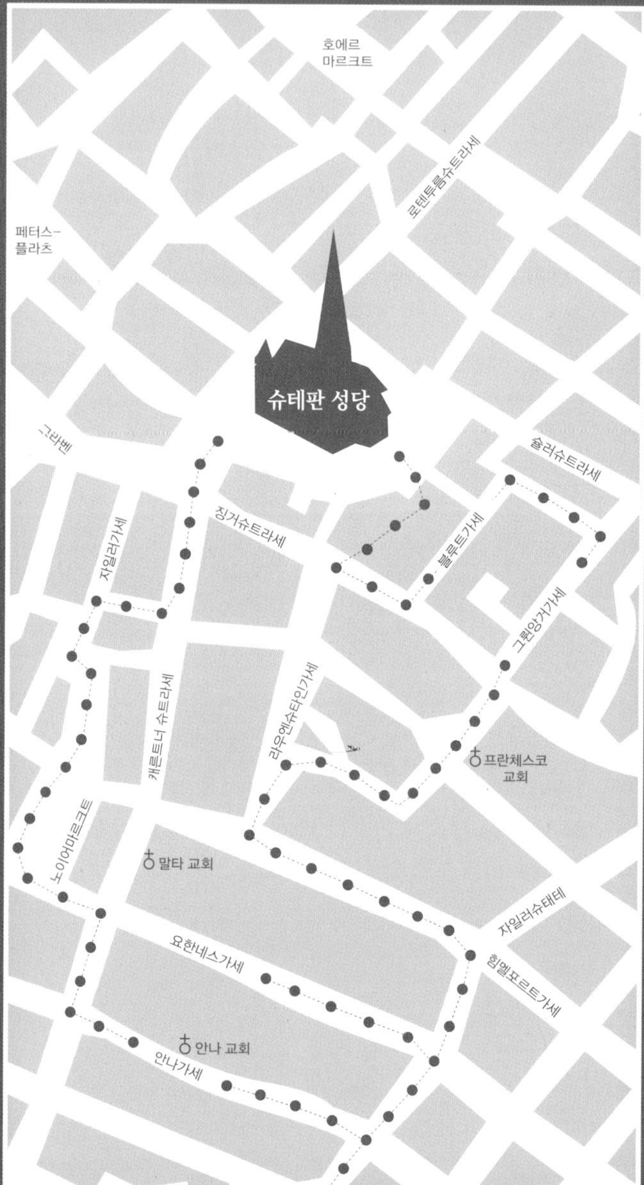
호에르
마르크트
로텐투름슈트라세
페터스-
플라츠
슈테판 성당
그라벤
슐러슈트라세
징거슈트라세
자일러가세
블루트가세
그륀앙거가세
라우엔슈타인가세
캐른트너 슈트라세
프란체스코
교회
노이어마르크트
말타 교회
자일러슈태테
요한네스가세
힘멜포르트가세
안나 교회
안나가세

둘째 날

● 도이체 하우스 ● 징거슈트라세 ● 블루트가세 ● 돔가세 ● 프란치스카너플라츠 ● 발가세 ● 라우엔슈타인가세 ● 힘멜포르트가세 ● 자일러슈태테 ● 안나가세 ● 캐른트너슈트라세 ● 카이저그루프트

Das Deutsche Haus
도이체 하우스

_ 십자군전쟁 당시의 병원

슈테판 성당의 뒤편, '치통의 그리스도상'이 있는 벽면의 바로 앞쪽으로 돔가세Domgasse가 있다. 돔가세로 들어가는 입구는 눈에 잘 띄지 않아서 얼핏 보면 길이 아닌 것 같지만 건물 사이의 문을 지나서 나가면 그 길이 바로 돔가세이다. 돔가세로 들어서면 '도이체 하우스'가 있다. 글자 그대로 번역하면 '독일 집'이다. 그렇지만 독일과는 아무런 관련이 없다. 중세 십자군 시대에 북유럽에서 온 신앙심 깊은 기사로부터 '도이체 하우스'라는 이름이 연유한다. 아마 처음에 사람들은 이 기사가 독일에서 온 줄로 생각했던 모양이다. 그 기사는 십자군 전쟁 중에 설립된 병원수도회부상당한 병사나 순례자를 돌보아주기 위한 모임의 멤버였다. 1205년 교회는 이 건물을 '병원수도회'에 기증했다. 건물은 환자 치료를 위한 병실을 비롯하여 병원수도회 회원들의 숙소, 마구간, 사무실, 부속 예배실로 구성되어 있었다. 현재는 헤비메탈 분위기를 느낄 수 있는 기념품 가게가 들어서 있다.

건물의 오른쪽에 이 건물로 통하는 출입문이 있다. 슈테판스플라츠 4번지이다. 간혹 이 문은 닫혀 있다. 그럴 경우 징거슈트라세 7번지를 통하면 건물의 안뜰로 들어갈 수 있다. 안뜰로 들어가면 오른쪽에 아치로 되어 있는 복도를 지나 또 하나의 작은 정원으로 들어갈 수 있다. 복도

도이체 하우스에 있는 모차르트 기념 명판

의 벽면에는 수많은 음악가들의 이름이 적혀 있다. 모차르트 협회의 회원들이거나 모차르트 메달을 받은 사람들의 이름이다. 이 집은 모차르트와 관계가 깊다. 모차르트는 이 집에서 1781년 3월 16일부터 5월 2일까지 기거했었다. 그때 모차르트는 대주교인 콜로레도Colloredo 백작에게 봉사하고 있었다. 이 집은 콜로레도 대주교의 소관이었다. 비엔나에 와서 궁핍했던 모차르트는 사정하여 어쩔 수 없이 이곳에서 지냈다. 대주교는 25세밖에 되지 않은 젊은이였지만 그런대로 대단한 명성을 얻고 있던 모차르트를 무례할 정도로 마구 대했다. 참을 수 없었던 모차르트는 자기를 하인처럼 대하는 대주교와 한바탕 다툰 후 대주교에게 봉사하는 것을 집어치우고 떠났다. 현관 왼쪽 벽에는 모차르트가 이 집에 잠시 살았다는 명판이 붙어 있다. 콜로레도 저택의 건너편에 있는 도이체 하우스의 제일 위층은 브람스가 1863년부터 1865년까지 2년 동안 살았던 곳이다. 비엔나에 온 브람스는 다른 곳에서도 잠시 머물렀지만 콜로레도 저택에서 가장 오래 지냈다.

Singerstrasse
징거슈트라세

_ 독일기사단의 보물창고

징거슈트라세는 비엔나에서 가장 오래된 거리 중의 하나이다. 징거슈트라세에 대한 기록은 일찍이 1314년부터 있었다. 당시의 기록에는 주닝거슈트라세Suningerstrasse라는 명칭으로 되어 있었다. 그런 이름이 붙은 것은 이 거리에 독일 레겐스부르크Regensburg 인근의 쥔힝Sünching에서 온 직조공과 염색공들이 많이 살았기 때문이다. 그러다가 1550년경부터 쥔힝거슈트라세라는 어려운 발음 대신에 쉬운 발음의 주닝거슈트라세로, 다시 얼마 후에는 더 쉬운 발음의 징거슈트라세라고 부르게 되었다. 그럼에도 아직도 많은 사람들이 징거슈트라세를 '가수의 거리'라고 생각하고 있는 것은 어쩔 수 없는 일이다. 징거슈트라세의 핵심은 7번지에 있는 독일튜턴기사단하우스이다. 이곳에는 독일기사단하우스 이외에도 독일기사단교회Deutschordens-Kirche와 독일기사단 보물실Schatzkammer des Deutschen Ordens, 기사단중앙자료실Zentralarchiv des Ordens 등이 자리 잡고 있다. 슈테판스플라츠 4번지를 통해서도 들어갈 수 있다.

굵은 돌멩이로 포장한 교회 안뜰을 지나면 이른바 도이치오르덴스하우스Deutschordenshaus에 속해 있는 보물실Schatzkammer이다. 지난 8세기에 걸쳐 여러 명의 종단 대표들이 심혈을 기울여 수집하고 보관한 보물들이 2층의 5개 방에 전시되어 있다. 비엔나에서 이만큼 오래된 종교적 보물들을 간수하고 있는 곳도 없을 것이다. 소장품들은 고딕, 르네상스, 바로크 시대를 망라하는 폭넓은 것들이다. 독일기사단의 보물 수집은 지금으로부터 500여 년 전인 1525년으로 거슬러 올라간다. 당시 기사단 대표였던 프러시아의 알베르트가 가톨릭에서 루터교로 개종한 후 자기 소유의 소장품을 종단의 소장품으로 기증한 때부터였다. 그후 기사단은 박물관을 만들어 기증된 품목들은 보관하고 전시하게 되었으며, 2006년 4월에 박물관을 크게 보수하여 오늘에 이른다.

첫 번째 방에는 각종 고딕 동전, 메달, 인장, 십자가, 13세기의 대관식용 반지 등이 전시되어 있다. 두 번째 방에는 각종 성배가 전시되어 있다. 은으로 세공한 줄로 장식된 화려한 성배도 있다. 어떤 것은 대단히 숭고하여 존경심을 갖게 해준다. 소금 그릇으로 사용했던 것들도 있다. 소금 그릇이 무슨 보물이냐고 할 수 있겠지만 옛날에는 소금이 생명과 같은 것이어서 대단히 소중했다. 그중에 어떤 것은 상어 이빨로 장식한 것도 있다. 옛날에는 뱀의 이빨이나 상어의 이빨로 독이 있는지를 판별했다고 한다. 코코넛 껍질로 만든 그릇들도 많이 있다. 인도의 고아에서 가져온 것이라고 한다. 기사들의 은제 칼집 장식도 보인다. 어떤 칼집은 성모와 아기 예수를 조각해 넣은 것이어서 매우 화려하다. 석류석과 거북 껍질로 만든 탁상시계는 도금한 나뭇잎을 둘러서 장식했다. 다른 전시실에는 동양의 무기들, 예를 들어 수마트라의 칼 등이 있으며 보석으로 조각한 부처상도 있다. 성 게오르기우스가 용을 퇴치하는 장면을 나무에 조각한 것도 특이하다. 박물관은 화, 목, 토요일에 아침 10시부터 12시까지, 수요일과 금요일에는 오후 3시부터 5시까지 연다. 가기 전에 시간을 잘 알아보고 가야 할 것이다.

이 거리의 다른 쪽, 즉 16번지는 팔레 노이파우에르-브로이너Palais Neupauer-Breuner이다. 아름다운 바로크 양식의 저택으로 비엔나 도심의 찬란한 격조를 더 한층 높여주는 건물이다. 길 건너 9번지와 11번지의 매력적인 귀족 저택 역시 눈여겨볼 만한 역사적 유산이다. 팔레 로탈Palais Rottal 이다. 현관의 조각들이 아름답다. 이 저택들은 주변의 재건축 건물과 독특한 조화를 이루고 있다.

팔레 로탈의 현관 장식

둘째 날

Blutgasse
블루트가세
_ 끔찍한 피의 거리

'피의 거리'라니? 이상한 이름의 거리이다. 무언가 기괴한 느낌을 준다. 1369년부터 1411년까지 이 거리는 코트게슬Khotgessl: 진흙 거리이라고 불렸다. 진흙과는 거리가 먼 것 같은데 왜 그런 이름이 붙여졌을까? '피의 거리'라는 이름은 1542년부터 사용되기 시작했으며, 전설에 따르면 템플기사단이 흘린 피와 연관이 있다고 한다. 1312년 당국의 박해로 오스트리아에서 템플수도회가 무너졌다. 이와 함께 템플기사단의 핵심 인물들도 본부에서 하루아침에 거의 모두 살육당한 것으로 알려졌다. 당시 템플기사단의 본부는 징거슈트라세와 연결된 블루트가세에 있었다. 너무나 많은 템플기사들이 죽임을 당했기 때문에 거리는 온통 피의 홍수였다는 것이다. 그래서 블루트가세, 즉 피의 거리라는 이름이 붙었다고 한다. 최근의 다른 연구에 의하면 블루트Blut라는 말은 블라우트Blout에서 연유한 것이라고 한다. 블라우트는 이교도들이 제사를 지낼 때 산 제물로 바치는 사람을 뜻하는 것이라고 한다. 실제로 기록에 따르면 옛날에 이 거리에 이교도의 사원이 있었다고 한다.

거리에 있는 건물들은 대부분 근세에 이르러 재건축하거나 새롭게 단장한 것들이다. 그래서 아주 매력적으로 보인다. 한때 블루트가세에 있던 건물들은 모두 저주를 받은 듯 형편없는 모습이었다. 비엔나 시의 유물보존위원회는 물론 건물 소유주들까지도 재건축 및 보수작업에 성의를 보이지 않았다. 그러자 비엔나 시의회가 나섰다. 시의회는 건물주들이 아파트의 내부 보수에 투자를 한다면 시당국은 각 건물의 현관에 대한 보수를 책임지겠다고 제안했다. 옛 거리를 살리자는 운동의 일환이었다. 이 운동에는 유명 인사들, 즉 오페라 성악가, 배우, 의사, 변호사가 참여하여 지원을 아끼지 않았다. 그리하여 블루트가세의 건물들은 중세의 아름다움을 간직한 채 다시 태어날 수 있었다. 아파트의 내부는 모두 현대식으로 개조되었다. 하지만 안뜰Hof은 비엔나 저택의 안뜰이 어떤 모습이어야 하는지를 훌륭하게 보여주도록 손질되었다.

블루트가세의 한적한 풍경

Domgasse
돔가세

_ 피가로와 커피

돔Dom이란 말은 대성당을 뜻한다. 슈테판 성당을 슈테판스돔Stephansdom이라고 부르는 것은 그때문이다. 원래 돔이탈리아어로는 Duomo은 대주교가 관할하는 교구라는 의미이다. 슈테판 성당은 대주교가 관할하는 성당이었다. 슈테판 성당의 바로 뒤에 있는 조그만 골목길을 돔가세라고 이름 붙인 것은 재미있는 일이다. 왜 성당의 앞길이 아니고 뒷길을 '대성당의 길 돔가세'이라고 했을까? 돔가세 5번지는 유명한 '모차르트 하우스Mozart Haus'이다. 모차르트가 비엔나에서 살았던 아파트 중에 유일하게 기념관으로 보존되어 있는 집이다. 모차르트는 이곳에서 1784~1787년의 3년 동안 살았으며, 걸작 오페라 〈피가로의 결혼〉을 작곡했다. 그 때문에 최근까지도 '피가로 하우스'라고 불렀다. 모차르트는 식구들과 함께 5번지의 1층우리 식으로는 2층 전체를 전세 내서 살았다. 하지만 3년 후에는 집세를 낼 형편이 못 되어 더 싼 집으로 이사를 가야 했다. 모차르트가 다음으로 이사 간 곳은 현재의 힐튼 호텔 부근인 란트슈트라세Landstrasse에 있는 작은 집이었다.

'피가로 하우스'는 2005년 모차르트 탄생 250주년을 기념하여 대대적인 수리를 거쳐 '모차르트 하우스'로 단장하여 다시 문을 열었다. 모차르트가 이 집에 살았을 때에 그의 스승인 하이든이 찾아왔었고 베토벤은 모차르트로부터 가르침을 받고자 일부러 찾아왔었다고 한다. 모차르트는 이곳에서 생계를 위해 여러 명의 학생들에게 피아노 레슨을 해주었다. 베토벤이 찾아온 후 모차르트는 친구들에게 "이 젊은이를 눈여겨보아야 할 것이야! 이 젊은이야말로 언젠가는 세상을 깜짝 놀라게 만들 테니까!"라고 말했던 곳도 바로 이 집이었다. 모차르트가 세상을 떠난 날은 1791년 12월 5일이다. 모차르트는 돔가세 5번지에서 세상을 떠나지 않았지만, 슈테판 성당의 교구에 속해 있었기 때문에 이튿날인 12월 6일 슈테판 성당의 성십자가 채플에서 장례미사가 거행되었다.

'모차르트 하우스'는 지하 2층과 지상 4층으로 구성되어 있다. 지하 2층은 이벤트 룸이다. 실내악이나 심포지엄 또는 세미나가 열릴 수 있는 시설이 마련되어 있다. 지하 2층에는 '학습장'이라는 이름의 시설도 있다. 어린이들이 직접 작곡도 하고 연주도 할 수 있는 시설이다. 그라운드 층에는 '모차르트 하우스' 출입구와 모차르트 카페 등이 있다. 현관의 멀티비전 전시는 모차르트 시대를 이해하는 데 대단히 흥미 있는 내용이다. 그라운드층과 1층 사이에는 기념품 상점 등이 있다. 1층은 모차르트 아파트로 당시에 모차르트가 살았던 모습을 보여주는 방이었다. 모차르트는 당시에 1층에 네 개의 큰 방과 두 개의 작은 방 그리고 주방이 있는 곳에 살았다. 2층의 게임 룸은 모차르트가 친구들과 어울려 당구와 같은 게임에 몰두했던 방이다. 2층에 있는 '돈 조반니 룸'과 '피가로 룸'에는 이들 오페라에 대한 여러 가지 역사적인 문서들이 전시되어 있다. 3층에는 모차르트가 활동했던 당시의 비엔나를 소개하는 방이다. 음악에 문외한이라도 '모차르트 하우스'는 꼭 가봐야 할 비엔나 관광의 필수 코스이다.

헝가리 왕 호텔

헝가리 왕 호텔의 라운지

슐러슈트라세Schulerstrasse 10번지의 '헝가리 왕 호텔Hotel König von Ungarn'은 '모차르트 하우스'와 하나의 건물에 연결되어 있다. 그래서인지 '헝가리 왕 호텔'의 식당 이름은 '모차르트'이다. 이 호텔은 1746년 헝가리 귀족들을 위한 게스트하우스로 문을 열었다. 이후 여러 세대를 거치면서 헝가리의 내로라하는 귀족들이 이 게스트하우스를 이용했다. 게스트하우스는 슈테판 성당의 바로 뒤편에 있기 때문에 고위 성직자들도 상당수 이용했다. 1918년 오스트로-헝가리 제국이 막을 내리자 '헝가리의 왕'이라는 추억 어린 이름의 호텔로 탈바꿈하여 오늘에 이르고 있다. 비엔나가 문화재에 준하는 전통 호텔로 인정한 '헝가리 왕 호텔'에는 마치 헝가리 귀족의 사냥 숙소에 들어온 듯 민속적 분위기가 흐른다.

돔가세 6번지는 '주교의 작은 안뜰'이라고 불리는 집이다. 이 집은 한때 적십자 사무실로 사용됐다. 그보다도 이 집은 비엔나에서 최초의 커피하우스를 열었던 사람이 살았던 집으로 기억되고 있다. 1683년 터키가 두 번째로 비엔나를 점령하려고 했던 기간 중에 콜쉬츠키라는 젊은이가 터키군 진영에 들어가 상황을 정찰하고 오겠다고 자청했다. 그의 임무는 터키군의 정세를 살피는 것이기도 했지만, 비엔나를 구원하러 올 폴란드 왕 소비에스키가 이끄는 군대와 로트링겐의 카를 대공이 이끄는 구원군이 언제쯤 도착할지를 탐지하는 것이었다.

돔가세 6번지. 비엔나에 커피를 유행시킨 콜쉬츠키가 살았던 집으로 현재는 슈테판 성당 주교관이다.

콜쉬츠키는 임무를 훌륭하게 완수했고 황제는 이 용감한 시민에게 보상을 하기로 했다. 콜쉬츠키가 원한 것은 터키군이 남기고 간 자루들이었다. 자루 속에는 커피라고 하는 열매가 잔뜩 들어 있었다. 콜쉬츠키는 터키 사람들의 커피에 대해 잘 알고 있었다. 콜쉬츠키가 원하는 대로 커피 자루를 상으로 받았음은 물론이다. 그렇지만 다른 상도 받았다. 당시 어떤 주교의 소유였던 자그마한 건물이었다. 돔가세 6번지에 연결된 집이다. 이제 콜쉬츠키가 할 일은 간단했다. 커피콩을 가루로 만들어 물에 넣고 끓이는 일이었다. 이것이 처음으로 비엔나에 커피가 소개된 경로다. 그는 이 커피를 돔가세 6번지에서 사람들에게 팔기 시작했다. 처음에는 우유나 설탕을 넣지 않았다. 사람들은 특이한 맛의 커피를 점차 즐겨 찾게 되었다. 콜쉬츠키의 사업은 순풍에 돛을 단 듯 확장되어갔고, 비엔나 시내 여러 곳에 커피하우스가 생겨났다. 지금까지의 이야기는 커피에 대한 에피소드를 재미있게 만들기 위해 약간 과장한 것이며, 실제로 역사학자들에 따르면 콜쉬츠키로 인해 비엔나의 커피 역사가 시작된 것이 아니라 요하네스 데오다토라는 아르메니아 사람이 동양에서 전래된 특이한 맛의 커피를 비엔나에 가져와 최초로 팔았다고 한다.

6

Franziskanerplatz
프란치스카너플라츠

_ 황제가 마련해준 마차 주차장

프란치스카너플라츠는 비엔나 시내에 있는 광장 중 그나마 최근에 조성된 것이다. 최근이라는 것은 1624년을 말하는 것이므로 어느덧 400년이 훨씬 넘는 긴 시간을 간직한 광장이다. 예전에는 이 광장 자리에 초라하게 보이는 집 한 채가 서 있었다. 성제롬 수녀원이었다. 이것을 프란체스코 수도회가 인수하여 수녀원을 허물고 새로운 교회를 건축했다. 새로운 프란체스코 교회는 어찌 된 일인지 귀족들 사이에 인기가 많아서 주일이면 귀족들이 미사를 드리러 많이 찾아왔다. 아마 프란체스코 수도회가 유럽에서 가장 오래된 수도회이고 아시시의 성자 프란체스코에 대한 인기가 높았기 때문인 듯싶다. 아무튼 주일미사나 다른 행사가 있으면 마차를 타고 온 귀족들 때문에 광장 일대의 교통이 여간 혼잡하지 않았다. 1621년 프란체스코 수도원의 원장은 황제에게 특별 요청을 했다. 귀족들이 타고 온 마차가 주위에서 기다렸다가 미사가 끝나서 다시 주인들을 태우고 속히 돌아갈 수 있도록 주변의 집들을 정리해 달라는 것이었다. 황제는 주변의 집들을 몇 채 정리하여 마차 주차장을 마련해주었다. 오늘날 이 광장에는 어떠한 차도 주차할 수 없다. 그래서 요즘도 프란체스코 교회에 가려면 멀리 주차하고 걸어와야 한다. 광장의 가운데에 있는 분수에는 모세의 조각상이 세워져 있다. 출애굽 때에 모세

프란치스카너교회와
광장의 모세 기념상

가 광야에서 검소하게 지낸 것을 기억하도록 하는 조각상이다. 광장 주변의 집들은 17세기의 것들로 이곳의 분위기를 고풍스럽게 만들고 있다.

Ballgasse
발가세

_ 배드민턴 경기장이 있던 거리

발가세라는 이름은 한때 이곳에 있었던 구기 경기장에서 연유한다. 당시 비엔나에서는 오늘날의 배드민턴과 비슷한 구기 경기가 유행했다. 페르디난트 1세가 스페인으로부터 들여온 구기경기이다. 발가세 8번지가 그런 구기 경기를 했던 건물이 있던 자리이다. 구기 경기가 유행에서 사라지자 이 건물은 이탈리아 순회공연단에게 임대되었다. 그러다가 1772년 비엔나목수연합이 건물을 사들여 여행하는 목수가구장이들의 여관으로 사용되었다. 발가세 8번지의 현관문에는 그런 내용이 적힌 간판이 아직도 있다. 그러나 목수들은 연합회길드의 추천이 있어야만 이 여관에 하루나 이틀 정도 묵을 수 있었다. 일 때문에 좀 더 머물고 싶어도 허락되지 않았다. 다른 장인匠人연합회들도 여행자들이 이 여관에 묵을 수 있도록 해달라고 요청했다. 하지만 거절당하자 목수연합회의 처사가 부당하다고 들고 일어났다. 1721년 구두장인들의 반란도 그 때문에 일어났다. 프란치스카너플라츠로부터 길고 어두운 터널형 골목을 지나면 좁고 구불구불 돌아가는 길이 나온다. 옛날 비엔나의 거리가 어떻게 생겼는지를 알아볼 수 있는 길이다.

길을 건너가면 블루멘슈토크가세Blumenstockgasse를 만난다. 옛날에 상당히 인기를 끌었던 식당 겸 맥주집인 '구꽃항아리집Zum alten Blumen

발가세 8번지. '목수들의 여관' 이라는 간판이 아직도 있다.

춤알텐블루멘슈토크 주점

stock, The Old Flower Pot'이 이곳에 있었기 때문에 블루멘슈토크가세라는 이름이 붙었다. 현재의 발가세 8번지이다. 이 맥주집은 1818년 작가와 화가 등 여러 지성인들이 이른바 루들람스횔레Ludlamshöhle라는 동호회를 구성한 곳으로 유명하다. 베토벤과 슈베르트도 약 1년 동안 이 동호회의 멤버였다. 베토벤은 이곳에서 「장엄 미사곡」의 작곡을 시작했다. 루들람스횔레 동호회는 처음에 이 식당에 연락처 겸 사무실을 두었지만 점차 회원이 늘어나자 다른 건물로 사무실을 옮겨야 했다. 동호회가 들어서기 전의 식당 겸 맥주집도 너무 손님이 많아 넓은 집으로 옮겼다. 길 건너에 있는 '신꽃항아리집 Zum neuen Blumenstock: The New Flower Pot'이 그것이다. 이 맥주집에서는 오늘날 더 이상 맥주를 팔지 않는다. 대신 와인을 판다.

Rauhensteingasse
라우엔슈타인가세

_ 모차르트의 진혼곡이 울려 퍼진 거리

이 거리의 이름은 10번지에 있었던 라우엔하우스Rauhenhaus, 즉 '거친 집'에서 연유했다고 한다. '거친 집'은 형무소를 뜻한다. 형무소가 거친 집이라는 데에는 의심의 여지가 없을 것이다. 10번지 건물의 음침한 지하실에는 얼마 전까지만 해도 각종 고문기구와 화로가 남아 있어서 끔찍했을 고문을 연상케 했는데 지금은 모두 정리했다고 한다. 예전에는 이 건물의 지하 감방에서 교수형도 집행되었다고 한다. 말하자면 살육의 현장이었다. 형무소의 안뜰에는 우물이 하나 있다. 이 우물에 1603년 어떤 여인이 뛰어들어 목숨을 버린 일이 있다. 마녀라고 해서 붙잡혀 기소된 여인은 지하 감방에서 끔찍한 고문을 받을 것이 너무 두려워 자살의 길을 택했던 것이다. 당시 마녀로 낙인이 찍히면 화형에 처하지 않고 통 속에 집어넣어 다뉴브 강에 던져 익사시켰다. 화형에 처하면 나중에 마녀의 혼이 살아나 나쁜 일을 저지른다는 미신 때문이었다. 현재 10번지 건물은 언제 그런 끔찍한 일이 있었냐는 듯 조용한 사무실 건물이 되어 있다.

라우엔슈타인가세 8번지에는 1791년 12월 4일 모차르트가 세상을 떠났던 집이 있었다. 현재는 슈테플 백화점 후문의 옆 건물로서 완전히 새로 지은 건물이다. 모차르트가 세상을 떠난 집은 슈테플 백화점의 일

모차르트가 세상을 떠난 집이 있던 자리에 새로 들어선 건물

부와 옆의 새로 지은 건물의 중간쯤에 있었다고 한다. 아무튼 새로 지은 건물의 벽에는 모차르트가 세상을 떠난 집이 있었다는 명판이 붙어 있다. 몇 년 전까지만 해도 슈테플 백화점 1층 후문 쪽으로 모차르트 기념품 코너가 있었다. 아마 그 지점이 바로 모차르트가 세상을 떠난 방이 있었던 곳이었는지 모른다. 최근의 연구에 의하면 모차르트는 류마티스 열로 세상을 떠났다고 한다.

Himmelpfortgasse
힘멜포르트가세

_ 참회하고 돌아온 어느 수녀의 이야기

라우엔슈타인가세의 끝머리에서 왼쪽으로 돌아 내려가면 힘멜포르트가세를 만난다. '천국의 문'이라는 뜻을 가진 이 거리의 이름은 7-11번지에 있었던 수녀원에서 연유한다. 천국의 문 수녀원에는 상당히 유명한 성모상이 있었다. 이 성모상은 나중에 슈테판 성당의 성엘리기우스 채플에 '기숙사 여사감'이란 별명으로 안주하게 되었다. 성모상은 1783년 요제프 2세가 수녀원의 해체를 명령한 이후 곧바로 슈테판 성당으로 옮겨졌다. 성모상에는 다음과 같은 전설이 담겨 있다.

힘멜포르트가세 7-11번지. 천국문 수녀원이 있던 건물이다.

수녀원의 규율에 따르면 수녀 중 한 사람을 문지기 수녀로 임명하도록 되어 있었다. 문지기 수녀는 수녀원 사람들 중에서 유일하게 외부와 연락할 수 있었다. 수녀 중에서 가장 젊고 아름다운 수녀가 문지기로 임명되었다. 유혹이라는 이름의 악마는 젊고 멋지게 생긴 기사의 모습으로 그 아름다운 수녀에게 다가왔다. 젊은 기사는 아름다운 수녀에게 성모에 대한 서약은 잊어버리고 자기와 함께 새로운 생활을 시작하자고 유혹했다. 처음에 젊은 수녀는 그런 유혹을 완강히 거부했으나 기사의 끈질긴 설득에 못 이겨 그만 굴복하고 말았다. 수녀는 외부와 통할 수 있는 수녀원의 유일한 문 열쇠를 성모상의 발밑에 넣어두고 "성모님, 우리 수녀원을 지켜주세요. 저는 더 이상 문을 지킬 수가 없습니다"라고 기도한 후 기사를 따라 수녀원을 떠났다. 처음 얼마 동안 젊은 수녀는 행복했지만, 몇 년 후 사랑하던 그 기사가 수녀를 버리고 떠나자 수녀는 병들고 가난해졌다. 오랫동안 갈등하던 수녀는 마침내 수녀원으로 돌아가기로 결심하고 참회와 속죄의 심정으로 수녀원의 문을 두드렸다. 문이 열리자 너무나 놀랍게도 문을 열어준 수녀의 모습이 전에 수녀원에 있었을 때의 자기 모습과 똑같았다. 문을 열어준 사람은 성모였다. 성모는 젊은 수녀가 수녀원을 떠난 그날부터 그 수녀의 모습으로 문지기 노릇을 착실하게 대신해주었다. 그래서 아무도 젊은 수녀가 몇 해 동안 사라진 것을 눈치채지 못했다는 것이다.

힘멜스포르트가세에서 다시 왼쪽으로 방향을 돌려 아래쪽으로 조금 걸어가면 8번지가 나온다. 오이겐 공자의 겨울궁전이었으나 지금은 재무성 건물이 된 곳이다. 이 건물은 비엔나 시내에서 가장 화려하게 공들여 만든 궁전으로 오스트리아 귀족이 얼마나 화려한 생활을 했는지를 알 수 있는 건물이다. 이 궁전은 일반에게 공개되지 않고 있지만 주중의 일과 시간에는 웅장한 현관을 통해 슬쩍 들어가 현관 로비를 잠시 둘러볼 수 있다. 로비의 왼쪽에는 해신 넵튠이 커다란 조개껍질에 담겨 있는 물을 비우고 있는 섬세한 조각이 있다. 한때 로비의 분수로 사용되었던 것이다. 그보다도 오른쪽 계단의 양쪽에 기둥을 받치고 있는 조각상은 웅장함 그 자체이다. 계단 중간에 있는 거대한 조각상은 헤라클레스가 몽둥이를 들고 있는 모습이다. 그 뒤에는 오이겐 공자의 초상화가 있다. 모든 것이 화려하다. 그 화려함 중에 안뜰은 매우 조용하고 평화스럽다. 안뜰에도 분수가 하나 더 있다. 오이겐 공자는 2층의 자기 방에서 평화스러운 안뜰을 내려다보며 지냈을 것이다. 원래 오이겐 공자는 단순하고 검소한 것을 좋아했다고 한다. 아래층의 화려한 방은 아마 손님들을 접대했던 곳일 것이다.

힘멜포르트가세의 끝까지 걸어가면 자일러슈태테를 만난다. 이곳에서 비엔나의 밤의 향락을 구경할 수 있다. 예를 들어, 자일러슈태테 1번지에 있는 비벌리힐스라는 곳은 섹시한 여인들의 쇼를 구경할 수 있는 곳이다. 힘멜포르트가세가 끝나는 곳, 링-카이와 만나는 곳에 SAS호텔이 있다. SAS호텔은 2차 대전 후 프랑스군이 사령부로 사용했다. 당시 미국은 그랜드 호텔, 영국은 브리스톨 호텔, 러시아는 임페리얼 호텔을 사령부로 사용했다. 현재 도나우 강 건너의 카이저뮐렌에 있는 국제원자력기구는 미국이 주도하여 설립한 UN 기구여서 초창기에 미군 사령부로 사용했던 그랜드 호텔에 본부 사무실을 두었었다. 모차르트는 SAS호텔이 호텔로 사용되기 전인 1780년대에 이 건물에서 잠시 살았다고 한다.

캐른트너링의 그랜드 호텔.
국제원자력기구 초창기의 본부 건물이었다.

Seilerstätte 자일러슈태테

_ 로나허 극장의 추억

자일러Seiler라는 단어는 밧줄을 의미한다. 터키의 제2차 비엔나 공성 이후부터 18세기 중반까지 이곳은 밧줄 만드는 사람들이 장사를 했던 곳이었다. 밧줄 시장은 나중에 계란, 닭, 오리 등을 파는 시장으로 확대되었다. 당시 닭과 오리 냄새가 상당했던지 이곳에 살았던 사람이 다음과 같이 불평했던 기록이 남아 있다. "수천 마리나 되는 닭과 오리 떼의 시끄러운 소리 때문에 귀가 뚫어질 지경이고 고약한 닭똥과 내장 냄새 때문에 코가 메어 기절할 지경이다."

힘멜포르트가세에서 나오면 자일러슈태테의 다른 쪽에 기념비적인 건물이 서 있다. 세기말까지 이 건물은 비엔나에서 유명한 연주회장 겸 극장 그리고 호텔 겸 레스토랑, 커피하우스, 무도회장이었다. 바로 로나허 Ronacher라는 건물이다. 세계적인 예술가들이 무대를 장식했고, 비엔나 상류사회의 인사들이 몰려들었던 곳이다. 이 때문에 오늘날까지도 웬만한 비엔나의 노년층은 '로나허'라는 이름에 대해 일종의 향수를 느끼고 있다. 1945년부터 1955년까지 10년 동안 이 건물은 부르크테아테르 앙상블Burgtheater Ensemble의 임시 본부였다. 부르크테아테르가 2차 대전 당시 폭격으로 파손되었기 때문이다. 부르크테아테르가 복구되자 부르크테아테르 앙상블도 라트하우스시청길 건너의 본집으로 돌아갔다. 그

후 몇 년 동안 '로나허' 건물은 썰렁하고 쓸쓸한 모습이었다가 1993년 다시 문을 열었다. 세기말의 영화를 재현하기 위해서였다. 현재 '로나허'에서는 버라이어티 쇼 또는 뮤지컬이 주로 공연되고 있다.

자일러슈태테 20번지는 유명한 '음악의 집Haus der Musik'이다. 그곳에서 신비한 음의 세계를 경험해보는 것도 좋을 것이다. 자일러슈태테 30번지는 독일의 작곡가 오토 니콜라이Otto Nikolai가 1841년부터 1847년까지 살았던 집으로 이를 기념하는 명판이 붙어 있다. 니콜라이는 이곳에서 오페라 〈윈저의 유쾌한 아낙네들〉의 일부를 작곡했다. 〈윈저의 유쾌한 아낙네들〉은 니콜라이가 비엔나를 떠난 이듬해인 1848년 베를린에서 초연되어 대단한 반향을 불러일으켰다. 이 집은 당시에 에르츠크 카를 하우스카를 대공의 저택라고 불렸다. 니콜라이는 비엔나에 6년 동안 살면서 주로 베토벤을 지휘했다.

자일러슈태테의 로나허 극장

Annagasse
안나가세

_ 비엔나 크리스마스 장식의 원조

캐른트너 슈트라세의 요한네스가세 다음에 캐른트너 슈트라세와 오페라 극장이 만나는 평행으로 뻗어나 있는 거리가 안나가세이다. 안나가세는 비엔나에서 가장 매력적인 거리 중의 하나이다. 이 거리에 있는 건물들은 거의 모두 18세기에 건설된 것들이며 더 오래된 건물들도 있다. 안나가세에 들어서자마자 있는 1번지의 건물은 팔레 카를 대공Palais Erzherzog Charles이다. 비엔나의 다른 팔레에 비해서는 규모가 작다. 하지만 이곳에서 비엔나에서는 처음으로 크리스마스트리가 선보였다. 카를 대공의 부인이었던 독일 나사우-바일부르크의 헨리에타 공주가 1816년 고향에서 크리스마스트리 전통을 비엔나에 처음으로 들여온 것이다. 헨리에타 공주의 크리스마스트리가 각종 촛불과 장식으로 너무 아름다웠기 때문에 이듬해부터는 비엔나의 상류사회, 특히 귀족 가정에서 너도나도 크리스마스트리가 불을 밝히기 시작했다. 오늘날 크리스마스트리는 전 세계에서 사랑받는 성탄절 축하 장식이 되었다. 가정에서 크리스마스트리에 불을 밝히는 전통이 비엔나에서 처음으로 전파되어서 그런지 성탄절이 되면 비엔나의 거의 모든 가정은 물론 거리마다 크리스마스트리에 불을 밝혀 세계에서도 가장 아름다운 광경을 연출하고 있다.

비엔나에서 크리스마스트리에 처음으로 불을
밝혔다는 안나가세의 팔레 카를 대공

Kärntner Strasse 캐른트너 슈트라세

_ 비엔나의 패션1번지

슈타츠오퍼국립 오페라극장에서 슈테판 성당까지 뻗어 있는 캐른트너 슈트라세는 비엔나에서도 대단히 오래된 거리 중의 하나이다. 일찍이 1257년부터 기록에 나온다. 캐른트너 슈트라세는 당시 독일에서 멀리 베네치아와 트리에스테와 같은 항구로 가기 위해 거쳐야 하는 주요 도로로 건설되었다. 하지만 오늘날 13세기를 떠올리는 것은 거의 남아 있지 않다. 19세기에 비엔나 중심가에서 있었던 대공사 때문이라고나 할까? 2차 대전의 막바지에 공습과 포격을 받아 그나마 있던 유적도 상당수가 사라졌다. 겨우 남아 있는 몇 안 되는 건물 중의 하나는 캐른트너 슈트라세 41번지 안나가세와 만나는 곳에 있는 에스터하지 궁전 Palais Esterhazy 이다. 이 거리에 있는 가장 오래된 건물 중 대표적인 것으로 18세기 초의 건물이다.

캐른트너 슈트라세는 최근 차가 없는 인도가 되어 시민들은 물론 수많은 관광객들이 유유히 거닐며 즐기는 유명한 거리가 되었다. 자동차 소음을 듣지 않고서 윈도쇼핑아이쇼핑을 하며, 여름철에는 노상 카페에 앉아 음료를 마시면서 여유를 만끽할 수 있게 되었다. 캐른트너 슈트라세는 비엔나 유행의 첨단거리이다. 아침에 파리에서 유행되었던 드레스가 다음 날이면 캐른트너 슈트라세의 쇼윈도에 걸린다고 할 정도이다.

말타 교회

캐른트너 슈트라세에는 유명 상점들이 늘어서 있다. 음반 상점인 EMI가 전통을 자랑하고 있으며, 귀금속점인 하반Haban, 내복 상점인 팔머스Palmers, 스웨덴이 원조인 옷가게 H&MHenesse and Mauritz, 구두가게인 발리Bally, 가죽제품 상점인 살라만더Salamander, 의상실인 더글라스Douglas 등이 줄지어 들어서 있다. 게다가 비엔나 카지노도 자리 잡고 있다.

오페라 극장을 지나 캐른트너 슈트라세로 들어서서 슈테판 성당 쪽으로 잠시 걸어가면, 오른쪽 길가에 오래된 교회가 있다. 말타 기사들이 세운 말타 교회Malteser Kirche이다. 교회 현관의 양식을 보면 마치 19세기 건물인 것처럼 착각하기 쉽다. 그러나 교회 안으로 들어가보면 15세기 양식의 둥근 천장을 볼 수 있고, 오르간은 18세기의 것이어서 19세기보다 훨씬 이전에 건축된 것임을 알 수 있다. 교회에는 말타 기사의 수많은 문장紋章들이 화려하게 걸려 있다. 그중에는 나중에 오스트리아의 유명한 귀족이 된 이름들도 있다. 중앙제단에는 예수가 요한으로부터 세례를 받는 그림이 있다. 말타 교회의 원래 명칭은 '세례 요한 교회'이다. 교회를 나와 요한네스가세와 만나는 곳의 건너편으로 가면 노이어마르크트Neuer Markt에 이른다.

CAMBIO
CHANGE
両替
MONEY EXCHANGE
CAFE KONDITOREI

Kaisergruft
카이저그루프트

_ 합스부르크 왕가 최후의 안식처

노이어마르크트에 이르면 우선 눈앞에 아담한 카푸친 수도원과 이 수도원 건물에 연결된 교회를 만날 수 있다. 카푸친 교회의 지하는 합스부르크 왕가 사람들의 시신을 안치한 지하영묘납골당이다. 이를 카이저그루프트Kaisergruft: 제국의 영묘: Imperial Burial Vault 또는 카푸치너그루프트Kapuzinergruft라고 부른다. 이곳에는 마티아스Matthias, 1576~1619년 재위 신성로마제국 황제와 안나 왕비를 비롯해서 합스부르크 최후의 왕비인 치타Zita까지 안치되어 있다. 합스부르크 왕가의 인물 중 가장 걸출했다는 마리아 테레지아Maria Theresa 여제도 부군 프란츠 대공신성로마제국의 황제 겸직과 함께 이곳에서 영원한 안식을 취하고 있으며, 19세기 후반부터 20세기 초반까지 합스부르크의 대명사인 프란츠 요제프 황제와 엘리자베트씨씨 왕비, 이들의 황태자인 자살한 루돌프도 이곳에 안치되어 있다. 비엔나를 이해하려면 합스부르크 왕가를 이해해야 한다. 합스부르크 왕가를 이해하는 데 가장 중요한 장소 중의 하나가 바로 카이저그루프트이다. 여기에는 모두 143개의 관이 있다.

마리아 테레지아와 부군 프란츠 1세 신성로마제국 황제의 합관

프란츠 요제프 황제, 엘리자베트 왕비, 루돌프 황태자의 관

이곳에 안치되어 있는 사람들은 모두 왕족이지만, 단 한 명의 예외가 있다. 마리아 테레지아의 가정교사 겸 시녀였던 푹스Fuchs 백작 부인이다. 왕족이 아니기 때문에 합스부르크 왕가의 가족 묘소에 안치될 수 없다는

FRANZ JOSEPH
1830-1916

노이어마르크트의
중앙에 있는
돈너 분수

반대가 있었을 때, 마리아 테레지아 여제는 '푹스 백작 부인은 우리와 평생을 함께했다. 그러므로 죽어서도 우리와 함께 있어야 한다'라고 말하며 반대 의견을 일축했다는 에피소드가 있다.

카이저그루프트에서 가장 규모가 크고 화려한 것은 마리아 테레지아 여제와 신성로마제국의 황제인 부군 프란츠 대공이 합장되어 있는 관이다. 로코코 양식의 관 위에는 두 사람이 서로 마주보고 앉아 있는 실물대의 조각이 화려하게 장식되어 있다. 마치 아침에 일어나 서로 인사를 나누고 있는 듯한 생생한 모습이다. 이 조각을 만든 사람의 설명에 따르면, 마리아 테레지와와 프란츠 대공이 최후의 심판 날에 자리에서 일어나서 심판자를 기다리고 있는 모습이라고 한다.

광장의 중앙에는 게오르크 라파엘 돈너Georg Raphael Donner가 제작한 유명한 오스트리아 분수가 있다. 이 분수는 돈너가 제작했기 때문에

벨베데레 미술관에
있는 오리지널
돈너 분수

돈너 분수라고 더 잘 알려져 있다. 원래 이 분수의 가운데에는 삼위일체를상징하는 조각물이 높이 세워져 있고, 사방의 분수에는 오스트리아의 4개 강, 즉 엔스Enns, 마르흐March, 트라운Traun, 입스Ybbs를 상징하는 여신들의 누드 조각물이 만들어져 있었다. 마리아 테레지아 시대에는 도덕성을 대단히 강요했다. 특별경찰대가 조직되어 백성들의 도덕성을 감시하는 역할을 하기도 했다. 그래서 누드로 있는 이 분수의 여신 조각물들도 수난을 당하지 않을 수 없었다. 결국 분수의 누드 조각물들은 1770년 제거되었다. 누드 조각물들은 무려 30여 년 동안 정부의 한 창고에 숨겨져 있다가, 당국이 이 조각물들을 조각가 요한 마르틴 피셔Johann Martin Fischer에게 주어 하고 싶은 대로 녹여서 쓰게 함으로써 비로소 세상에 알려졌다. 피셔는 이 조각물들의 진가를 인식하고 1801년 원래의 분수에 다시 설치해 놓았다. 그러나 문화재를 보존해야 한다는 주장에 따라 원래의 돈너 조각품은 벨베데레 궁전의 바로크 박물관에 전시했고, 현재 설치되어 있는 조각물들은 피셔가 만든 복사품이다. 노이어마르크트 5번지에 있는 암바사도르 호텔은 헝가리의 작곡가 프란츠 레하르가 애용하던 곳이다. 호텔의 벽에는 레하르가 쓴 오페레타 〈메리 위도우〉와 〈웃음의 나라〉 악보가 전시되어 있다. 이 건물이 호텔이 되기 전에는 멜그루베라는 비엔나의 사교장으로서 모차르트도 이곳에서 간혹 피아노 연주를 했다.

비엔나 신년음악회

세계적인 비엔나 신년음악회Das Neujahrskonzert der Wiener Philharmoniker: The New Year Concert는 1939년에 처음 시작되어 2009년으로 70회를 기록했다. 2009년 1월 1일 비엔나악우회 황금홀에서 열린 신년음악회는 베를린국립오페라슈타츠오퍼의 음악 총감독인 다니엘 바렌보임Daniel Barenboim이 바톤을 잡았다. 아르헨티나에서 태어난 유대계의 다니엘 바렌보임은 1989년부터 비엔나필하모닉 오케스트라빈필를 자주 지휘했으나 빈필이 주관하는 비엔나 신년음악회를 지휘한 것은 이번이 처음이었다. 비엔나 신년음악회는 전통적으로 요한 슈트라우스 가족의 왈츠와 폴카, 행진곡 등을 연주하지만 2009년에는 하이든의 교향곡 제45번 「고별」의 4악장이 프로그램에 올랐다. 2009년은 하이든 서거 200주년을 기념하는 해이기 때문이었다. 요한 슈트라우스 2세의 「아름답고 푸른 다뉴브」와 요한 슈트라우스 1세의 「라데츠키 행진곡」은 관례에 따라 앙코르 곡으로 연주되었다. 2010년 비엔나 신년음악회의 지휘는 프랑스의 노지휘자인 조르즈 프레트르Georges Pretre: 1924년~가 맡는다. 조르즈 프레트르는 2008년 이래 두 번째로 비엔나 신년음악회를 지휘한다.

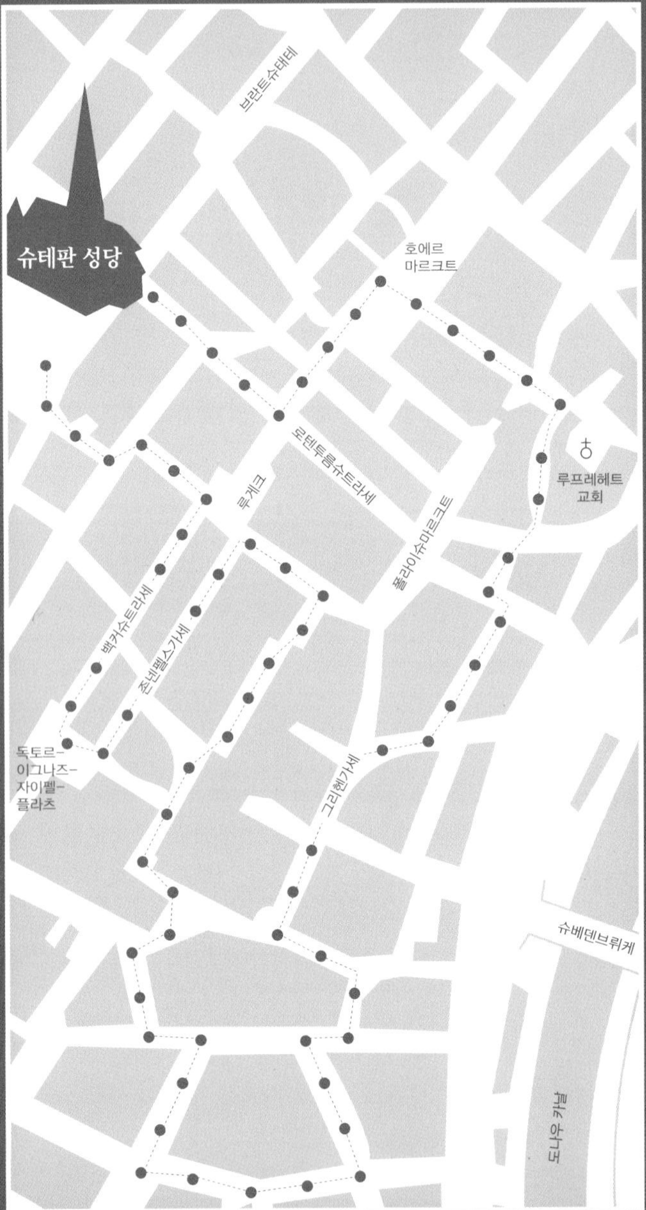

슈테판 성당
브란트슈태테
호에르 마르크트
로텐투름슈트라세
루게크
루프레헤트 교회
볼라이슈마르크트
백커슈트라세
존넨펠스가세
독토르-이그나츠-자이펠-플라츠
그리헨가세
슈베덴브뤼케
도나우 카날

셋째 날

● 로텐투름슈트라세 ● 호에르 마르크트 ● 유덴가세 ● 루프레헤츠플라츠 ● 자이텐슈테텐가세 ● 그리헨가세 ● 플라이슈마르크트 ● 오토바그너의 포스트슈파르카세 ● 쇤란테른가세 ● 존넨펠스가세 ● 독토르-이그나츠-자이펠-플라츠 ● 백커슈트라세 ● 루게크

Rotenturmstrasse 로텐투름슈트라세

_ 한겨울에 핀 보리수꽃

'붉은 탑의 거리'라는 뜻의 로텐투름슈트라세는 슈테판 성당 앞 광장슈테판스플라츠에서 도나우 운하Franz Josef Kai가 있는 슈베덴플라츠Schwedenplatz방향으로 뻗어 있는 큰길이다. 로텐투름슈트라세는 캐른트너 슈트라세와 연결되어 비엔나 중심 중의 중심을 남북으로 가로지르고 있다. 슈테판 성당에서 로텐투름슈트라세를 따라 잠시 슈베덴플라츠 쪽으로 내려가다 보면 비엔나 최고의 아이스크림 집인 자노니Zanoni가 나온다. 한겨울에도 사람들로 북적거리는 집이다. 슈테판 성당 쪽에서 보았을 때 자노니의 오른쪽에는 아름다운 레겐스부르거호프Regensburgerhof 건물이 웅장하게 자리 잡고 있으며, 그 앞 루게크 광장에는 요하네스 구텐베르크Johannes Gutenberg 기념상이 엄숙하게 서 있다. 루게크 광장에 대하여는 나중에 다시 설명하기로 하자.

이곳의 첫 번째 안뜰에는 오래된 전설이 깃들어 있다. 여기에는 비엔나의 한 교구인 성슈테판 교구의 주교관이 있었다. 현재의 궁전에 비하면 말할 수 없이 보잘것없는 작은 주교관이었다. 성당 측은 로마네스크 양식의 낡은 교구성당을 허물고 고딕 양식의 웅장한 슈테판 성당을 새로 짓기로 결정했다. 그러자니 주위의 여러 집과 안뜰을 허물어 건축 부지로 삼아야 했다. 낡고 작은 주교관도 마찬가지였다. 주교관의 정원에

비엔나의 명물인
아이스크림 집 자노니

는 보리수가 한 그루 서 있었다. 주교는 기쁠 때나 슬플 때나 보리수나무와 함께 보내며 계절을 보냈다. 주교에게 이 보리수는 봄철에 파란 새 이파리들의 살랑거리는 소리를 들려주고, 여름철에 시원한 그늘을 제공해 주는 벗이었다. 주교는 성당 건축을 위해 그 보리수를 잘라버려야 한다는 이야기를 듣고 매우 낙담했다. 마침 마음씨 좋은 도목수가 주교의 사정을 듣고 슈테판 성당의 설계를 변경하여 그 보리수만은 잘라버리지 않도록 했다. 주교와 보리수는 변함없는 우정을 다질 수 있었다.

몇 해 동안 멀리 출타했다 비엔나로 돌아온 주교는 그해 겨울에 심한 병에 걸려 누웠다. 주교는 1월의 추운 날씨에 그저 침대에 누워 하염없이 창문만 바라보며 어서 봄이 와서 보리수에 연록색의 이파리가 돋아나고

향기로운 꽃이 피기를 기다리며 괴로워했다. 이 모습을 본 하녀는 주교가 그 겨울을 견디지 못할 것 같다고 생각했다. 그러던 중 주교가 갑자기 하녀에게 한 번만이라도 더 향기로운 꽃 냄새를 맡고 싶으니, 어서 창문을 열어달라고 부탁했다. 놀란 하녀는 이 겨울에 무슨 꽃향기냐고 말하면서, 창문을 열면 겨울바람 때문에 병이 더 악화될 수 있다고 거절했다. 그러자 늙고 병든 주교는 있는 힘을 다해 침대에서 일어나 창문 쪽으로 몸을 던지다시피 기어가서 창문을 열었다. 창문 밖에 눈이 쌓인 안뜰에는 보리수 가지마다 꽃이 활짝 피어 있었다. 주교는 보리수 꽃향기를 깊이 들이마신 후 바닥에 쓰러졌다. 놀란 하녀가 다가왔으나 주교는 이미 숨을 거둔 후였다.주교의 얼굴에는 아름다운 미소가 감돌고 있었다.

보리수가 있는
주교관의 정원

셋째 날

Hoher Markt
호에르 마르크트

_ 중세 비엔나의 중앙시장

호에르 마르크트는 의심할 여지 없이 비엔나에서 가장 오래된 광장이다. 이곳은 원래 빈도보나에 주둔하는 로마군대의 병영이었다. 그 유적은 3번지의 로마유적박물관Romermuseum에서 볼 수 있다. 이 박물관의 지하에 있는 작은 전시실은 한번 둘러볼 만하다. 기원후 2세기에 로마인들이 사용한 것으로 밝혀진 중안난방 시스템은 참으로 놀라운 것이다. 전시되어 있는 벽돌들에는 이곳에 주둔했던 연대의 문장이 찍혀 있다. 로마시대에 만든 인물 조각상들도 있다. 호에르 마르크트 광장은 13세기에 본격적으로 알려졌다. 비엔나 역사지에 '옛 시장Die Alte Markt'이라고 소개되었기 때문이다. 실제로 이 광장은 모든 상거래의 중심이었다. 구두장이 연맹, 린넨 직조공 연맹, 양초장이 연맹, 그리고 도축자 연맹 등 중요한 상인연맹길드들이 이 광장을 중심으로 자리 잡고 있었다.

크라머가세에서 나와 호에르 마르크트로 들어가는 왼쪽에 아치로 되어 있는 로트가세가 있다. 이곳에는 앙커우어Ankeruhr라는 커다란 시계가 육교 스타일의 아치에 설치되어 있다. 앙커영어로는 Anker는 술의 양을 재는 통을 말한다. 요즘으로는 10갤런 들이 통이다. 이 시계는 1911~1917년에 프란츠 마츄Franz Matsch라는 사람이 앙커보험회사를 위해 제작한 것이다. 12시 정각이면 시계에 있는 인물 세트가 음악에 맞춰 돌아가며 등장하고, 새로운 인물이 등장할 때마다 다른 음악이 나온다. 시계에 등장하는 역사적인 인물은 마르쿠스 아우렐리우스2세기의 로마 황제 겸 철학자로 비엔나에서 지냈음, 샤를마뉴카를 대제, 영광의 레오폴트와 테오도라, 포겔바이데, 합스부르크의 루돌프 황제와 안나 왕비, 대건축가 한스 푹스바움, 최후의 기사인 막시밀리안 1세, 비엔나 시장 리벤베르크17세기 초, 슈타렘베르크의 뤼디거 백작, 사보이의 오이겐 공자, 마리아 테레지아 여제와 부군인 로렌의 프란츠 1세, 교향곡의 아버지 요제프 하이든이다.

앙커우어

결혼 분수가 중심을 이루고 있는 호에르마르크트 거리

광장 중앙에 있는 '결혼 분수Vermahlungsbrunnen'는 섬세하고 웅장한 모습으로 호에르 마르크트 광장을 압도하고 있다. 분수가 있는 자리에는 원래 칼죄인의 목과 양손을 끼워 사람 앞에 보이게 한 판자의 옛 형구과 교수대가 있었다. 당시 황제였던 레오폴트 1세는 만일 황태자인 요제프나중에 요제프 1세 황제가 된 사람가 란다우Landau 전투에서 무사히 귀환하면, 이곳에 있는 형틀과 교수대를 없애고 대신 아름다운 분수를 만들어놓겠다고 약속했다. 요제프는 무사히 돌아왔다. 분수에는 요제프 황태자와 마리아 공주의 결혼식이 대주교의 축복 아래 거행되는 장면이 재현되어 있다.

Judengasse 유덴가세

_ 두려운 외침 '그들이 온다!'

'결혼 분수'의 오른쪽으로 돌아가면 유덴가세이다. 유대인들이 몰려 사는 지역의 거리들은 원래 유서 깊은 거리로서 별도의 이름이 붙어 있지 않는 한 모두 유덴가세라고 불렀다. 호에르 마르크트 부근의 이 거리가 유덴가세로서 이름을 유지한 것은 아직도 옛날 유대인들이 살던 모습이 도처에 남아 있기 때문이다. 이 거리에는 유대인 중고 의류상점들이 많았지만 지금은 그런 중고품 상점들을 찾아볼 수 없다. 다만 몇 군데, 예를 들어 슈테른가세 코너에 있는 7번지의 상점에는 아직도 옛날 그림자가 남아 있다. 우선 대부분의 상점들에 두꺼운 철제 셔터가 설치되어 있다. 유대인들이 사람들의 약탈을 막기 위해 얼마나 노력했는지를 알 수 있는 철제 문이다. '그들이 온다! They are coming!'라는 말은 낮이건 밤이건 이 거리에서 흔히 들을 수 있는 외침이었다. 사람들이 얼마나 자주 유대인 상점들을 약탈하러 왔는지 알 수 있는 말이다. 약탈을 막기 위해 유대인들은 상점의 앞문과 창문을 튼튼한 철제 셔터로 막아야 했다.

유대인들에 대한 박해는 끊임이 없었다. 그들은 1년에도 몇 차례나 보따리를 싸들고 쫓겨나야 했고, 멀리 다른 지역으로 추방당하기도 했다. 집단적인 유대인 추방은 1421년, 1567년, 1572년, 1614년 그리고 다시 1670년에 있었다. 1938~1939년 나치에 의한 대규모 엑소더스는 가 유덴가세의 유대인 상점. 아직도 하루 종일 경찰이 경비를 서고 있다.

장 최근의 유대인 추방이었다. 당국은 유대인을 추방하는 방편으로 유대인 상인들에게 과중한 세금을 부과했다. 그래도 몇몇 유대인들은 그러한 박해에서 용케 살아남아 지금도 비엔나에서 살아가고 있다. 물론 오늘날 비엔나에서 유대인을 핍박하는 일은 없다. 2구 레오폴트슈타트에는 지금도 유대인들이 많이 살고 있기 때문에 커다란 유대교회당들이 있다. 2구 레오폴트슈타트는 레오폴트 대공이 비엔나 동남부에 조성한 구역으로 주로 유대인들을 이주시켜 살도록 한 게토이다. 2구 네스트로이플라츠Neystroyplatz 근처의 템펠가세Tempelgasse 는 유대인 회당이 있는 거리라서 그런 이름이 붙었다. 아직도 안식일에는 경찰들이 회당에 예배하러 오는 유대인들을 보호해주고 있다.

Ruprechtsplatz
루프레헤츠플라츠

_ 성 루프레헤트의 기적

루프레헤츠플라츠에는 현존하는 비엔나 교회성당 중에서 가장 오래된 후기 고딕 양식의 루프레헤트 교회가 있다. 그다지 규모가 크지 않고 화려하지도 않지만 어딘가 기품이 있는 교회이다. 더구나 오래된 담쟁이 덩굴이 교회를 감싸고 있어서 고색창연한 운치를 더해주고 있다. 루프레헤츠플라츠는 중세에 키엔마르크트Kienmarkt, 즉 목재시장으로 알려졌다. 로마시대에는 도나우 강의 상류에서 베어낸 목재를 강을 통해 뗏목처럼 내려 보내면 바로 이곳에서 거두어들였다는 기록이 있다. 이 일대는 원래 유대인 게토였다. 현재는 비엔나의 '버뮤다 트라이앵글'이란 별명으로 불릴 정도로 특별지구가 되었다. 디스코클럽, 주점, 아담하고 작은 식당들이 좁은 길을 사이에 두고 줄지어 있어서 젊은이들의 발길이 끊이지 않는다. 여름철에는 더 번잡하다. 좁은 골목인데 길 가운데까지 탁자들을 내놓아 걸어 다니기 어려울 정도이다. 하지만 요즘엔 슈베덴플라츠Schwedenplatz 의 지하철역 주변이 젊은이들로 더 붐빈다.

루프레헤트라는 이름은 성 루프레헤트St Ruprecht에서 연유한다. 루프레헤트 교회 옆에 있는 사제관 건물의 바깥 벽면에 성 루프레헤트의 모습이 크게 그려져 있다. 현재 루프레헤트 교회가 있는 자리에는 740년부터 교회가 있었다고 한다. 그러므로 루프레헤트 교회가 비엔나에서

루프레헤트 교회와 주교관에 그려져 있는 성 루프레헤트의 모습

가장 오래된 교회라는 데에는 이의가 있을 수 없다. 광장에 대한 기록은 1246년부터 찾아볼 수 있다. 당시에는 횃불시장이었다. 주로 횃불용 소나무 관솔을 팔았다. 가난한 사람들은 양초 대신에 나무 관솔을 사서 집안의 불을 밝혔다. 1275년 4월 어느 그믐날 밤에 이 광장에 큰 불이 났다. 관솔을 쌓아둔 데서 불이 나 결국은 광장 주변의 집들이 모두 불에 탔다. 신기하게도 루프레헤트 교회에만은 불이 붙지 않았다.

루프레헤츠플라츠를 떠나기 전에 운하 쪽으로 눈길을 돌리면 작은 광장이 보인다. 모르친플라츠Morzinplatz이다. 이곳에는 원래 메트로폴 Metropol 호텔이 있었다. 오스트리아를 강제 합병한 나치 독일은 메트로폴 호텔을 게슈타포의 본부로 사용했다. 당시에 메트로폴 호텔로 오라는 소환장을 받는 것은 곧 혹독한 고문 끝에 죽임을 당하거나 강제집단 수용소로 끌려가는 것을 의미했다. 전쟁이 끝나자 사람들은 게슈타포 본부였던 메트로폴 호텔로 몰려가 '원수의 게슈타포!'라고 소리치며 건물을 산산이 파괴했다. 이후로 그 자리에는 새로운 건물을 세우지 않았다. 현재 모르친플라츠의 한쪽에는 큰 바위들로 만든 조형물이 세워져 있다. 게슈타포 본부인 메트로폴 호텔에 끌려와 고문을 당하다 목숨을 잃은 사람들을 기념하기 위한 조형물이다. 기념조형물에는 '결코 잊지 말자 Niemals Vergessen'라고 적혀 있다. 기념조형물의 공식 명칭은 'Mahnmal fuer die Opfer der NS-Gewaltherrschaft 나치 전제정치의 희생자를 위한 기념물' 이다. 만말Mahnmal이라는 단어는 일반적인 기념물을 뜻하는 덴크말과는 달리 후세에 경종을 울리기 위해 만들어놓은 기념물이라는 뜻이 담겨 있다. 이제 다시 뒤로 돌아서 자이텐슈테텐가세로 발길을 돌려보자.

버뮤다 트라이앵글의 한 곳

모르친플라츠의 나치 희생자 기념물

23
BERMUDAS
- LOUNGE

Seitenstettengasse 자이텐슈테텐가세

_'수정의 밤'의 대청소작전

'자이텐'이란 말은 옆구리란 뜻이다. 자이텐슈테텐이 루프레헤츠키르헤의 옆길에 있기 때문에 그런 이름이 붙여진 것 같다. 자이텐슈테텐에서 프란츠-요제프스-카이Franz-Josefs-Kai에 면해 있는 큰 건물이 자이텐슈테텐호프Seitenstettenhof이다. 토박이 비엔나 사람들은 자이텐슈테텐가세를 오히려 코른호이젤가세라고 부르는 경향이 있다. 왜냐하면 이 거리의 건물들은 모두 유명한 건축가인 요제프 코른호이젤이 건설했기 때문이다. 그중 두 건물에 특별한 관심을 기울일 필요가 있다. 유대교회당과 코른호이젤투름Kornhauseturm이라고 하는 탑 건물이다. 두 건물 모두 길 쪽에서는 보이지 않는다. 그리고 두 건물은 모두 1982년 8월 29일에 반유대인 테러 공격을 받은 일이 있기 때문에 그 이후부터 경찰들이 경비를 서고 있다. 비엔나 시내에서 경찰들이 밤낮으로 지키고 있는 장소는 레싱기념상과 홀로코스트 기념조형물이 있는 유덴플라츠, 루프레헤츠플라츠 부근 그리고 네스트로이플라츠의 유대교회당이 있는 템플가세 등이다.

유대교 시나노그회당는 4번지이다. 역시 코른호이젤의 작품이다. 당시 법에 따르면 어떠한 유대교회당이라도 거리에서 건물이 보여서는 안 되었다. 따라서 이 시나노그도 거리에서는 보이지 않는다. 시나노

그는 이곳에 150년 이상 서 있지만 그동안 별다른 손상을 입지 않았다. 1938년 11월 9일 밤, 나치의 추종자들이 온 시내에 있는 유대교회당과 유대인 상점들을 일제히 불 지르고 파괴하고 약탈했지만 자이텐슈테텐의 시나노그는 워낙 건물의 안채에 있었기 때문에 손상을 입지 않았다. 이 날의 밤을 '수정의 밤크리슈탈나흐트, Kristallnacht'이라고 부른다. 나치로서는 '수정과 같이 투명한 밤', 다시 말해 '유대인 대청소의 밤'이었지만 유대인들로서는 치욕적인 '깨어진 유리의 밤'이었다. 다음 날인 11월 10일에는 독일에서도 본격적인 크리슈탈나흐트 작전이 개시되었다. 600만 명에 이르는 유대인 대청소작전의 전초였던 것이다.

Griechengasse 그리헨가세

_ 그리스정교회가 있는 옛 거리

그리스정교회

그리헨가세는 비엔나에서도 대단히 오랜 역사를 지닌 거리이다. 그리헨가세라고 이름 붙인 것은 이곳에 그리스정교회가 있기 때문인 듯싶다. 그리헨가세에 들어서면 중세의 지붕들이 밀집되어 있는 것과 같은 느낌을 받는다. 그중에 고딕 양식의 탑이 하나 서 있다. 이곳에 올라가면 비엔나에서도 가장 오래된 주택들을 내려다볼 수 있다. 원래 이 탑은 성곽을 따라 세워진 망루 중 하나였는데 나중에 사람들이 살기 시작했다. 초기에 그리헨가세는 황량한 언덕 거리였다. 집들도 별다른 특징이 없이 초라한 것들이었다. 그러나 요즘에 들어서서 사정이 달라졌다. 가장 매력적인 옛 거리로서 사랑을 받고 있다. 특히 4번지가 그렇다. 한때 이 건물은 더 이상 보존할 필요가 없다고 하여 현관의 양회벽부터 벗겨내기 시작했다. 그런데 벽을 한 꺼풀 벗겨내자 아름다운 디자인의 옛날 벽이 나타났고 슈타이어호프Steyerhof는 보존될 수 있었다. 이 건물은 울리히 폰 슈타이어Ulrich von Styer가 1412년 사들였던 것으로 그의 이름을 따서 슈타이어호프라고 이름을 붙였다. 나중에 이 건물은 여관으로 사용되었는데 멋진 외관 때문에 인기가 높아서 유명 인사들이 자주 숙박했다. 슈타이어호프의 벽면 장식만 보아도 비엔나의 거리가 과거에 얼마나 화려하고 아름다웠는지를 짐작할 수 있다. 지금은 세 개의 하얀색 아치형 모

13
Feuerwehr-zufahrt
Anfang

습이 아름다움을 더해주고 있다.

그리헨가세에는 13세기부터 17세기에 이르는 각종 건축 양식이 마치 전시장처럼 진열되어 있다. 슈타이어호프 바로 옆으로 로텐투름슈트라세와 접해 있는 건물그리헨가세 2번지은 망루 스타일의 중세 탑으로 창문이 굉장히 아름답다. 16세기를 대표하는 화려한 건물이다. 3번지에는 퀴스덴페니히-하우스Kussdenpfennig-Haus라는 건물이 있었다. 글자 그대로 '동전 한 닢에 입맞추기 집'이란 뜻이다. 퀴스덴페니히-하우스가 있던 집의 바로 왼쪽에는 그리스정교회가 있다. 그러다가 좁은 골목길이 넓어지며 플랫폼 같은 곳이 나오는데 계단을 내려가면 도나우 운하에 이른다. 하프너슈타이그Hafnersteig라고 불리는 곳으로 '도공의 계단'이란 뜻이다. 실제로 이곳은 한때 도자기 거래가 활발했던 시장이었다. 7번지 집 앞의 길은 비엔나 시 민병대가 긴급 상황 때에 집합하던 곳이다. 나중에 이곳은 작은 정원이 있는 마롤트Mahrold라는 식당이 되어 여름철에는 사람들이 길가에 탁자를 놓고 여유 있게 맥주를 즐겼다. 그리헨가세와 플라이슈마르크트가 만나는 코너에 있었던 마롤트 식당은 비엔나에서 가장 오래된 식당 중의 하나로 1566년부터 영업을 해왔다. 지금은 이름을 바꾸어 다른 식당이 되었다.

7번지의 현관문 위에는 그 조각상만 보아도 이곳까지 온 보람이 있는 아름다운 마돈나상이 설치되어 있다. 하지만 문 앞에 바로 서 있으면 고딕 양식의 그리스 첨탑을 볼 수 없으므로 좀 멀찍이 떨어져서 보아야 한다.

길모퉁이에 있는 9번지는 유명한 그리스 식당그리헨바이슬에 연결된 건물이다. 하프너슈타이그에서 바로 나와 만나는 집이 그리스 식당이다. 비엔나에는 그리스 사람들도 살았다. 하지만 실제로 그리헨가세에 그리스 사람들이 북적댔다는 기록은 어디에도 없다. 옛날에는 이 식당을 '붉은 지붕 식당', '황금 천사 식당', '황색 독수리 식당'이라는 이름으로 불렀다. 아마 비엔나에서 가장 오래된 식당 중의 하나일 것이다. 1500년경부터 식당이었기 때문이다. 식당 문을 들어서면 오른쪽에 이 식당의 역사를 설명하는 나무판이 있다. 왼쪽의 계단을 통해 1층 우리 식으로는 2층으로 올라가는 곳에는 세 개의 커다란 대포알이 박혀 있다. 원래 이 건물은 비엔나 성곽에 있는 망루 중 하나였다. 터키군이 쳐들어왔을 때 이 건물은 바로 이들의 포격을 받을 수 있는 중앙에 있었다. 비교적 최근인 1963년 이 건물을 재건축할 때에 벽에 박혀 있는 세 개의 대포알이 발견되었다. 집주인은 터키군이 쏜 세 개의 대포알을 긴 설명문과 함께 잘 보존하고 있다.

터키군이 쏜 대포알

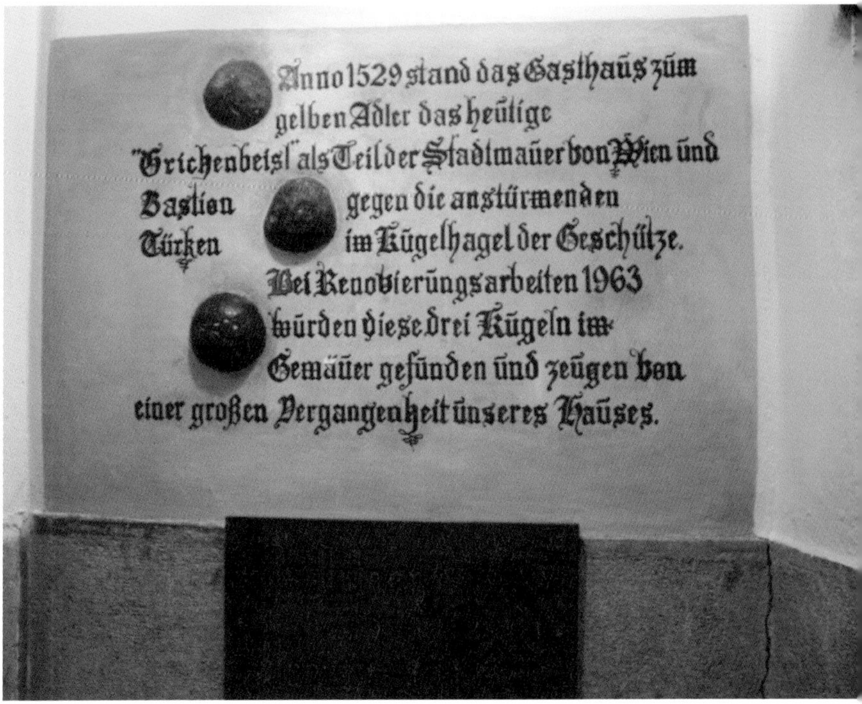

그리헨가세 7번지 현관 위의 마돈나상

Fleischmarkt
플라이슈마르크트

_ 도축자들과 하얀 늑대

그리헨가세에서 슈테판 성당 방향으로 꺾어 들어가 진짜 중세의 모습이 남아 있는 플라이슈마르크트로 들어가보자. 이 광장에 대한 기록은 멀리 1220년경의 책자에까지 나와 있다. 광장의 명칭은 글자 그대로 육류시장이지만 이곳에 육류시장이 있었던 것은 아니다. 대신 도축자연맹회관이 있었다. 나중에는 부유한 도축자들이 이 거리에 많이 살았다. 그렇기 때문에 플라이슈마르크트라는 이름이 붙었다. 그리헨바이즐 바로 길 건너 집은 플라이슈마르크트 14번지이다. 3층 벽면에는 요제프 2세 황제의 부조가 장식되어 있다. 그 아래에는 자못 허풍이 깃든 글귀가 적혀 있었는데 공화국이 되고 나서 지워졌다. '이 집은 언젠가 부서질 덧없는 것이지만 요제프 황제의 명성은 그렇지 않다. 그는 우리에게 영원불멸이 무엇인지를 알도록 인내를 가르쳐주었다.' 요제프 황제에게 충성을 다짐했을 것 같은 집주인의 대단한 찬사였다.

그리헨바이즐에서 돌아 나와 그리스정교회를 지나면 볼펜가세Wolfengasse를 만난다. 전에 이곳에 있었던 '하얀 늑대'라는 주점의 이름에서 따온 것이다. 볼펜가세를 지나면 거리 이름도 무시무시한 '용의 거리' 드라헨가세Drachengasse를 곧바로 만난다. 중세 때부터 전투에 나가는 길에 늑대를 만나면 승리를 거두며, 특히 하얀 늑대를 보면 대승을 거둔

플라이슈마르크트
14번지의 아름다운 건물

다는 전설이 있었다. 남자 이름에 '볼프강'이 많은 것도 그런 전설과 무관하지 않다. 중세로부터 용은 악마를 상징했기 때문에 거리 이름을 '용의 거리'라고 한 것은 심상치 않다. 그러나 실은 이것은 1660년에 비엔나 시의원을 지낸 요한 마르틴 드라흐Johann Martin Drach의 이름에서 따온 거리 이름이다. 아무튼 '드라흐'는 용을 뜻하는 단어이므로 요한 마르틴 드라흐의 집 문에는 용을 그린 간판이 붙어 있었다.

플라이슈마르크트 24번지는 현재는 호텔 포스트Hotel Post이다. 호텔로 개조되기 전에는 일반 주거용 건물이었다. 체코의 세계적인 작곡가 레오스 야나체크Leos Janacek의 오페라 〈예누파Jenufa〉가 비엔나에서 초연될 때에 그는 이 집에서 상당 기간을 체류했다. 이를 기념하는 명판이 호텔 외부의 벽에 설치되어 있다.

Otto Wagners Postsparkasse

오토 바그너의 포스트슈파르카세

_ 은행과 라데츠키 장군

20세기 말의 건축 양식에 관심이 있다면, 게오르크 코흐 광장Georg Koch Platz에 있는 오토 바그너의 포스트슈파르카세우편저금은행를 둘러보기를 추천한다. 1904~1912년에 완성된 우편저금은행은 비엔나에서 가장 실용적으로 설계된 사무용 건물이다. 이 건물의 구석구석에서 오토 바그너의 독창적인 아이디어를 볼 수 있다. 얇은 대리석판들을 금속 볼트로 조여서 현관에 고정시켜 놓은 것은 벽면을 일종의 장식으로 변환시킨 아이디어이다. 오토 바그너는 건축 자재로 또 하나의 새로운 재료를 사용했다. 바로 알루미늄이었다. 여전히 중세의 고전적인 스타일을 고수하던 20세기 초반에 산뜻한 알루미늄을 사용했다는 것 자체가 대단한 혁신이 아닐 수 없다. 중앙 홀에 있는 알루미늄 공기배출기는 아직도 작동하고 있는 시설 중의 하나이다. 중앙 홀은 용도의 편이성과 장식의 우아함이라는 독특함으로 눈길을 끈다.

1920년대에 만들어놓은 장식들은 전쟁의 소용돌이 속에서도 착실하게 보존되었다. 오토 바그너가 추구한 것은, 간단하고 비싸지 않은 재질이라도 사용하기에 따라서는 훌륭하고 아름다운 건축자재가 된다는 것이었다. 게오르크 코흐 광장에 있는 기념상은 초대 우편저금은행장인 게오르크 코흐Georg Koc이다. 게오르크 코흐는 현대의 뱅킹시스템을 최초로 개발한 인물이다. 기념상 하단의 조각인 노동자들의 모습이 인상적이다.

이 광장에서 링 거리 건너편에 있는 웅대한 건물은, 종전에는 전쟁성이었으나 현재는 노동, 교통, 기술혁신, 국토개발, 환경, 수자원을 관장하는 정부 부서가 들어서 있는 청사로서 레기룽스게보이데Regierungs-gebaude라고 불린다. 비엔나 시를 개편하는 링 작업의 산물로서 제국의 위

오토 바그너가 설계한 포스트슈파르카세 건물

용을 보여준다. 정부청사 앞에 세워진 기마상은 체코 출신인 유명한 요한 요제프 라데츠키Johann Joseph Radetzky 장군이다. 이탈리아와의 역사적인 나바로 전투에서 전공을 세운 라데츠키 장군은 요한 슈트라우스왈츠의 아버지의 「라데츠키 행진곡」으로 더욱 유명해진 인물이다. 언제부터인지 모르겠지만 비엔나 사람들은 「라데츠키 행진곡」만 나오면 박수를 친다. 세계적으로 유명한 비엔나 신년음악회를 비롯하여 오스트리아 전역에서 열리는 요한 슈트라우스 왈츠 연주회는 거의 예외 없이 「라데츠키 행진곡」으로 마무리된다. 이 전통은 처음에 「라데츠키 행진곡」이 선을 보였을 때 함께 듣고 있던 오스트리아 장교들이 애국심의 발로에서 발을 구르며 박자를 맞춘 데서 유래한다. 이제 은행 문 밖으로 나와 오른쪽으로 돌아 로젠부르센가세Rosenbursengasse로 발길을 돌린 후 다시 도미니카너바슈타이Dominikanerbastei 와 그 다음에 있는 바르바라가세Barbaragasse까지 둘러보자. 세기말의 과장되고 화려한 위용을 보여주는 건물들과 방금 보고 나온 오토 바그너의 현대식 건물의 차이를 음미할 수 있을 것이다. 바르바라가세를 지나면 포스트가세Postgasse에 이르고 여기에서 오른쪽으로 꺾은 후 곧장 오른쪽으로 가면 쇤란테른가세를 만난다.

Schönlanterngasse 쇤란테른가세

_ 아름다운 등잔이 있는 거리

이 거리의 이름은 글자 그대로 '아름다운 등잔'에서 연유한다. 그 등잔은 아직도 6번지에 간판용으로 걸려 있어서 그 건물에 대한 애착심을 더해주고 있다. 그러나 실은 복제품이다. 원래의 등잔은 칼스플라츠에 있는 비엔나 시역사박물관Wien Museum Karlsplatz에 전시되어 있다. 거리의 이름은 동화와 같은 느낌을 주는 '쇤란테른아름다운 등잔'이지만, 실제로는 죽음을 연상케 하는 섬뜩한 느낌이 배어 있는 거리이다. 첫 번째 집인 13번지는 '죽은 의사의 집Totendoktorhaus'이다. 15세기에 인근 비엔나대학교의 총장을 지냈던 파울 우르센베크Paul Urssenbeck라는 사람이 이 집에 살았었다. 그는 당대의 유명한 의사로서 특히 병을 정확히 진단하는 데 뛰어났다. 너무나 진단이 뛰어났기에 사람들은 오히려 그를 악마와 계약을 맺은 인물이라고 의심할 정도였다. 어느 날 그는 거의 죽음을 눈앞에 둔 아우에르슈페르크 백작의 병을 정확히 진단하고 필요한 약을 써서 생명을 구해주었다. 그러자 사람들은 그가 정말로 악마의 제자라고 소문을 퍼뜨렸다. 그로부터 얼마 후 우르센베크 박사가 세상을 떠났다. 이번에는 우르센베크 박사가 아우에르슈페르크 백작의 생명과 목숨을 바꾸었다는 소문이 나돌았다. 그리하여 이 집에 '죽은 의사의 집'이라는 별칭이 붙었다.

지하철 U2의 레르헨펠더 슈트라세Lerchenfelder Strasse에 있는 아우에르슈페르크 궁전은 아우에르슈페르크 백작과 관련된 건물이다. 이 궁전은 음악을 좋아하는 사람이 아니더라도 꼭 한 번 방문해야 할 아름다운 건물이다. 리하르트 슈트라우스Richard Strauss의 오페라 〈장미의 기사Der Rosenkavalier〉의 모델이 된 로젠카발리에 홀이 눈을 황홀하게 해주기 때문이다. 마치 당장이라도 은빛 화려한 옷을 입은 장미의 기사가 아름다운 신부新婦에게 흰 장미를 전달해줄 것만 같은 느낌을 주는 홀이다. 요즘은 회의실, 식당, 카페로도 이용되고 있는 아우에르슈페르크 궁전은 국회의사당 뒤편 아우에르슈페르크슈트라세Auerspergstrasse에 있다.

한편 쇤란테른가세 7a에 있는 바로크 스타일의 집에서는 로베르트 슈만이 1838년 10월부터 1839년 4월까지 지냈다. 당시 《라이프치히 음악신문》을 발간하고 있던 슈만이 비엔나를 찾아온 것은 슈베르트 서거 10주년을 맞아 그에 대한 기사를 쓰기 위해서였다. 슈만은 비엔나에 머무르면서 슈베르트의 형인 페르디난트를 만나 슈베르트의 유고 등을 살펴볼 수 있었다. 이때 발견한 작품이 C장조의 교향곡 제9번The Great이었다. 슈만은 이 악보를 곧 라이프치히의 멘델스존에게 보내 발표하도록 했다. 이렇게 해서 슈베르트의 유작 교향곡이 세상에 알려졌다.

쇤란테른가세의
아름다운 등잔 간판

괴물 바실리스크의 전설

바실리스크 식당의 창문 장식

쇤란테른가세 7번지는 유명한 바실리스크하우스Basiliskenhaus이다. 1212년 이 집의 우물에서 징그럽게 생긴 괴물이 발견되었다는 전설 때문에 그런 이름이 붙었다. 더구나 전설의 사실성을 더해주기 위해 괴물이 발견된 정확한 날짜까지 기록으로 남아 있다. 6월 26일이라는 것이다. 원래 이 집에는 빵장수가 살았다고 한다. 빵장수의 견습공도제 중에 소년 한 명이 있었다. 어느 날 소년은 사람들에게 우물에서 닭 냄새 같은 것이 나는 것 같다고 말했다. 사람들이 모여들어 뭐가 있기에 그런 냄새가 난다는 것이냐고 하면서 궁금해했다. 학식이 있어 보이는 한 노인이 말하기를 우물 밑바닥에 두꺼비와 닭 사이에서 태어난 바실리스크Basilisk라는 동물이 있어서 그렇다고 말했다. 바실리스크는 전설상의 괴사怪蛇를 말한다. 바실리스크가 한 번 노려보거나 입김을 쐬면 사람이 죽었다고 한다. 소년은 우물 속으로 들어가 괴물이 있는지 확인하겠다고 용감하게 나섰다. 다만 전설에 사람이 먼저 괴물을 직접 보면 괴물이 죽을 수도 있기 때문에 거울을 들고 내려갔다. 소년은 거울을 통해 괴물을 보았을 뿐이었지만 소년이 내려온 줄 모르고 있던 괴물은 그 자리에서 당장 돌로 변했다.

바실리스크하우스

지금도 이 건물의 현관문 위의 벽감壁龕에는 두꺼비처럼 생긴 돌이 놓여 있고, 아울러 견습공 소년의 용감한 행동을 보여주는 그림과 설명이 적혀 있다. 바실리스크하우스 옆집은 비엔나-헝가리 스타일의 식당이다. 쇼윈도에 바실리스크 이야기를 표현한 조각들이 진열되어 있어서 눈길을 끈다. 바실리스크와 소년의 이야기를 보다 미화하기 위해서인지 아름다운 아가씨도 등장한다. 손님들을 끌기 위한 상술로 그런 쇼윈도를 만들어놓은 것 같다.

Sonnenfelsgasse
존넨펠스가세

_ 카타콤 같은 열두 사도 주점

하일리겐크로이처호프의 구석에 있는 출구로 나오면 그라스호프Grashof로 나온다. 그라스호프는 일찍이 1337년의 기록에도 나올 만큼 오래된 거리이다. 아마 잔디밭이 잘 다듬어져 있는 집이 있었던 모양이다. 그라스호프를 지나 몇 걸음 가다가 왼쪽으로 들어가면 쾰너호프가세Köllnerhofgasse라는 짧은 거리가 나온다. 쾰너호프가세는 그 이름이 말해주듯 라인 강변의 상업도시 쾰른과 연관이 있다. 13세기의 기록에 의하면 쾰너호프가세는 라인 지방의 쾰른에서 부유한 상인들이 와서 무역을 하던 곳이라고 한다. 쾰너호프가세에서 바로 나오면 루게크이다. 루게크에 있는 레겐스부르거호프는 원래 레겐스부르크를 중심으로 해서 독일 바바리아 지방의 상인들이 비엔나에 와서 묵었던 여관이지만, 나중에는 쾰른 지방의 상인들이 더 많이 묵었기 때문에 일명 쾰너호프라고도 부른다.

존넨펠스가세

츠뵐프아포스텔켈러가 있는 건물

쾰너호프가세는 존넨펠스가세와 연결되어 있다. 구텐베르크 기념상이 서 있는 루게크 광장의 뒤쪽으로 나 있는 길이 존넨펠스가세이다. 존넨펠스는 마리아 테레지아 시절의 궁중 자문관으로서 법률가 겸 작가 겸 학자였던 지식인이다. 당대의 선각자였던 그의 업적 중 하나는 오스트리아에서 고문拷問을 폐지하도록 한 것이다. 오스트리아를 합병한 나치는 존넨펠스가 유대인이라는 이유로 이 거리의 이름을 요한-세바스티안-바흐-가세라고 변경한 일이 있다. 그러다가 1945년 전쟁이 끝나자 옛 이름을 되찾았다. 존넨펠스가세에 들어서면 곧바로 비엔나에서 가장 사랑스러운 집의 하나인 3번지의 힐데브란드하우스Hildebrandthaus를 만난다. 원래 14~15세기에 지은 집으로 17세기에 개축했다. 현관은 당시 유명한 건축가인 요한 루카스 폰 힐데브란트 스타일이다. 이 건물에 비엔나에서도 알아주는 와인 주점인 '츠뵐프아포스텔켈러Zwölfapostelkeller: 열두 사도 주점' 가 있다. 지하의 주점 겸 식당에 들어서면 마치 초대 교회의 카타콤에 들어선 것과 같은 분위기를 느낄 수 있다. 켈러Keller는 주로 지하주점 또는 지하 와인저장소를 말한다.

Dr.-Ignaz-Seipel-Platz
독토르-이그나즈-자이펠-플라츠
_ 화려한 예수회교회

존넨펠스가세가 끝나는 곳에 독토르-이그나즈-자이펠-플라츠라는 비교적 좁은 광장이 있다. 1920년대에 오스트리아의 수상을 지낸 이그나즈 자이펠 박사를 기념하는 광장이다. 그는 가톨릭 사제였지만 그보다도 고명한 신학박사였다. 그는 비엔나대학교의 발전을 위해 많은 공헌을 했다. 독토르-이그나즈-자이펠 광장을 거쳐서 유턴 하듯 존넨펠스가세와 평행을 그리며 내려가는 길이 백커슈트라세Backerstrasse이다. 독토르-이그나즈-자이펠-플라츠의 건너편에 구비엔나대학교가 서 있다. 중부유럽에서 두 번째로 오래된 대학교로 1365년에 루돌프 4세가 설립했다. 현재의 건물은 예수회가 1620년대에 세운 것이다. 예수회는 구대학교 건물 몇 채를 통폐합하여 오늘날 광장을 압도하는 교회Jesuitenkirche로 개축했다. 이 교회의 옆 건물은 구대학교의 일부였으나 구대학교가 길 건너의 새로운 건물현재의 오스트리아과학아카데미로 이전하자 비엔나소년합창단이 한동안 이 건물을 사용했다. 슈베르트는 비엔나소년합창단의 단원으로서, 그리고 나중에는 합창단 지휘자로서 이 건물에서 지냈다. 슈베르트가 비엔나소년합창단에서 일찍 나온 것은 수학이 싫어서였다고 한다. 비엔나소년 합창단원들은 함께 기거하면서 합창 수업뿐만 아니라 수학을 포함한 일반 학교수업을 받았다. 슈베르트는 당시 궁정악장이던 안토니오 살리에리에게 인정을 받아 그로부터 작곡을 배웠으며, 변성기가 지났는데도 살리에리의 도움으로 1년 더 이 기숙학교에서 지낼 수 있었다. 건물 현관의 벽면에 슈베르트에 대한 사연을 적어놓은 명판이 자랑스럽게 붙어 있다.

구비엔나대학교 건물의 일부. 벽면에 슈베르트 기념 명판이 붙어 있다.

하이든의 천지창조

〈천지창조〉가 연주된 후 찬사를 받고 있는 하이든

구대학교 건너편, 예수회교회 옆에는 오스트리아 과학아카데미Österreichische Akademie für Wissensschaft 건물이 있다. 정문 양편으로 어린이가 물고기를 가지고 노는 장면의 조각이 눈길을 끈다. 과학아카데미는 원래 구대학교의 부속건물이었다. 더 이상 학생들이 사용하지 않게 되자 과학아카데미로 사용하게 되었다. 과학아카데미 대강당에는 훌륭한 천장화가 있다. 1961년에 화재로 파손되었으나 다행히도 근년에 복구해놓았다. 이 강당은 지금도 중요한 학술대회 장소로 사용되고 있지만 역사적으로는 하이든의 오라토리오〈천지창조 Die Schopfun〉가 그의 생애에서 마지막으로 연주된 장소로 더 유명하다.

하이든의 〈천지창조〉가 과학아카데미 강당에서 연주되었을 때 하이든은 거동조차 불편할 정도의 노년이었다. 과학아카데미 강당에서의 〈천지창조〉 공연은 하이든이 사람들 앞에 마지막으로 모습을 보이는 것이나 마찬가지였다. 연주가 끝나자 사람들은 감격하여 모두 기립하여 하이든에게 갈채를 보냈다. 사람들은 제일 앞자리에 앉아 연주를 지켜보던 하이든에게 몰려들어 손이라도 만져보고자 했다. 그중에 헝클어진 머리의 한 젊은이가 있었다. 젊은이는 하이든 앞에 무릎을 꿇고 엎드려 하이든의 구두에 입맞춤을 하며 한없는 존경을 표시했다. 베토벤이었다. 하이든은 베토벤의 머리에 손을 얹고서 "내가 시작한 것을 자네가 완성하게 될 것일세!"라고 말했다. 원래 하이든의 오라토리오 〈천지창조〉와 〈사계Die Jahreszeiten〉는 지금의 슈바르첸베르크 기마상 뒤쪽에 있는 슈바르첸베르크Schwarzenberg궁전에서 초연되었다. 그때에는 합창단과 오케스트라가 소규모였고 청중도 한정되었다. 오스트리아 과학아카데미에서의 공연은 풀 스케일이었다. 과학아카데미 강당에서는 훗날 베토벤의 교향곡 제7번이 초연되기도 했다. 루게크 광장과 함께 예수회교회 앞의 광장은 드라마틱한 면모를 지니고 있다. 광장이 무대가 되고 교회를 무대배경으로 삼으면 대단히 분위기 있는 연극공연을 할 수 있기 때문이다. 예수회는 교회 앞의 광장에서 노천연극 공연을 여러 번 했었다. 이러한 전통은 오늘날까지도 이어져 간혹 야외 연극이 공연되고 있다. 당시 예수회교회의 연극 내용은 주로 중세의 도덕성을 강조한 것이었다. 비엔나 토박이들은 그런 연극의 전통이 계승되지 못하고 있는 것을 유감스러워 한다.

오스트리아
과학아카데미

Bäckerstrasse 백커슈트라세

_'암소'와 '늑대'가 두는 장기

과학아카데미에서 슈테판 성당 쪽으로 가면 백커슈트라세에 들어선다. 이 거리는 글자 그대로 빵 만드는 장인들의 거리라는 이름이지만 제빵공들이 많이 살았다거나 빵집이 많이 있었다는 기록은 없다. 그렇지만 식당과는 관계가 있다. 독토르-이그나즈-자이펠-플라츠에서 슈테판 성당 방향으로 들어가면 있는 첫 번째 집16번지은 학생식당이었다. 바르바라 로만Barbara Roman이라는 여자가 운영하는 식당이었다. 그는 왕궁호프부르크를 말함의 주방에서 나오는 불용 음식을 받아다가 주머니 사정이 넉넉지 않은 학생들에게 싼값으로 팔면 좋겠다는 생각을 했다. 이렇게 하여 슈마우스바르벨Schmauswarbel이라는 학생식당을 차렸다. 값싸고 맛있는 음식은 학생들 사이에서 대인기였다. 슈마우스Schmaus는 진수성찬이란 뜻이며 바르벨Warbel은 바르바라의 애칭이다. 바르바라가 식당업에 성공하자 다른 사람들도 왕궁이나 귀족의 저택에서 나오는 불용 음식을 받아다가 식당을 차려 학생들에게 팔기 시작했다. 그러나 구대학이 쇼텐링으로 옮겨가자 슈마우스바르벨을 비롯한 학생 애용 식당들은 슬며시 자취를 감추었다.

최근 백커슈트라세 12번지를 수리할 때에 놀라운 간판이 발견되었다. '암소가 백기를 두는 집'이라는 내용의 간판이었다. 안경을 쓴 암

암소가 장기를 두고 있는 집

소가 서양장기정확하게는 바가몬 주사위놀이를 두고 있는데 암소의 상대는 늑대다. 그러나 늑대가 그려진 부분은 현관문을 확장할 때 거의 없어지고 코만 남았다. 중세에는 건물의 번지수가 없었으므로 현관에 독특한 그림 간판을 내걸어 자기 집임을 표시하는 경우가 많았다. 글씨를 읽지 못하는 사람이 많아서 그림으로 무슨 상점인지를 표시하여 찾아오도록 한 경우도 많았다. 암소의 장기 상대는 늑대가 아니라 여우라는 해석도 있다.

아무튼 만화 같은 이야기가 다음과 같이 전해 내려오고 있다. 늑대또는 여우가 암소에게 "내가 장기에서 이기면 네 가죽은 내 것이 된다"라고 말했다. 암소는 점잖게 "자만하지 마! 쪽박을 차는 쪽은 내가 아니

라 너야!"라고 대꾸해주었다. 암소와 여우 사이에는 가죽 무두장이가 커다란 파리채를 들고 있다. 암소의 머리 위에는 파리 한 마리가 앉아 있다. 무두장이는 "바쁘지만 누가 이기는지 보아야지!"라고 말했다. 전해 내려오는 이야기에는 사냥꾼과 개들도 등장하지만 그림에는 나타나지 않는다. 이 싱거운 우화는 실은 상당한 비유를 내포하고 있다. 17세기 당시 개신교와 가톨릭 간의 투쟁을 의미한다. 암소는 가톨릭을, 늑대또는 여우는 개신교를 대표한다. 그리고 무두장이, 사냥꾼, 개는 탐욕스러운 시의원과 법률가를 말하고, 파리는 가톨릭 성직자를 말한다고 한다

Lugeck
루게크

_ 밤이 아름다운 광장

백커슈트라세가 끝나는 곳에 루게크 광장이 있다. 루게크 광장의 정면에는 장엄한 레겐스부르거호프Regensburgerhof 건물이 있어서 광장을 압도하고 있다. 이 건물은 독일 바바리아의 상인들이 비엔나에 오면 묵었던 여관으로 쾰너호프Kollnerhof라고도 부른다. 쾰른에서 온 상인들도 주로 묵으면서 장사를 펼친 곳이기 때문이다. 밤이 되면 레겐스부르거호프에 아름다운 조명이 들어와 신비한 느낌을 자아낸다. 이 건물은 19세기에 파괴되었으나 재건축을 맡은 책임자가 열성을 다해 거의 옛날 모습대로 복원해놓았다. 지붕 아래의 벽감처럼 우묵한 곳에 있는 남녀의 조각상도 그대로 복원되어 있다. 탕자를 기다리는 부모의 모습을 담았다고 하는 조각상이다.

루게크라는 지명은 이미 1275년의 기록에 등장할 정도로 오래된 지역이다. 루게크라는 이름은 루그-인스-란트Lug-ins-Land: 망루 탑에서 연유했다. 하지만 이곳에 망루 탑이 있었다는 증거나 기록은 아무것도 없다. 레겐스부르거호프는 오늘날 보험회사인 뷔스텐노트Wüstennot가 차지하고 있으며 아래층에는 최근 일본 식당인 '리틀 부다'가 들어섰다. 하지만 새로 생긴 일본 식당보다는 루게크 한쪽에 자리 잡고 있는 전통적인 구텐베르크 식당에서 비엔나 음식과 세계적으로 이름난 율리우스 마이늘

표 커피를 맛볼 것을 더 권한다.

현재 구텐베르크 기념상이 서 있는 곳에는 웅덩이 같은 큰 구멍이 있었다. 1547년에 만든 히르슈포겔Hirschvogel 지도에 표시되어 있는데, 구멍의 명칭은 '마르쿠스 쿠르티우스 로크 Marcus Curtius Loch'였다. 로크라는 말은 호수라는 뜻에서 나온 단어지만, 과장이 심한 편인 비엔나 사람들은 루게크의 조그만 구멍도 로크라고 불렀다. 마르쿠스 쿠르티우스는 로마의 영웅이다. 마르쿠스는 로마제국을 위기에 빠뜨릴 수도 있는 분쟁을 막기 위해 광장에 있는 구멍에 스스로 몸을 던져 죽음으로써 화해를 이끌어냈다고 한다. 로마공회당 광장의 땅이 갑자기 갈라지는 바람에 큰 구덩이가 생겨서 주변의 건물들과 사람들이 위험에 처할 뻔했는데 마르쿠스가 그 구덩이에 몸을 던져 더 이상 피해를 입지 않았다는 이야기도 있다. 아무튼 마르쿠스 쿠르티우스라는 이름은 자기를 희생함으로써 큰 위기를 구한 인물의 대명사로 쓰이고 있다. 루게크 광장에 있었다는 큰 구멍이 로마시대에 마르쿠스가 몸을 날려 더 큰 재난을 막았다는 그 구멍과 흡사하다고 생각하여 마르쿠스 쿠르티우스 로크라는 이름을 붙인 것 같다. 그러나 역사학자들은 루게크 광장에 있었다는 큰 구멍이 무슨 용도로 사용되었는지 도무지 해답을 찾지 못했다. 우물이었을 것이라는 가정도 있고 큰 종을 주조하던 구멍, 지하묘지로 통하는 환풍구, 사형수 처형장, 중세에 이교도들이 제사 지내던 곳 등등의 해석이 있었지만 정확한 증거는 없었다. 이 모든 이야기를 학생들이 농담으로 지어냈다는 이야기도 있다. 여름날 밤, 입안에서 살살 녹는 자노니 가게의 이탈리아 아이스크림을 먹으며 조명 빛으로 신비하게 보이는 루게크 광장의 건물들을 바라보는 것도 멋스러운 비엔나 밤의 정취이다.

레겐스부르거호프. 바바리아의 상인들이 묵었던 여관이다.

Wüstenrot
PENSION
CAFÉ
Gösser

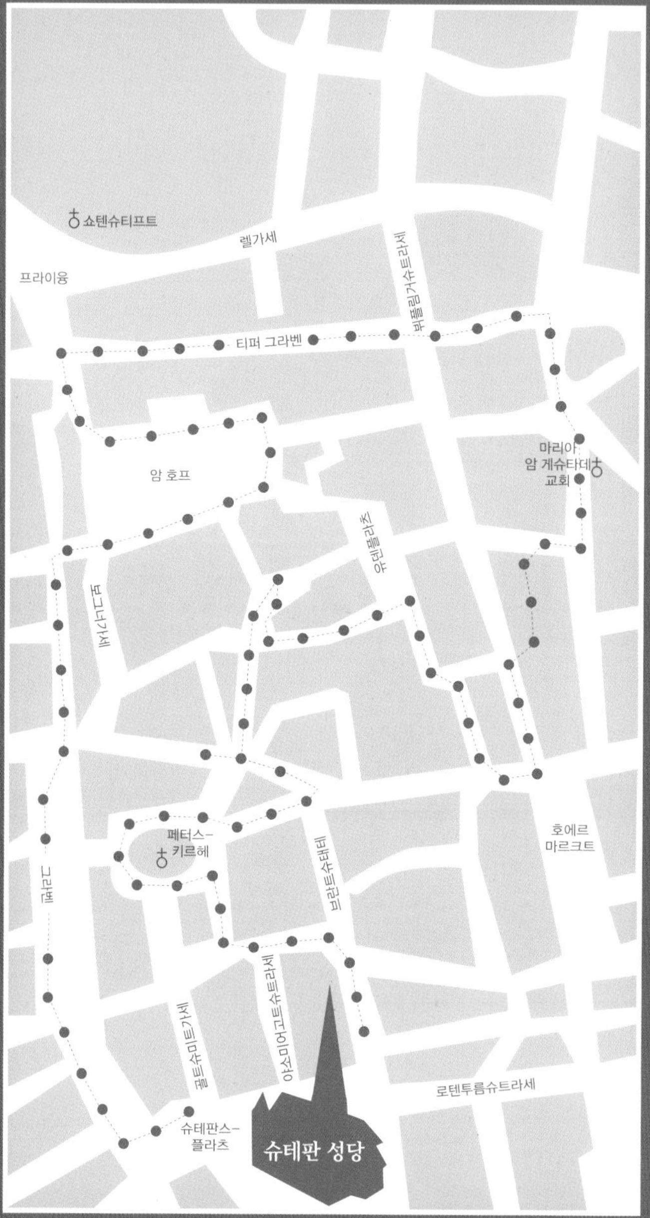
쇼텐슈티프트
렐가세
프라이융
뷔플링거슈트라세
티퍼 그라벤
암 호프
마리아
암 게슈타데
교회
유덴플라츠
보그너가세
그라벤
페터스-
키르헤
호에르
마르크트
브란트슈태테
골트슈미트가세
야소미어고트슈트라세
로텐투름슈트라세
슈테판스-
플라츠
슈테판 성당

넷째 날

● 브란트슈배테 ● 프라이징거가세 ● 페터스플라츠 ● 페터스키르헤 ● 슈타인들가세 ● 슐호프 ● 쿠렌트가세 ● 유덴플라츠 ● 비플링거슈트라세 ● 슈토스 임 힘멜 ● 마리아 암 게슈타데 ● 슈베르트가세 ● 티퍼 그라벤 ● 암 호프 ● 나글러가세

Brandstätte
브란트슈태테

_ 대화재의 현장

브란트슈태테에서 바라본 슈테판 성당의 이교도의 탑

슈테판 성당 정문 앞에서 로텐투름슈트라세 쪽으로 잠시 내려가다 보면 바로 왼쪽에 골트슈미트가세Goldschmidtgasse가 있다. 그라벤 큰길의 다음번에 있는 좁은 길이다. 골트슈미트가세를 내처 올라가면 곧바로 페터스키르헤Peterskirche: 베드로교회에 이른다. 골트슈미트가세는 글자 그대로 금세공 거리이다. 그래서인지 아직도 전통을 자랑하는 귀금속 상점들이 위세 좋게 자리 잡고 있다. 로텐투름슈트라세에서 페터스키르헤 방향으로 나 있는 다음 길은 야소미어고트슈트라세Jasomirgottstrasse이며, 그 다음 길이 길 끝에서 투후라우벤과 만나는 브란트슈태테이다. 야소미어고트슈트라세는 거리 이름으로서는 이상한 이름이다. 번역하면 '예, 그래서 하느님!'이란 뜻이다. 이처럼 이상한 이름에는 바벤베르크의 하인리히 2세가 연유되어 있다. 신앙심이 깊었던 하인리히 공작은 'Ja, so mir Gott hilfe 그렇습니다. 하느님께서 나를 도와주십니다'라는 말을 입버릇처럼 말해 야소미어고트라는 별명이 붙은 인물이다. 사람들은 그의 신앙심 깊은 입버릇을 기억하기 위해 거리 이름을 야소미어고트슈트라세로 지었다.

브란트슈태테라는 말은 '화재현장' 또는 '불났던 자리'라는 뜻이다. 그러므로 이 거리에 들어서면 대화재를 연상하게 된다. 역사학자들에 따르면 거리를 잿더미로 만들 정도의 대화재가 이 거리에서 1276년

Shanghai

또는 1327년에 일어났다고 한다. 그보다도 1945년 4월, 전쟁이 한창 막바지였을 때 이 거리는 러시아군의 집중포화를 받아 화염에 휩싸인 일이 있다. 우연의 일치인지 모르지만 '화재현장'이라는 명칭을 생각나게 하는 화재였다. 15세기에 들어서기까지 이곳 넓은 공지에서는 매년 '참회의 화요일 Shrove Tuesday'에 마상무술시합이 열렸다. 하지만 보통 날에는 장이 열려 물건들을 팔았다. 특히 이곳에 있었던 전당포들에서 나온 물건들을 파는 것으로 이름이 났었다.

브란트슈태테 거리의 중간쯤에 가로로 난 길이 있다. 바우에른마르크트Bauernmarkt이다. 농부들이 농산품을 들고 나와 팔던 거리이다. 브란트슈태테와 바우에른마르크트가만나는 모퉁이에 큰 건물이 있다. 브란트슈태테 9번지이다. 그 건물의 현관 오른쪽에는 천사장 미하엘의 거대한 조각상이 있다. 건물은 오토 바그너의 제자인 요제프 플레크니크 Josef Plecnik 가 설계한 것이며, 천사장 조각은 제체시온Sezession 멤버였던 페르디난트 안드리Ferdinand Andri의 작품이다.

Freisingergasse 프라이징거가세

_ 오펜하이머의 수난

페테스키르헤 뒤편의 바우에른가세의 끝을 거쳐 골트슈미트가세를 만나는 곳에서 굽어져 가다가 그라벤에서 끝나는 짧은 거리가 프라이징거가세이다. 프라이징거Freisinger=Free singer라고 하니까 자유스럽게 노래 부르는 가수를 생각하기 쉽지만, 실은 12세기에 그라벤 모퉁이의 큰 저택에서 살았던 오토 폰 프라이징Otto von Freising 대주교의 이름에서 따온 것으로 노래 부르는 사람과는 아무런 관련이 없다. 바우에른마르크트와 프라이징거가세가 만나는 곳에 있는 4번지 저택에는 왕실과 깊은 관계를 맺었던 사무엘 오펜하이머Samuel Oppenheimer라는 유대인이 살았다. 그는 레오폴트 1세 시절, 왕실 은행가이며 오이겐 공자 군대의 재무관이었다. 그는 희귀본과 귀중본에 대한 대단한 수집광이었다. 오펜하이머의 귀중한 소장본 중 상당수는 1829년 옥스퍼드의 보들레이안Bodleian 도서관에서 장서로 모두 매입했다.

이 집은 처참한 비극이 서려 있는 곳이다. 부유한 유대인이란 것 외에는 아무 잘못도 없는 사람이 집이 파괴되고 모든 재산을 약탈당하는 괴로움을 겪은 곳이다. 그것으로 끝이 아니었다. 그 집을 습격하고 파괴한 사람들 중 주모자 격인 몇 명은 체포되어 처형을 당했다. 사달은 1700년 7월 22일에 났다. 이탈리아인 굴뚝청소부 두 사람이 '굴뚝 청소'라는 이름의

비엔나 구시가자에
아직도 남아 있는 굴뚝청소부 간판

주점에 앉아 '알라 모라alla mora'라는 놀이를 하고 있었다. 우리나라의 장기와 같은 게임이었다. 당시 비엔나의 굴뚝청소부들은 거의 모두 이탈리아 사람이었다. 두 사람은 '한 수 물러달라!'느니 '안 된다!'느니 하면서 요란하게 놀이를 하고 있었다. 이탈리아 사람들의 요란함은 굳이 설명하지 않아도 될 일이다. 마침 이 요란스러운 놀이를 구경하고 있던 사무엘 오펜하이머 집의 하인이 '별것도 아닌 일 가지고 참으로 난리를 피우네!'라고 생각해서 자기도 모르게 한바탕 웃었다. 그러자 이탈리아 사람들은 모욕을 당했다고 생각하여 하인과 말다툼을 벌이기 시작했다. 얼마 안 되어 주변에 있던 도제공들은 물론 지나가던 사람들까지 몰려들어 이탈리아 굴뚝청소부와 오펜하이머 집 하인의 싸움을 구경하게 되었다.

사람들은 대체로 굴뚝청소부 편을 들었다. 유대인을 싫어하는 감정 때문에 그랬다. 싸움이 심해지자 흥분한 사람들은 근처에서 달걀을 들고 와 오펜하이머 집의 창문에 던졌다. 시간이 지날수록 사람들은 점점 더 폭도로 변했다. 사람들은 결국 오펜하이머 집의 현관문을 부수고 들어가 행패를 부리며 물건들을 약탈하기 시작했다. 이들은 귀중한 책자와 가재도구들을 끄집어내어 길거리로 던졌다. 마침내 경찰이 도착하여 폭도와 같은 사람들을 해산시키기 시작했다. 군중들은 경찰에게 거세게 대들었지만 경찰이 총격을 가하자 겨우 흩어졌다. 하지만 경찰의 총격으로 두어 명이 죽었다. 밤이 되자 총에 맞아 죽은 사람들의 가족 친지들은 물론 낮에 흩어졌던 사람들까지 다시 모여들어 더욱 난동을 피우기 시작했다. 마침내 오펜하이머는 오이겐 공자에게 도움을 청했다. 오펜하이머는 오이겐 공자 군대의 재무관이었다. 오이겐 공자는 왕실을 위해 헌신하고 있는 오펜하이머의 청을 받아들여 군대에게 집 앞에 대포를 설치하도록 하고 여차하면 폭도들에게 대포를 쏘아도 좋다고 명령했다.

군중들은 비엔나 사람들이 모두 존경하는 오이겐 공자가 그렇게까지 강경하게 대응하자 겨우 소란을 멈추었다. 소란을 일으킨 주모자들 몇 명은 체포되어 바로 그 집 앞에서 교수형에 처해졌다. 정말 어처구니없는 난리였다. 이 통에 오펜하이머는 거의 수십만 길더를 손해보았다. 더구나 이때에 오펜하이머가 수집한 귀중한 장서와 골동품들이 거의 모두 파괴되었다. 값으로 따질 수 없는 손실이었다. 그러나 정작 오펜하이머가 손해를 본 것은 이 사건으로 명예와 신용이 추락된 것이다. 그는 결국 파산하고 말았다. 오펜하이머의 파산은 비엔나 경제에 커다란 타격을 주어 몇 년 동안 비엔나 경제가 휘청거릴 정도였다. 오펜하이머의 잘못이라면 유대인이라는 죄밖에 없었다.

이 건물의 현관 위에는 성모 수태고지에 대한 부조浮彫가 있다. 비엔나가 역병에 휩쓸렸을 때 사람들이 이 부조 앞에 몰려들어 "자비로우신 성모님이시여, 우리를 불쌍히 여기시어 역병에서 구원해주소서!"라고 기도했다. 그래서 비엔나 시는 이 건물을 역병 시대를 기념하는 최초의 역사적 유물로 지정했다. 프라이징거가세의 또 하나의 명물은 '비너 쇼콜라데쾨니히Wiener Schokoladekönig: 비엔나 초콜릿 대왕'라는 초콜릿 전문점이다. 1844년 이후 지금까지 전통을 자랑하는 최고의 초콜릿을 만들어내고 있다.

프라이징거가세의 오펜하이머가 살던 저택

비너 쇼콜라데쾨니히 (비엔나 초콜릿 대왕) 상점

NEU

Schokolinsen

Petersplatz
페터스플라츠

_ 지붕 위의 토끼

페터스플라츠10번지. 한때 '농부들의 춤'이라는 간판이 붙어 있었다.

페터스키르헤 앞에 있는 작은 공터가 페터스플라츠이다. 이곳도 역시 시장이었다. 1548년 시인 볼프강 슈멜츨Wolfgang Schmelzl은 별로 할 일이 없었던지 이 시장에서 팔던 물건들을 소개하는 기록을 남겨놓았다. 달걀, 닭, 거위, 오리, 거세한 식용 수탉, 홍당무, 상추, 양고추냉이, 배추, 파슬리, 양상추 등이 있었다고 적어놓았다. 터키가 비엔나를 공성했을 때는 식품이 말할 수 없이 부족했다. 그때에는 이곳에서 고양이 고기도 팔았다. 고양이 고기는 육포처럼 저장용으로 만든 것이었다. 비엔나 사람들은 고양이를 '지붕 위의 토끼Dachhase'라고 부르면서 굳이 고양이라는 표현을 하지 않았다. 고양이 고기는 그나마 돈 많은 사람들이나 사서 먹을 수 있었다. 실제로 고양이와 토끼에서 머리와 뒷다리를 잘라내면 몸통은 거의 구별하지 못할 정도로 같다고 한다.

그 후 비교적 근대에는 페터스플라츠가 비엔나에서 기름 판매의 중심이었다. 비엔나의 밤을 밝히느냐 밝히지 못하느냐는 바로 이곳에서 좌우되었다. 1688년 레오폴트 1세는 가로등 기름과 관련해 칙령을 발표했다. 비엔나 시민들은 시에서 배급하는 기름을 받아 매일 자기 집 앞의 가로등에 넘치도록 채워놓아 밤에 불이 꺼지지 않도록 해야 한다는 칙령이었다. 만일 그렇지 않고 가로등을 파손하거나 방치해 두면 손목

Petra

을 잘라버린다는 섬뜩한 벌칙도 추가했다. 때문에 집 앞에 가로등이 있는 사람들은 걱정이 태산 같았다. 만일 시에서 기름을 제때에 배급해 주지 않으면 자기 돈으로 시장에서 기름을 사서 채워놓아야 하기 때문이었다. 1561년까지 누구든지 어두운 밤에 밖에 나갈 일이 있으면 각자 등불을 들고 다녀야 했다. 돈 많은 귀족들은 아이들을 고용해서 등불이나 횃불을 들고 앞을 밝히도록 했다. 페르디난트 1세 황제는 슈테판 성당의 종을 울려 야간통행금지를 알리고 아무도 밖에 돌아다니지 못하도록 하는 칙령을 발표했다. 슈테판 성당의 종은 원래 사람들 사이에서 '맥주 종Beer Bell'이라고 불렸으나 페르디난트 1세의 칙령 발표 후에는 '목줄 끊기Throadtcutter'라는 별명을 갖게 되었다. 왜냐하면 슈테판 성당의 종이 울리면 주점마다 "자, 이제 시간이 됐어요! 당장 그만 마시고 모두 나가시오!"라면서 술 서비스를 중단하고 문을 닫았기 때문이었다.

페터스키르헤 뒤편 길로 나가면 10번지 건물이 있다. 한때 이 집에는 '농부들의 춤'이라는 간판이 붙어 있었다. 간판의 내용은 유쾌한 것이지만 실제로 이 집은 1595년 이 지역에서 일어났던 처참한 농민들의 항거를 상기시켜주는 곳이다. 반란의 주모자는 붙잡혀 부근의 암 호프에서 목이 잘렸으며, 다른 가담자들은 귀나 코 또는 손과 다리를 잘렸다. 이 집의 주인은 코가 잘리고 다리가 잘린 농민들의 모습을 보고 이들이 걸어다닐 때에 마치 춤추는 것 같다고 생각하여 '농부들의 춤'이라고 쓴 간판을 내걸어 농민들의 봉기를 기념하도록 했다. 이 집은 지금은 숙녀복 전문 양장점이지만 원래는 오래도록 빵집이었다. 빵집 주인은 상점의 이름을 '페터의 빵집'이라고 붙였다. 베드로 교회가 바로 오른쪽에 있기 때문이었다.

〈후궁에서의 도주〉의 산실

밀르흐가세 1번지. 모차르트가 〈후궁에서의 도주〉를 작곡한 집이다.

모차르트는 '페터의 빵집'에 자주 와서 키펠 Kipfel: Kepferl 을 사갔다고 한다. 키펠키페를은 크루아상처럼 생긴 빵이다. 모차르드는 이 집의 키펠이 맛있다고 편지에 써놓기도 했다. 모차르트는 빵집에서 가까운 밀르흐가세Milchgasse 1번지의 아파트에서 산 적이 있다. 나중에 아내가 된 콘스탄체의 어머니 베버 여사가 하숙을 치며 살던 집이었다. 모차르트는 이 집에서 오페라 〈후궁에서의 도주Entführung aus dem Serail〉를 작곡했다. 빵집은 2백여 년 동안 계속되다가 1967년 양장점으로 바뀌었다.

페터스플라츠 9번지는 호텔 반들Hotel Wandl이다. 원래는 1851년 문을 연 다움 호텔Hotel Daum이었으나 3년 후 요한 반들Johann Wandl이라는 사람이 사서 이름을 호텔 반들로 바꾸었다. 다움 호텔이 처음 문을 열었을 때 이 건물은 전 비엔나의 화젯거리였다. 당시 최신 유행인 파리 스타일로 호화롭게 단장했기 때문이었다. 새로 단장한 호텔이 문을 열고 나서 약 4만 7천 명이나 되는 비엔나 시민들이 구경하러 몰려들었다. 너무나 많은 사람들이 몰려왔기 때문에 호텔 측은 내부를 구경하는 조건으로 약간의 입장료를 받기까지 했다. 시민들은 호텔을 구경하고 나서 감탄했다. 나중에 요한 반들이 다움 호텔을 사서 엘리베이터와 욕조 시설을 추가했고 이름도 호텔 반들로 바꾸었다. 호텔 반들은 당시 유럽에서 가장 우아한 호텔 중의 하나라는 명성을 얻었다.

Hotel Wandl 호텔 반들

Peterskirche
페터스키르헤

_ 바티칸 성베드로 성당의 축소판

페터스키르헤는 바티칸의 성베드로 성당을 축소해놓은 것이다. 최소한 겉모양이 그러하다. 정문의 양 옆에 베드로와 사도 바울의 조각상이 있는 것도 바티칸의 성베드로 성당과 비슷하다. 로마제국의 통치시대에 페터스키르헤가 있는 장소에는 신전이 있었다. 그러다가 기독교가 들어오자 신전을 철거하고 그 자리에 교회를 세웠다. 이 교회의 이름은 전해 내려오고 있지 않지만 비엔나에서 두 번째로 문을 연 교회였다고 한다. 전설에 의하면 샤를마뉴 대제가 792년에 이 교회를 지었다고 한다. 이를 입증이나 하듯 페터스키르헤의 동남쪽 외벽에는 샤를마뉴 대제Karl des Grossen가 이곳에 교회를 설립했다는 내용을 대형 부조로 만들어놓았다. 그 후 합스부르크 왕가에 의해 로마시대의 교회를 철거하고 새로 페터스키르헤를 지어 오늘날의 웅장한 모습을 보여주게 되었다.

페터스키르헤가 특이한 점은 천장부터 바닥까지 로마네스크 양식으로 일관되어 있다는 것이다. 심지어는 나중에 새로 만들어 연결한 측면 제단Sakristei까지도 로마네스크 양식이다. 이 교회에서도 루프레헤트 교회나 프란체스코 교회와 마찬가지로 측면 제단에 유리로 된 관이 있고 그 안에는 화려한 의상을 입힌 유골이 보존되어 있다. 18세기에 인기를 끌었던 프란체스코 조각 형태로 유리관에 있는 이는 성 요한 네포무크

페터스키르헤 외부 옆 벽면에 있는
샤를마뉴 대제의 부조

요한 네포무크의 순교장면을 표현한 조각

St John Nepomuck이다. 유리관에는 한 무리의 사람들이 조각되어 있는데, 이 사람들은 성 요한 네포무크를 순교자로 만든 로마 병사들이란 설명이 있다. 하지만 실제로 성 요한 네포무크를 죽인 사람은 벤체스라스 왕의 병사들이므로 로마 병사들은 아니다. 다만 조각의 인물 중에 벤체스라스 왕이 포함되어 있다는 이야기는 있다. 요한 네포무크가 병사들에게 몽둥이로 핍박받는 장면은 중앙제단에 가까운 오른쪽에 화려한 조각으로 표현되어 있어서 눈길을 끈다. 그 건너편 중앙제단의 왼쪽에는 지하 납골당으로 내려가는 입구가 있다.

페터스키르헤에는 르네상스 시대 최고의 학자인 볼프강 라치우스 Wolfgang Lazius도 안치되어 있다. 교회 안으로 들어서서 바로 왼쪽에 묘소가 있다. 매년 크리스마스 시즌에는 이 교회에서 특별 전시회가 열린다. 구유에 놓인 아기 예수를 주제로 한 각종 모형을 전시해놓은 것으로 볼만하다. 교회 입구로 들어가서 오른쪽 벽면에는 오스트리아-헝가리 제국의 마지막 황제인 카를Karl의 초상화가 걸려 있어서 몰락한 대제국의 잔영을 보여주고 있다.

Steindlgasse
슈타인들가세

_ 아홉 천사와 맥주병원

투흐라우벤에서 암 호프 쪽으로 슐호프까지 연결되어 있는 짧은 거리가 슈타인들가세이다. 이 거리의 이름은 요한 슈타인들Johann Steindl이란 사람의 이름에서 연유한 것이다. 슈타인들은 터키 점령 시기의 용감한 활동에 대한 상으로 식당을 받았다. 식당 건물은 1945년 전쟁의 막바지에 포격으로 크게 훼손되었지만, 포격으로 파손된 비엔나의 수많은 건물 중에서 가장 먼저 복구된 건물이라는 놀라운 기록을 가지고 있다. 슈타인들가세는 깔끔할 정도로 예쁘다. '비엔나에 이런 곳도 있었나?'라며 놀랄 정도이다. 거리의 끝에는 '아홉 천사 성단소 교회9 Chore der Engel'의 뒤편이 당당하게 막고 있어서 고전적 위용을 더해준다. 아홉 천사란 모든 천사를 말한다. 이 거리에서 가장 눈에 띄는 집은 '괴서 비어클리니크Gösser Bierklinik'란 간판이 붙은 식당이다. 비엔나에서 가장 오래된 식당 중의 하나이다. 1566년부터 식당이었는데 오랜 역사만큼이나 여러 이름으로 불려왔다. 슈타인들비르트Steindlwirt, 슈티들스Schtiedl's, 춤 골데넨 드라헨Zum Goldenen Drachen: 황금 용의 집 등이었다. 현재는 비어클리닉, 이른바 '맥주병원'이다. '황금 용의 집'이라고 불릴 때의 간판은 아직도 출입문 위의 유리창 안에 건사되어 있다. 집 안에 들어가면 왼편에 이 집의 내력이 적혀 있다.

괴서 비어클리니크

비엔나에서 가장 오래된 식당 중 하나라는 내용이다. 비어클리닉이 어떤 의미인지에 대해서는 여러 의견이 있다. 맥주 때문에 생긴 병을 고칠 수 있는 곳이라는 의미가 가장 지배적이다.

Schulhof
슐호프

_ 시계와 인형의 천국

슈타인들가세의 끝, 아홉 천사 성단소 교회의 성가대석 건물이 돌출해 있는 곳에서 교회 건물을 따라 옆으로 돌아가는 좁은 골목길이 있다. 이 골목길을 지나면 슐호프에 이른다. 오래전 이곳에는 카르멜파 수도회의 공동묘지가 있었으며, 나중에는 예수회가 운영하는 학교가 있었다. 슐호프라는 말은 아마 예수회가 세운 학교Schule에서 연유한 것이리라. 하지만 근처의 유덴플라츠에 유대회당이 있었으므로 슐호프라는 이름이 생긴 것이라는 해석도 있다. 이디시Yiddish: 독일어와 히브리어 등이 혼합되어 생긴 언어. 주로 중부 및 동부유럽의 여러 나라에 있는 유대인과 미국 등의 유대인이 사용함 말로 유대회당은 슐Shul이므로 슐호프라는 말이 생겼다는 것이다.

오늘날 슐호프의 작은 광장은 암 호프 교회의 고딕식 돌출 부분콰이어에 가려서 빛을 보지 못하고 있다. 슐호프 거리에 들어서면 작은 집 한 채가 움츠린 양 있다. 오래전부터 어떤 시계공이 살았던 집으로 현재에도 골동품 시계를 취급하는 상점으로 명맥을 유지하고 있는 집이다. 그런 집이 있기 때문인지 유덴플라츠로 가는 길목에 현대식으로 새로 개축한 시계박물관Uhrenmuseum이 있다. 슐호프 2번지이다. 시계에 대한 모든 것이 전시되어 있다. 한 번쯤 보아야 할 박물관이다.

슈호프의 아홉 천사 성단소 교회에 붙어 있는 작은 시계점.
앞 건물은 시계박물관이다.

Kurrentgasse
쿠렌트가세

_ 대주교를 위해 세금을 걷던 거리

아홉 천사 성단소 교회에서 유덴가세 쪽으로 두 갈래의 길이 있다. 파리제르가세와 쿠렌트가세이다. 쿠렌트가세라는 이름은 원래 파사우Passau 대주교를 위한 주세酒稅를 걷던 관리들로부터 연유한다. 쿠렌트라는 단어는 길거리에서 찬송하며 자선을 구했던 사람들을 뜻하지만 나중에는 세금을 걷는 세리라는 뜻으로 사용되었다. 그 세리들이 이 구역에 살았던 것이다. 세리들이 살았던 집이어서 그런지 건물들이 모두 그럴듯하게 번지르르하다. 8번지는 묘하게 생긴 작은 식당이다. 식당 이름은 '용광로의 입 Das Ofenloch'이다. 이 식당의 바로 옆의 작은 골목으로 올라가면 전에는 오펜로흐가세Ofenlochgasse였으나 현재는 클레블라트가세Kleeblattgasse라고 부르는 거리가 나온다. 여기에 칼을 만드는 대장간이 있었다. 용광로와 관련한 명칭은 이 때문인 듯싶다.

10번지는 1542년부터 지금까지 빵을 파는 빵집이다. 아직까지도 철저하게 자기 가게에서 만든 빵만 판다. 요즘 세상에 이런 집이 있다니 놀라울 뿐이다. 12번지의 현관에는 재미난 장식이 있다. 두 소년이 그리폰털이 많은 개처럼 생겼으며 날개가 달린 상상 속의 동물과 물고기 한 마리를 데리고 노는 모습이다. 왜 그런 조각을 현관 위에 장식했는지는 모르겠으나 흥미롭기는 하다. 이제 유덴플라츠로 들어가보자.

그리폰과 놀고 있는 소년들 조각

'용광로의 입' 식당

Judenplatz 유덴플라츠

_ 홀로코스트와 레싱

유대인들이 비엔나에 정착하여 본격적으로 생활하기 시작한 것은 기록상 1195년으로 되어 있다. 유덴플라츠는 이미 그 시기에 조성된 유대인 구역이었다. 이 구역에는 유대교 회당, 캔터Cantor: 유대교 회당에서 성서를 낭독하거나 찬송을 부르는 사람으로, 신부나 목사와 같은 직책의 사람 관저, 그리고 유대인 병원이 있었다. 유덴플라츠 광장의 옛날 이름은 슐호프였으나 지금은 그냥 유덴플라츠라고 부른다. 오늘날 슐호프는 암 호프 교회의 옆길에 있는 작은 공터만 말한다.

초기에 비엔나 사람들은 유대인의 정착을 환영했다. 유대인들은 바벤베르크 군주들의 직접적인 보호를 받았다. 왜냐하면 유대인들은 궁정 재정에서 중요한 역할을 담당했기 때문이다. 그러다가 왕실은 물론 귀족이나 상류사회 사람들이 유대인한테 돈을 빌리고는 갚지 못하는 사례가 늘기 시작하면서 유대인들은 점차 미움의 대상이 되었다. 1420년에 발생한 첫 포그롬Pogrom: 조직적인 유대인 학살도 아마 이 때문이었던 것 같다. 수많은 유대인이 학살을 당했다. 유덴가세의 피해가 가장 컸다. 상점들은 불에 타고 집들은 약탈당했다. 이 사건이 도화선이 되어 오스트리아 전역에서 반유대인 운동의 물결이 일기 시작했다. 유대인들은 온갖 이유로 박해를 받았다.

유덴플라츠의
홀로코스트
기념 조형물

유덴플라츠의 첫 번째 집인 2번지는 이 구역에서 가장 오래된 '위대한 요단강 집Zum grossen Jordan'이라는 이름의 건물이다. 벽에는 예수가 요단강에서 세례 요한으로부터 세례를 받는 장면이 부조로 만들어져 있다. 유대인 학살 시기의 인물이다. 세례 받는 장면의 그림 아래에는 라틴어로 당시 비엔나에 팽배했던 유대인 적대 감정을 적어놓았다. 번역하면 '요단강을 통해 인류의 몸은 질병과 마귀로부터 깨끗함을 얻었다. 이로써 숨어 있는 모든 죄악이 떠나갔다. 그러므로 1421년 온 도성에 몰아친 화염은 히브리계의 무서운 죄악을 깨끗이 씻어준 것이었다. 이전에 이 세상은 듀칼리온의 대홍수로 깨끗해졌으나 이번에는 격노한 불

LESSING
Großhandel Naschmarkt

유덴플라츠의
레싱 기념상

로써 정죄淨罪했다'라는 내용이다. 듀칼리온은 그리스 신화에 나오는 불의 신 프로메테우스의 아들로서 아내 피라Pyrrha와 함께 홍수에서 살아남아 인류의 조상이 되었다고 하는 인물이다. 구약시대의 노아를 대홍수에서 살아남은 예로 들지 않고 그리스 신화의 듀칼리온을 예로 든 것은 노아도 유대인들이 숭배하는 인물이기 때문인 것 같다.

유덴플라츠의 중심에는 독일의 사상가이자 비평가이며 극작가인 레싱Gotthold Lessing의 웅대한 기념상이 서 있다. 레싱은 그의 저서『현자 나탄Nathan the Wise』을 통해 독일의 지성인으로서는 처음으로 유대인에게 관용을 베풀어야 한다고 주장한 인물이다. 광장에는 레싱 기념상과 함께 유대인 홀로코스트를 기념하는 조형물이 위엄 있게 자리 잡고 있다. 마치 책을 차곡차곡 쌓아놓은 듯한 조형물이다. 어찌 보면 피라미드와 같은 무덤을 연상시키기도 한다. 조형물의 공식 명칭은 'Mahnmal fuer die oesterreichischen Opfer der Schoa'이다. '쇼아유대 민족 재앙의 날에 오스트리아 희생자들을 기념하는 경고물' 또는 'Holocaust Mahnmal홀로코스트 경고물'이다. 조형물에는 1938년부터 1945년까지 오스트리아의 유대인 6만 5,000명이 나치에 의해 아우슈비츠 등에 끌려가 희생되었다고 적혀 있다.

Wipplingerstrasse
비플링거슈트라세

_ 비엔나 구시청의 안드로메다 공주

비엔나 구시청 구내의 안드로메다 분수

한때 이 거리는 빌트베르허슈트라세Wildwercherstrasse라고 불렸다. 동물의 가죽이나 모피를 벗겨내어 무두질하는 사람들이 많이 살고, 가죽과 모피 무역을 했기 때문이다. 그래서인지 이 거리에는 아직도 유명한 전통 가죽제품 상점이나 모피 상점이 자리 잡고 있다. 호에르 마르크트 쪽에서 비플링거슈트라세로 들어서면 우선 왼쪽에 있는 웅장한 보헤미아 챈슬러 청사오늘날의 대사관저가 눈을 가로막는다. 거장 피셔 폰 에를라흐가 건설한 이 웅장한 건물은 두 번의 전쟁1809년과 1945년으로 많은 피해를 입었다. 그래서 비플링거슈트라세에서 건물의 원래 형태가 남아 있는 곳은 현관의 동쪽 반편뿐이다. 현재 이 건물에는 헌법재판소가 있다.

길 건너의 8번지는 비엔나 시의 구청사이다. 이 청사가 처음 역사에 기록된 것은 1435년이다. 그만큼 오랜 역사를 지니고 있다. 그러나 건물의 정면은 18세기에 다시 설계된 것이다. 시의회실 천장의 화려한 장식도 18세기에 만들어진 것이다. 안뜰의 중앙에는 라파엘 도너Raphael Donner가 제작한 아름답고 사랑스러운 안드로메다Andromeda 분수가 있다. 안드로메다는 그리스 신화에 나오는 에티오피아의 공주로 바다의 괴수에게 희생 제물로 바쳐지는 운명이었으나 페르세우스에게 구출되어 그의 아내가 된 아름다운 여인이다. 시의회가 링슈트라세의 신청사로 이

전된 후 구청사는 비엔나 제1구의 청사로 사용되고 있다. 구시청 건물에는 오스트리아저항운동박물관실은 저항운동 관련 문서보관소과 비엔나 제1구 박물관이 자리 잡고 있다.

비플링거슈트라세 2번지는 가곡의 왕 슈베르트와 인연이 있는 집이다. 지금은 없어졌지만 이곳에 있던 옛 건물에는 슈베르트의 친구인 시인 요한 마이어호퍼Johann Mayrhofer가 살았다. 슈베르트도 이 집에 와서 1818년부터 1821년까지 거의 3년 동안 마이어호퍼와 함께 지냈다. 슈베르트는 이 집에 살면서 마이어호퍼의 시로 가곡을 약 50편이나 작곡했다. 슈베르트 연구에서 마이어호퍼는 중요한 위치를 차지한다.

넷째 날

Stoss im Himmel
슈토스 임 힘멜

_ 여인을 천국으로 밀어 넣은 전설

비플링거슈트라세에서 도나우 쪽으로 파사우에르 플라츠Passauer Platz로 연결된 짧은 거리가 슈토스 임 힘멜이다. 이상한 이름이다. '천국으로 밀어 넣기'라는 뜻의 길이다. 원래 이 이름은 이 거리에 있는 어떤 부자 여인의 집을 가리키는 말이었다. 전설과 같은 이야기이므로 어떤 집인지는 아직 분명치 않다. 아무튼 이 여인은 세상 무엇보다도 고급 옷감을 무척 좋아해서 좋은 옷감으로 옷을 만들어 입고 거리를 거니는 것이 유일한 낙이었다. 그러면서 사람들이 자신의 모습을 보고 감탄과 찬사를 보내는 것을 즐겼다. 워낙 자만한 이 여인은 어느 날 거리에 있는 성모상을 보고 "무슨 성모 마리아의 옷이 내 옷보다 훨씬 못해? 천국의 여왕이라면 옷을 더 잘 입어야 하지 않나?"라고 말했다. 그로부터 얼마 지나지 않아 어느 날 한밤중에 문을 두드리는 소리가 들렸다. 하녀가 나가 보니 웬 서서 노파가 서 있었다. 노파는 여인이 가지고 있는 제일 좋은 옷보다 더 귀한 것이 있다고 말하면서 바구니에 있는 옷을 꺼내보였다. 이 세상의 어느 옷보다도 화려하고 찬란한 여왕의 의상이었다. 여인의 금고에는 돈이 한 푼도 없었지만 그 옷이 무척 탐났다. 노파가 여인에게 제안했다. 사흘 동안 옷을 그냥 빌려줄 테니, 옷을 돌려받는 날에는 그 옷으로 감쌀 수 있는 모든 것이 자신의 소유가 된다는 조건이었다. 여인이

흔쾌히 승낙했음은 물론이다.

다음 날 일찍 이 여인은 그 옷을 입고 거리로 나섰다. 보는 사람들마나 그녀에게 찬사를 보냈고 더러는 질투까지 했다. 이 옷은 비엔나의 화젯거리가 되었다. 드디어 약속한 사흘째 되는 날 밤이 다가왔다. 그런데 노파가 무슨 조건을 내걸었는지가 도무지 생각이 나지 않았다. 게다가 여인이 집에 돌아와 옷을 벗으려고 하는데, 놀랍게도 옷이 몸에 꼭 달라붙어서 절대로 떨어지지 않아 벗을 수가 없었다. 그제야 여인은 자기의 지나친 허영 때문에 마귀의 시험을 받게 되었으며 결국 꼬임에 빠져 헤어나지 못하게 되었다는 사실을 깨달았다. 마침 자정을 알리는 시계종소리가 울리고 그 거지 노파가 나타나서는 이렇게 말했다. "약속을 지켜야지요! 그 옷 안에 넣을 수 있는 것은 뭐든지 내 것이 된다는 약속 말이오! 지금 그 옷이 당신을 감싸고 있으니 이제 당신은 내 것이오!"

그러자 갑자기 천둥 번개가 쳤다. 이와 함께 거지 노파는 온데간데없고 마귀가 모습을 드러냈다. 거지 노파가 바로 마귀였던 것이다. 여인은 자기의 허영과 죄악을 용서해 달라고 울부짖으며 간절히 기도했으나 소용없었다. 바로 그때 부자 여인은 무언지 알 수 없는 강력한 힘이 느닷없이 자기를 마귀의 손아귀로부터 끌어당기고 있음을 느꼈다. 곧이어 몸에 달라붙어 있던 옷이 여인의 몸에서 떨어져나갔다. 마귀는 창밖으로 튕겨 나가면서 괴성과 함께 무서운 저주를 퍼부었다. 여인을 마귀의 손에서 끌어당겼던 힘은 회개한 인간을 천국으로 밀어 넣는 힘이었다. 이후 여인은 속세의 허영을 모두 버리고 수녀원으로 들어가 세상을 떠날 때까지 그곳에서 살았다. 나중에 이 모든 사건이 벌어졌던 장소라고 믿어졌던 그 집은 '슈토스 임 힘멜', 즉 '천국으로 밀어 넣기'라는 이름으로불리게 되었다. 하지만 이 이야기는 그저 '전설 따라 삼천리'일 뿐이며, 실

여인을 천국으로 밀어 넣은 전설이 있는 슈토스 임 힘멜 3번지 건물

제로 이 거리의 이름은 오토카르 왕 시대에 3번지에 살았다는 요세파 코르넬리아 슈토잔히믈Josefa cornelia Stosanhiml의 이름에서 따온 것이다.

Maria am Gestade
마리아 암 게슈타데

_ 체코 노동자들의 성모

슈토스 임 힘멜에서 조금 내려가면 살바토르가세Salvatorgasse가 끝나는 곳에 마리아 암 게슈타데Maria am Gestade교회가 있다. '게슈타데'라는 단어는 강변 또는 부두를 말한다. 원래 이 자리에는 일찍이 882년에 세운 '강변의 성모교회' 또는 '계단의 성모교회'라고 부르는 작은 교회가 있었다. 그러다가 1154년에 교회를 확장하여 오늘에 이른 것이다. 오스트리아의 대공들이 슈테판 성당을 확장하기 위해 분주했던 반면에 비엔나 시민들은 도나우 강변에 있는 성모교회의 확장에 성의를 다했다. 슈테판 성당에는 귀족이나 지체 높은 귀족들이 드나들었기 때문에 시민들은 강변 성모교회를 자기들의 예배처로 삼았던 것이다.

마리아 암 게슈타데 교회

슈토스 임 힘멜에서 바로 나오면 마리아 암 게슈타데 교회의 영광스러운 탑을 볼 수 있다. 교회의 첨탑은 뛰어난 고딕 트레이서리Tracery: 그물무늬 세공의 창 장식 스타일로 되어 있다. 멀리서 보면 마치 왕관 같다. 첫 번째 출입문은 보통 닫혀 있으므로 출입문 오른쪽 위에 있는 '보호 망토를 입은 성모상'과 왼쪽 위에 있는 '성모의 대관식상'을 보는 것으로 만족해야 할 것이다. 정문 출입문을 통해 교회 안으로 들어가기는 어려우므로 옆문으로 가보자. 옆 출입문의 외벽에는 양철로 만든 두 개의 작은 차양이 있다. 1930년대에 교회를 개수할 때에 이곳에서 대형 성 크리스토

퍼St Christopher 그림이 발견되었다. 교회는 이 귀중한 그림을 눈비로부터 보호하기 위해 차양을 만들었다. 그러나 그로부터 수십 년이 지나자 공해 때문에 그림은 점차 지워지고 차양만 남았다.

다시 밖으로 나와 정문으로 가보자. 정문 현관 위의 석조 차양은 놀라운 건축 작품이다. 고개를 젖혀 바라보면 지붕 높은 곳에 자리 잡고 있는 환상적인 이무깃돌고딕 건축 따위에서 낙숫물받이로 만든 괴물 형상의 석조 조각의 모습을 볼 수 있다. 마리아 암 게슈타데 교회는 예배 이외에 다른 용도로도 사용되었다. 나폴레옹이 비엔나를 점령한 1809년부터는 한동안 군대의 군수창고로 사용되었다. 나폴레옹이 퇴각한 1812년 이후에는 다시 교회로 사용되었다. 당시 비엔나에는 체코 사람들이 도나우 부두의 일자리를 찾아 많이 몰려왔다. 이들은 주로 마리아 암 게슈타데 교회를 중심으로 살았다. 그래서 마리아 암 게슈타데 교회는 체코 사람들이 전용으로 미사를 드리는 교회가 되었다. 이제 가파른 계단을 내려가 콘코르디아 광장으로 나가기 전에 교회 바로 앞길인 슈베르트가세를 둘러보도록 하자.

Schwertgasse 슈베르트가세

_ 성모를 찌른 일곱 개의 검

슈베르트가세는 '가곡의 왕' 슈베르트와는 아무런 관계가 없다. 철자부터 다르다. 작곡가 슈베르트는 Schubert인데 이 거리의 Schwert는 검劍을 뜻한다. 슈베르트가세라는 이름은 3번지의 '일곱 개의 검'에서 연유한다. 1710~1720년에 건설된 3번지의 집 현관 위에는 두 아기 천사가 일곱 개의 검이 그려진 웅장한 문장을 지키고 있는 아름다운 조각이 걸려 있다. 일곱 개의 검은 예수의 십자가 위의 고난 등 성모의 가슴을 찌른 일곱 가지 슬픔을 의미한다. 문장 위의 상인방上引枋에는 피에타상이 있다. 면류관 아래에서 천사들의 옹위를 받고 있는 피에타상은 숭고한 아름다움이 느껴지는 작품이다.

집 안에 들어가면 왼쪽의 계단으로 올라가는 문이 있다. 계단을 올라가는 바닥에는 바로크 스타일의 아름다운 조각이 있다. 순례자 성 알렉시우스St Alexius이다. 생각지도 못한 기쁨이다. 이 사람에 대해는 특별한 에피소드가 있다. 그는 원래 부유한 로마인의 아들이었다. 그는 성 프란체스코와 마찬가지로 젊었을 때 세속의 모든 욕망을 버리고 금욕의 고행을 하기로 결심했다. 그래서 결혼식날 밤에 아내를 버리고 무작정 고행의 길을 떠났다. 오랫동안 고행 생활을 마친 그는 다시 로마로 돌아와 이번에는 거지로서 17년을 지냈다. 그는 자기 아버지가 살고 있

슈베르트가세 3번지의 '일곱 개의 검' 과
피에타상

는 저택 계단에서 구걸 생활을 했으나 식구들은 아무도 그가 알렉시우스인지 몰랐다. 3번지의 계단에 있는 조각은 자기 아버지의 저택 앞 계단 아래에서 구걸하고 있는 성 알렉시우스의 모습을 표현한 것이다.

Tiefer Graben
티퍼 그라벤

_ 성 요셉이 된 요제프 황제

티퍼 그라벤은 프라이융에서 콘코르디아 광장까지 이어진 큰 거리이지만 그다지 길지는 않다. 23번지는 중세 때 잘 알려진 고급 창녀의 집이었다. 베르디의 오페라 〈라 트라비아타 La Traviata〉의 주인공 비올레타를 연상케 하는 그런 여인이었을 것이다. 그 창녀의 집은 요제프 2세 때에도 있었다는 기록이 있다. 하지만 그 이후에는 어떤 관리가 그 집을 사서 살았다.

그 관리는 황제를 무척 숭배해또는 황제가 자기를 총애한다고 생각하여 자기의 집을 '요제프 황제'라고 불렀고, 심지어는 자기 집의 간판에 황제의 초상화를 그려 넣기까지 했다. 그런 그를 보고 사람들은 황제를 모독한 죄로 벌을 받을 것이니 어서 떼어내라고 경고했다. 그는 잘 만든 간판을 그냥 떼어버리는 것은 낭비라고 생각해 그대로 두기로 했다. 다만 황제의 초상화에 덧칠을 하여 얼굴이 보이지 않게 했고 그 아래에 쓰인 '황제 요제프'라는 글자는 '성 요셉'이라고 고쳐 썼다. 얼마 후 비바람에 간판의 덧칠이 벗겨지자 그곳에는 머리 위에 성인에게 볼 수 있는 후광이 있고 수염이 무성하게 자란 진짜 성 요셉의 초상화가 나타났다. 다만 그 성 요셉은 오스트리아 장군의 복장을 하고 가슴에는 훈장을 주렁주렁 달고 있었다. 황제의 초상화를 그려 넣은 일, 성 요셉의 이름을 쓴 일이 누구를

티퍼 그라벤 23번지.
'유제품 한지'라고
부르던 집.
왼쪽 끝의 23번지라는
주소지 표지만이
옛일을 기억하게
해준다.

모독하려고 그런 것이 아니기 때문에 두 사람의 모습이 복합되어 나타났다는 애기였나.

티퍼 그라벤에 걸쳐 있는 호에 브뤼케Hohe Brücke는 볼만한 육교이다. 원래 이곳에는 과거 수백 년 동안 거리의 양쪽을 연결한 낭만적인 육교가 있었으나 차량의 통행이 빈번해지자 좀 더 넓고 든든한 육교가 필요하여 새로 놓았다. 낭만적이라고 한 것은 육교에 올라가서 아래로 지나가는 사람들을 구경하는 것이 낭만적이었다는 기록이 있기 때문이다. 22번지에는 명판이 하나 붙어 있다. 바벤베르크 시기에 이곳에 도시의 성문이 있었다는 설명이 적혀 있는 명판이다. 티퍼 그라벤은 두 명의 유명한 음악가와 연계되어 있다. 18번지는 모차르트가 1773년에 잠시 살았던 집이며 8-10번지의 어떤 아파트에는 베토벤이 1815년부터 1918년까지 살았다. 모차르트는 17세 때인 1773년 7월 비엔나에 세 번째 왔을 때 티퍼 그라벤 18번지에 머물렀다. 잘츠부르크를 박차고 나온 모차르트는 비엔나에서 직장을 찾았으나 뜻대로 되지 않아 두 달 동안 지내다가 아버지 레오폴트와 함께 잘츠부르크로 돌아갔다. 18번지는 현재 베스트 웨스턴 호텔 티그라 Best Western Hotel Tigra이다. 그런 내용을 적은 명판이 1941년에 설치되었다. 8-10번지의 벽에는 베토벤이 살았던 것을 기념하는 현대식 모자이크 그림이 있다. 그러나 건물이 너무 평범하고 벽에 그려진 현대적 모자이크 그림도 별로 관심을 끄는 것이 아니어서, 과연 이 건물에 베토벤이 살았었는지 의아한 생각이 든다.

티퍼 그라벤 8-10번지. 베토벤이 살았던 것을 기념하는 모자이크 그림이 있다.

넷째 날

Am Hof
암 호프

_ 크리스마스 시장에 대한 추억

암 호프는 아주 오래된 광장이다. '암 호프'라는 말은 '궁전이 있는 곳'이란 뜻이다. 1156년 비엔나가 바벤베르크의 치하에 들어간 후 바벤베르크의 하인리히 2세야소미어고트 공작이 그의 궁전Hof을 이곳에 건설한 데서 '암 호프'라는 이름이 연유한다. 원래 이 광장은 옛 로마 군인들의 연병장이었다. 야소미어고트 공작도 그런 점을 염두에 두었을 것이다. 1165년에 하인리히 2세와 그의 아내 테오도라가 암 호프에서 바바로사Barbarossa의 프레데릭 1세를 위해 연회를 베풀었는데 무려 2주나 계속되었다는 것은 유명한 이야기이다.

1782년 비엔나를 찾은 교황 비오 6세는 이 광장에 있는 암 호프 교회Kirche am Hof의 발코니에서 비엔나를 축복했다. 이 교회는 이전에 예수회교회였다. 신성로마세국의 프란츠 2세 황제는 1806년 이곳에서 공식적으로 신성로마세국 또는 독일 왕제의 지위를 포기했다. 이로써 독일 국가들로 구성된 신성로마제국은 해산되었다. 음유시인인 발터 폰데어포겔바이데Walther von der Vogelweide가 시를 읊고 노래를 불렀던 것도 이곳이다.

후에 암 호프 광장은 시장으로 이용되었으나 한때는 처형 장소로도 사용되었다. 이 광장에서 하르데그Hardegg의 페르디난트 백작이 라아브Raab 요새를 별다른 긴박한 이유도 없이 터키군에게 포기한 죄명으로 참수되었다. 루돌프 2세1282~1283년 재위는 페르디난트 백작을 반역자로 낙인찍고 반역자의 말로가 어떤 것인지를 보여주기 위해 백작에게 사형선고를 내렸던 것이다.

끔찍한 일만 있었던 것은 아니다. 암 호프 광장은 즐거운 추억을 만들어주는 곳이기도 했다. 이 광장은 1842년부터 거의 100년 동안 크리스마스 시장으로 북적거리던 곳이었다. 크리스마스가 가까워지면 광장에 작은 가게들이 늘어서서 온갖 촛불이나 색색의 유리 방울 같은 크리스마스트리 장식용품, 장난감이나 캔디 등을 팔았다. 지금도 나이 많은 비엔나 사람들은 어린 시절에 이곳에 와서 크리스마스 캔디를 사서 먹던 추억을 되새긴다. 그래서인지 오늘날에도 암 호프 광장에서는 규모는 작지만 크리스마스 시장이 열린다. 보통 때는 토요일에 암 호프 광장에서 벼룩시장이 열린다.

광장의 왼쪽에는 현재 비엔나 중앙소방서 건물로 사용하고 있는 매르클라인셰 하우스Markleinsche Haus가 있다. 소방서에는 소방박물관도 있다. 이 건물에는 터키군의 두 번째 비엔나 공성 때 비엔나 시장을 지낸 요한 안드레아스 폰 리벤베르크Johann Andreas von Liebenberg가 살았다. 그는 터키군을 몰아내고 비엔나를 해방시킨 구원군이 오기 바로 며칠 전에 세상을 떠났다. 그를 기념하는 기념탑이 링슈트라세의 란트만Landmann 카페 앞의 광장에 서 있으며, 암 호프의 건물에는 기념 부조가 설치되어 있다. 왼쪽 코너의 집은 15세기의 건물로 시민군 병기창고였다. 원래 시민들은 각자 자기의 무기를 가질 수 있었으나 당국은 여러 가지 문제상 한군데로 모아두는 것이 좋겠다는 생각에 이 집을 짓고 무기를 보관하기 시작했다. 게다가 1529년 터키와 전쟁이 일어나자 무기와 탄약을 한군데 보관해야 할 필요가 더 생겼다. 이 병기창고의 지하

암 호프 광장과
암 호프 교회

암 호프의
주말 벼룩시장

P

KASTNER

GENERALI

LEOPOLDVS
ROM. IMP. SEMP. AVG.
STATVAM HANC
HONORI VIRGINIS
SINE MACVLA CONCEPTÆ
AB AVG. PATRE SVO ERECTAM
ET PRETIO AVXIT
ET IMMORTALITATE DONAVIT
NAM QVAM LAPIDEM INVENIT
AVSTRIACA PIETATE AC VOTO
ÆREAM FECIT ET ÆTERNAM
VT CVIVS BENEFICIO
CORONAS VICTORIAS PACEM
ET SVCCESSIONEM ACCEPIT
EIDEM HÆC OMNIA
AC SEIPSVM DEBERE
TESTARETVR
ANNO
M. DC. LXVII.

에는 로마군 병영 유적이 있어서 일정 시간에 일반에게 공개되고 있다.

암 호프를 떠나기 전에 광장의 중앙을 우아하게 장식하고 있는 조각물을 감상할 필요가 있다. 높은 기둥의 위에는 성모 마리아의 조각상이 붙어 있다. 17세기에 만든 것이다. 1818년의 기록에 의하면 철제로 된 이 기둥 조각물은 예술성에서는 별로 뛰어나지 못하다는 평을 받았다. 그러나 오늘날의 평가는 완전히 다르다. 예술성이 대단히 뛰어난 작품이라는 것이다. 조각물을 받치고 있는 기초에는 둘레를 따라 네 마리의 괴수가 있다. 뱀, 용, 바실리스크도마뱀의 일종으로 전설 속의 괴물 뱀. 한 번 보거나 괴물의 입에서 나오는 김을 쏘이면 죽는다는 전설이 있음, 사자이다. 이 괴수 들은 각각 역병, 전쟁, 기아, 이단異端을 상징한다. 갑주를 입고 칼을 든 어린 천사들이 이것들을 제압하고 있다.

암 호프 교회와 성모 기념상

암 호프 광장에 있는 성모 기념상이 있는 기둥의 하단. 천사들이 괴수들을 제압하는 조각이다.

Naglergasse
나글러가세

_ 바늘 장인들의 거리

암 호프 광장에서 지하철 3호선U3 헤렌가세Herrengasse 역으로 가는 직선 방향으로 좁은 골목길이 있다. 이리스가세Irisgasse이다. 여기서 몇 걸음 내려가면 이리스가세 중간을 가로지르는 나글러가세를 만난다. 거리 이름이 나글러가세이기 때문에 못나겔과 연관이 있다고 생각할지 모르나 실은 이 지역에 바늘 만드는 장인들이 살았으므로 그런 이름이 붙었다. 하기야 못과 바늘은 먼 사촌 간이므로 바늘 만드는 사람들이 살았다고 해서 나글러가세라는 명칭을 쓰지 못하란 법은 없을 것이다. 독일어 Nagler는 못 만드는 대장장이Nagelschmidt를 말한다. 이 거리는 중세에 만들어진 거리이기 때문에 길이 매우 비좁다. 하지만 집들은 중세풍이어서 보기에 좋다. 다만 너무 길이 좁은 탓에 각 건물의 아름다운 현관조차 제대로 감상하기 힘들다. 한때 이 거리는 목욕탕이 여럿 있는 비엔나의 패션거리였다. 약 800년 전에는 목욕탕이 요즘의 커피하우스이자 주점이자 사교클럽이었다. 비엔나판 찜질방이라고나 할까?

에스터하지 켈러. 에스터하지 대공의 포도주 창고였던 술집이다.

나글러가세와 하르호프Haarhof가 만나는 모퉁이 집은 한때 에스터하지 대공의 포도주 창고Esterhazy keller였는데 지금은 일반 주점이다. 포도주 창고로 가려면 27개의 가파른 계단을 내려가야 한다. 계단 입구에는 '1683년 비엔나가 터키에게 점령됐을 때 방어군들이 이 지하 창고에 모여 에스

verwöhnt
2
Haarhof
ESTERHÁZY-KELLER
GETRÄNKE
Menü: 6,50
I. Tagessuppe
Putencurry-
geschnetzeltes mit
Erbsenreis
II. Tagessuppe
Knuspergarnelen
mit Bratkartoffeln

터하지 대공의 포도주를 마셨다. 병사 한 사람에게 포도주 한 잔씩이 돌려졌다'라는 안내판이 붙어 있다. 지하창고는 한번 둘러볼 만하다. 주중에는 매일 오전 11시에 개방된다. 이 창고는 옛날부터 진짜 술꾼들의 모임 장소였다. 누구든지 한 사람당 1리터 이상의 포도주를 주문해야 했다. 그러다가 1828년 이후부터는 요즘 말하는 4분의 1리터Viertel만 주문해도 되도록 완화했다. 하르호프라는 이름은 이곳에 모직물Haar: Hair 상점이 있었기 때문이다. 고급 아마포를 팔았다.

크라펜의 유래

나글러가세 4번지 집에는 아직도 '활장이 집Zum Bogner'이라는 간판이 남아 있다. 근처에 활 만드는 사람들이 사는 거리가 있었기 때문이다. 나글러가세 끝에 있는 2번지의 현관문 위에는 1801년 이 집을 재건축할 때에 로마군의 병영 터전과 로마인들이 만든 성벽의 잔해를 발견했다는 설명이 적혀 있다. 그라벤과 나글러가세가 만나는 곳에 한때 파일리토르Peilertor라는 요새탑이 있었다. 원래 감시 망루였다가 나중에는 감옥으로 사용되었다. 17세기에는 이 탑의 아래층에 상점들이 있었다. 그중 하나는 세실리 크라프Cecily Krapf라는 여인의 과자상점이었다. 어느 날 세실리 크라프가 집에서 잘못하여 오븐에 얹어놓은 프라이팬에 누룩을 넣은 밀가루 반죽을 떨어뜨렸는데, 잠시 후 보니 맛있는 파이과자로 구워져 있었다는 것이다. 반짝 아이디어가 생긴 세실리는 그로부터 초콜릿을 입힌 파이를 만들어 팔기 시작했다. 처음에는 실리 쿠겔Cilly Kugel: 실리는 세실리의 애칭, 쿠겔은 동그랗게 생긴 초콜릿 과자라는 뜻이라는 이름으로 팔았다. 그러나 지금은 비엔나 최고 명물 중 하나인 크라펜Krapfen이라는 이름을 지니게 되었다. 크라펜은 비엔나 카니발 기간 중에 누구나 사서 먹는 빵과자이다. 크라프 가족은 크라펜 때문에 부자가 되고 유명해졌다. 후손 중의 한 사람이 칼렌베르크Kahlenberg 언덕에 땅을 사서 집을 짓고 크라펜발들Krapfenwaldl: 크라프의 작은 숲이라고 불렀다. 지금 이 집은 비엔나에서 알아주는 야외 수영장이다.

비엔나 사람들이 카니발 기간 중에 즐겨 먹는 크라펜

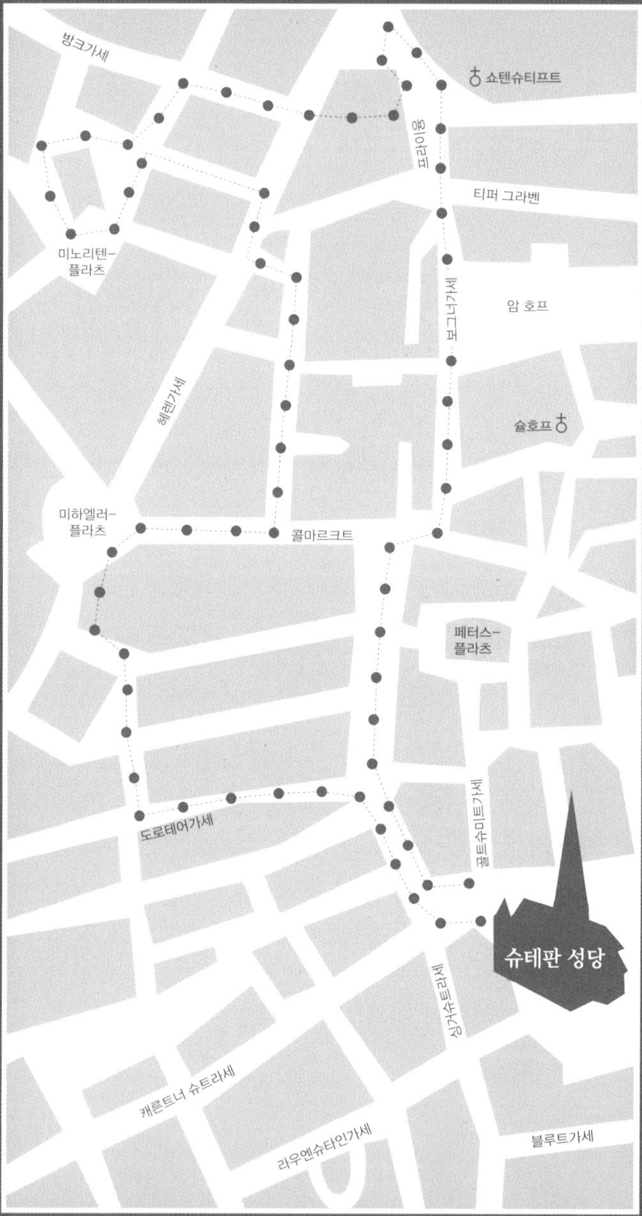

방크가세
쇼텐슈티프트
프라이웅
티퍼 그라벤
미노리텐-
플라츠
보그너가세
암 호프
헤렌가세
슐호프
미하엘러-
플라츠
콜마르크트
페터스-
플라츠
골트슈미트가세
도로테어가세
슈테판 성당
싱거슈트라세
케른트너 슈트라세
라우엔슈타인가세
블루트가세

다섯째 날

● 슈테판스플라츠 ● 슈톡-임-아이젠-플라츠 ● 도로테어가세 ● 슈탈부르크가세 ● 미하엘러플라츠 ● 미하엘러키르헤 ● 콜마르크트 ● 헤렌가세 ● 미노리텐플라츠 ● 방크가세 ● 팔레 페르스텔 ● 프라이융 ● 쇼텐슈티프트 ● 보그너가세 ● 그라벤

Stephansplatz
슈테판스플라츠

_ 지하묘지 아래의 채플

지하철 1호선U1과 3호선U3이 통과하는 슈테판스플라츠 역으로 내려가보자. 이 역을 건설할 때에 공사장 인부들이 우연히 지하 깊숙한 곳에서 중세 시대의 성막달렌St Magdalen: 막달라 마리아 교회의 유적지를 발견했다. 1973년의 일이었다. 한때 지금의 슈테판 성당 주변에는 공증인과 사법서사 연맹사무실이 있었다. 한편, 더 옛날에는 공동묘지가 있었고 공동묘지에 있던 별도의 교회에는 지하묘지가 있었다. 14세기에 성막달렌 교회를 건설할 당시에도 주위는 공동묘지였다. 그러다가 교회를 지으면서 주변 대지들을 정리하였고, 공동묘지에 묻혔던 유골들도 정리하여 성당 지하에 상당한 규모의 카타콤을 만들어 보관하게 되었던 것이다. 그나저나 슈테판 성당 부근에 있던 성막달렌 교회의 지하에 별도의 채플이 있어서 지하묘지와 연계된 예배처로 사용되었다는 것은 놀라운 사실이었다. 그 위치가 슈테판스플라츠 지하철역 구내였다. 지하 채플의 명칭은 비르길카펠레Virgilkapelle: 성비르길 예배처라고 했다.

14세기의 기록에 '슈테판 성당의 카타콤 아래에 카펠레채플가 있었다'라고 되어 있는 것을 보면 우연히 발견된 비르길카펠레가 슈테판 성당의 카타콤 아래에 있었다는 카펠레라고 생각된다. 그렇다면 비르길카펠레는 14세기의 유적이 틀림없다. 그러나 연대 측정이 그리 단순하지

슈테판스플라츠 지하철역에 있는 비르길카펠레 안내 표지판

않다. 아직까지도 비르길카펠레가 언제 만들어졌던 것인지 정확히 알지 못하고 있다. 고고학자들은 적어도 기록보다 1세기나 앞선 13세기의 건축물이었다고 본다. 슈테판 성당은 1263년 처음 봉헌되었다. 보헤미아 출신의 오토카르 2세 치하 때였다. 최근의 학설에 따르면 지하납골당은 슈테판 성당의 정문인 '거인의 문'이 만들어졌던 때와 거의 같은 시기에 만들어졌다는 것이다. 하지만 불행하게도 이에 대한 기록이 아무 데도 없다. 그러므로 언제 비르길카펠라가 만들어졌는지도 아직까지 수수께끼로 남아 있다.

비르길카펠레의 이상한 점은 들어가는 입구의 흔적이 도무지 없다는 것이다. 문도 없고 계단도 찾지 못했다. 유일하게 드나들 수 있는 방법

비르길카펠레 유적지

은 지붕에 문을 만들어 수동식 엘리베이터를 이용하여 그곳으로 오르내리지 않았을까 하는 추측이다. 여러 가지 추측이 이어졌다. 예를 들면 예배처가 아니라 피난처였다는 것이다. 그렇다면 누구를 위한 피난처였을까? 혹시 건설할 때 자금이 부족하여 문이나 계단을 만들지 못하고 그대로 방치해 두었던 것일까? 일설에는 성 콜로만St Coloman의 무덤을 웅장하게 만들기 위해 별도로 만든 건물이라는 주장도 있다. 하지만 확실한 근거는 없다. 비르길카펠레는 지하철역 지하 1층 매표소 옆의 큰 유리창을 통해 내부를 들여다볼 수 있다. 비엔나에서 현존하는 가장 중요한 내부의 고딕 구조이다. 돈 안 내고 볼 수 있는 지하 채플은 아마 세계에서도 이것이 유일할 것이다.

슈테판스플라츠에서 그라벤으로 가는 입구에 현대식 유리 건물이 서 있다. 슈테판 성당과 마주보는 건물이다. 1985~1990년에 건축한 하스 하우스Haas Haus이다. 비엔나의 유명한 건축가인 한스 홀라인Hans Hollein이 세운 건물이다. 중세의 아름다운 길에 현대식 건물이 들어서게 되자 논란이 많았다. 심지어는 슈테판 성당의 미관을 해친다는 반대의 물결이 높았다. 비엔나 시당국은 여러 차례에 걸쳐 설계도를 검토한 끝에 건축 허가를 내주었다. 하스 하우스에는 비행기 기내식 공급업체로 유명한 도앤드코Do&Co 회사가 운영하는 호텔이 들어서 있다. 2층에 있는 라운지는 밤에 조명을 받은 슈테판 성당의 모습을 가까이서 볼 수 있는 곳으로 사랑받고 있다. 아래층에는 스페인의 유명한 의류 브랜드인 자라Zara가 들어서 있어 쇼핑객들의 발길이 끊이지 않고 있다.

하스 하우스

Stock-im-Eisen-Platz
슈토크-임-아이젠-플라츠

_ 무사 여행을 기원하던 나무 그루터기

글자 그대로 번역하면 '쇠나무 그루터기 광장'이다. 캐른트너 슈트라세와 그라벤이 만나는 모퉁이에 벽감이 하나 있다. 이곳이 바로 유명한 '쇠나무 그루터기'가 원통형의 유리장 안에 보존되어 있는 곳이며, 그 앞에 캐른트너슈트라세의 한 모퉁이를 차지하고 있는 작은 공간은 슈토크-임-아이젠-플라츠라고 부른다. 원통형의 유리장 안에 보존되어 있는 나무는 실은 거꾸로 서 있는 것이다. 윗부분에 나무의 가지처럼 보이는 것이 뿌리이다. 오랜 옛날 이곳에는 나무들이 무성하게 숲을 이루고 있었다. 길모퉁이에 전시되어 있는 나무뿌리는 그중에서 유일하게 지금까지 보존되어 있는 것이다. 나무들이 있던 지역은 신성한 곳으로 여겨졌다. 사람들은 나무들 중에서 가장 장대한 나무를 신으로 섬겼다. 마치 드루이드Druid교도들이 숲 속에서 떡갈나무를 숭배하는 것이나 같았다. 그러나 기독교가 융성하자 나무들은 미신의 상징으로서 수난을 당하게 되었다. 권세 있는 교회는 사람들이 우상으로 섬기던 제일 장대한 나무를 뿌리째 뽑아 거꾸로 세워놓았다. 고대 미신과 잡신의 멸망을 상징적으로 보여주기 위한 조치였다. 그 이후 덧없는 세월의 흐름과 더불어 나무도 늙고 쪼그라들자 나무뿌리 위에 쇠를 덧붙여 벽에 붙여 놓았다. 영구히 보존하려는 목적이었다.

예전에는 누구든지 비엔나에 여행 온 사람은 이 나무 그루터기를 찾아와 못을 박았다. 집으로 무사히 돌아가는 것을 빌기 위해서였다. 언제부터 그런 관습이 생겼는지는 모른다. 다만 1832년에 마지막 못이 박혔다는 기록이 있는 것으로 보아 19세기 초까지 그랬던 것이 분명해 보인다. 비엔나 사람들은 거의 모두 이 전설적이면서도 기념비적인 상징물에 대해 깊은 애정을 가지고 있다. 다음과 같은 에피소드만 보아도 잘 알 수 있다. 나치 독일군이 비엔나를 점거하고 있을 때 나치는 나무 그루터기를 둘러친 쇠사슬을 뜯어내어 쇠사슬을 잠근 자물쇠를 프랑크푸르트의 자물쇠박물관에 보내려고 했다. 전설이 깃든 자물쇠였기 때문이었다. 그런데 독일군이 자물쇠와 함께 나무 그루터기를 뜯어내려는 바로 전날 밤에 나무 그루터기가 사라졌다. 독일군은 비밀경찰까지 동원하여 나무 그루터기에 붙어 있던 자물쇠를 찾았지만 소용없었다. 전쟁이 막바지에 이른 어느 날 슈테판 성당에 인근 건물로부터 불이 옮겨 붙어 불타고 있는 가운데 독일군은 밀려오는 러시아군을 감당하지 못하고 퇴각했다. 그날 밤 어느 틈엔가 나무 그루터기가 슈테크-임-아이젠의 제자리에 돌아왔다는 것이다.

슈토크-임-아이젠-플라츠. 유리장 안에 거꾸로 서 있는 것이 쇠나무 그루터기이다.

Dorotheergasse 도로테어가세

_ 미술품 경매장이 된 수녀원

슈토크-임-아이젠에서 그라벤 쪽으로 향하다가 잠시 방향을 아우구스틴 교회가 있는 쪽으로 돌려 도로테어가세로 가보자. 도로테어가세는 슈테판스플라츠에서 그라벤을 따라 내려가다가 왼편으로 있는 자일러가세와 슈피겔가세Spiegelgasse의 다음번에 있는 긴 거리이다. 비엔나에서도 상당히 오래된 거리인 도로테어가세의 이름은 한때 이곳에 있었던 수도원과 교회의 이름에서 연유한다. 이 거리에 있던 집들은 다른 어느 곳보다 우아했다. 거의 모든 집들이 귀족들의 소유였기 때문이었다. 지금은 당시의 건물 중 일부가 자취를 감추었지만 아직도 여러 채의 아름다운 저택이 남아 있어서 즐거움을 준다.

그라벤에서 도로테어가세로 접어들자마자 자리 잡고 있는 3번지는 그라벤 호텔이다. 호텔 현관에 붙어 있는 설명에서 볼 수 있듯이 프란츠 카프카와 같은 저명인사들이 자주 묵었던 곳이다. 슈니츨러/호프만슈탈Schnitzler/Hofmannsthal시대에 비엔나를 풍미했던 작가 페터 알텐베르크Peter Altenberg는 아예 이 호텔에 장기 투숙했었다. 건너편인 6번지에는 하벨카Hawelka라는 커피하우스가 있다. 당대의 천재 예술가들이나 예술가 지망생들이 만남의 장소로 이용했던 곳이다. 이 커피하우스에서 조금 올라가면 유명한 되블링거 악보사가 있다. 이곳에서는 악보뿐만 아니라 음반

그라벤 호텔

도 판다. 1816년부터 문을 열었으니 거의 200년의 역사가 있는 음악 서점이다. 음악 애호가라면 누구나 한 번쯤은 들르는 귀중한 음악 자료의 보물창고로서, 비엔나의 레코르디Recordi라고 불리는 집이다.

11번지의 웅장한 집은 19세기에 지은 것이다. 1820년에 이르러 이 집은 은행가인 베른하르트 폰 에스켈레스 남작Freiherr Bernhard von Eskeles의 소유가 되었다. 그의 아내인 세실리Cecily는 여동생 파니Fanny와 함께 비엔나 사교계의 최고 여류였다. 세실리와 파니 자매는 팔레 에스켈레스Palais Eskeles에서 예술가와 과학자 등 각계 명사들을 자주 초청하여 파티를 열었다. 처음에 이 궁전은 구스타프 클림트, 에곤 실레, 반 고흐, 파블로 피카소 등의 작품을 전시하는 화랑으로 사용되었다. 현재 이 집은 유대박물관Judisches Museum이다. 입구에는 독일과 오스트리아가 강제 합병된 1938년부터 2차 대전이 끝난 1945년까지 나치의 박해를 받아 희생된 유대인들의 명단이 적혀 있다.

길을 따라 더 올라가면 17번지인 도로테움Dorotheum: 도로토임이라고 부르는 경우도 있음이 나온다. 사교성이 많았던 요제프 1세1705~1711년 재위가 일찍이 1707년 전당포연합회관으로 건설한 것이 오늘의 도로테움이다. 아직도 어떤 사람들은 도로테움을 판들라이에Pfandleihe: 소규모 전당포라는 뜻. 비엔나 사람들은 'Pfandl판들' 이라는 애칭으로 부르고 있음라고 부른다. 도로테움은 비엔나 시의 공인 경매장이기도 하지만 비엔나전당포협회 사무실이 있는 건물이

유명한 악보사인 되블링거

기도 하다. 매년 2,400건의 경매가 이루어진다. 경매는 월요일부터 금요일까지는 매일 오후 2시에, 토요일에는 오전 10시에 이루어진다. 경매품을 감정한다는 구실을 들면 하루 종일 구경할 수 있다. 도로테움이란 명칭은 옛날 이곳에 있었던 성 도로시St Dorothy 수도원에서 유래한 것이다. 도로테움의 정문으로 들어가서 왼쪽에 있는 안뜰에는 수도원의 흔적이 남아 있다.

Stallburggasse 슈탈부르크가세

_ 마구간을 기념하는 거리

슈탈부르크가세에서 본 여러 지붕들

도로테어가세의 유대박물관에서 조금 올라가면 가로로 만나는 길이 있다. 슈탈부르크가세또는 슈탈부어가세이다. 글자 그대로 마구간Stall 거리이다. 슈탈부르크가세를 따라가면 호프부르크 궁전의 정문 앞에 있는 성 미하엘 교회 뒤편에 닿는다. 도로테어가세에서 슈탈부르크가세로 돌자마자 여러 형태의 지붕들이 섞여 있는 특이한 풍경을 볼 수 있다. 길 끝의 단층집에서실제로는 합스부르거가세 트란셉트십자형 교회의 좌우 날개부와 고딕 지붕, 그리고 마지막으로 미인처럼 날씬한 성미하엘 교회의 첨탑에 이르기까지 다양한 지붕들이 펼쳐져 있다.

슈탈부르크가세의 길을 따라 곧장 올라가다보면 작은 집에 어울리지 않게 대문이 큰 건물이 있다. 스페인승마학교의 마구간이다. 호프부르크에 있는 스페인승마학교는 리피차너Lipizzaner라고 하는 백마를 훈련하는 학교이다. 리피차너 백마들의 마구간이 이 건물이다. 호프부르크의 스페인승마학교에서 리피차너 백마들의 바로크적인 우아한 마술馬術 시범을 보는 것은 비엔나에서만 볼 수 있는 특권이다. 이 승마학교는 1572년 합스부르크 제국이 설치했다. 스페인에서 데려온 말들의 훈련 학교였기 때문에 스페인승마학교라고 부른다. 이곳의 말들을 리피차너라고 부르는 것은 이 말들을 사육하는 곳이 슬로베니아의 리피차Lipica라는 곳이기 때문이다.

리피차는 이탈리아 북부 트리에스테에서 가까운 곳으로 이탈리아어로는 리피차Lipizza라고 부른다. 합스부르크 제국 당시 트리에스테를 비롯한 이탈리아 북부는 제국이 관할하는 영토였으므로 비엔나의 말들을 그곳에서 길렀다. 그렇게 먼 곳에서 기른 이유는 그곳이 말 기르기에 아주 적합하기 때문이었다.

마구간 건물 바로 앞에는 구멍가게처럼 작고 초라한 집이 있다. 비엔나에서 제일 오래된 골동품 상점이다. 이 거리 부근은 골동품 수집가들의 천국이다. 거리에 있는 거의 모든 집들이 골동품 상점이 아니면 화랑이다. 골동품 상점에서는 주로 K.u.K시대의 물건들을 볼 수 있다. K.u.K는 Kaiser und König카이저와 쾨니히의 약자로 오스트로-헝가리 제국을 뜻한다. 그러나 좁은 의미에서의 K.u.K 시대는 프란츠 요제프 황제의 통치 시기를 말한다.

슈탈부르크가세의
골동품 상점

Michaelerplatz 미하엘러플라츠

_ 과거의 역사가 부활한 곳

슈탈부르크가세의 좁은 통로를 빠져나오면 널찍한 미하엘러플라츠미하엘 광장로 나온다. 호프부르크의 앞 광장이다. 1990년대에 광장 앞길을 대대적으로 보수하는 도중에 놀라운 유물들이 햇빛을 보게 되었다. 로마시대에 큰 길이 현재의 광장에 있었다는 것은 이미 알려진 사실이지만 당시 건축물의 잔해가 지하에 남아 있으리라고 아무도 생각하지 못했다. 1990~1991년에 미하엘 광장 지하를 파내려가다가 우연히 로마시대 주거지역 건물의 일부를 발견했다. 놀랍게도 난방시스템까지 구비되어 있는 주택들이었다. 어떤 벽에는 로마시대의 그림이 비교적 선명하게 남아 있기까지 했다. 비엔나 시민들은 '과거의 부활'이라며 소란을 떨었다. 발굴된 유적은 덮개를 만들어 보호해야 한다는 주장이 있었지만, 다행히 노천박물관으로 조성하여 언제나 볼 수 있게 되었다. 신통한 것은 로마시대의 유적과 함께 중세의 우물과 '파라다이스 가든'이라고 불리는 르네상스 양식의 정원 터까지 한눈에 볼 수 있다는 것이다.

호프부르크 궁전의 정문은 미하엘러토르Michaelertor라고 부른다. 웅장하고 화려한 합스부르크 제국의 영화를 한눈에 느낄 수 있는 문이다. 호프부르크는 구궁전과 신궁전노이에 호프부르크 으로 구분된다. 미하엘러토르는 사실상 노이에 호프부르크의 정문이다. 유명한 건축가 피셔폰

호프부르크의 정문인
미하엘러토르의 위용

로스하우스

에를라흐가 설계했으며, 또 다른 유명한 건축가인 페르디난트 키르슈너Ferdinand Kirschner가 이 설계를 기본으로 1889~1893년에 완성했다. 정문은 세 개의 돔형 지붕과 화려한 철책 장식으로 구성되어 있어서 보는 사람의 감탄을 자아낸다. 첫 번째 쿠폴라돔형 지붕의 꼭대기에 장식되어 있는 두 개의 조각상, 입구 양편에 있는 헤르쿨레스 스타일의 두 조각상, 합스부르크 가문이 바다와 땅의 최고 통치자임을 의미하는 장엄한 분수, 합스부르크 왕가의 상징인 쌍두 독수리 문장 조각들은 합스부르크 제국의 권세를 보여주는 대표적인 조각 작품들이다. 미하엘러토르를 바라보았을 때 오른편으로 궁전의 벽으로부터 불쑥 튀어나온 듯한 건물 부분이 있다. 중앙 통로와 '땅의 권세'라는 분수 사이에 있다. 옛날 궁정극장Burgtheater이 있던 곳이다. 이 사실을 기념하는 명판이 아직도 붙어 있다. 미하엘러플라츠에 있던 부르크테아테르에서는 글루크의 〈오르페오와 에우리디케〉를 비롯한 여러 오페라가 초연되었으며 모차르트의 오페라로는 〈후궁에서의 도주〉1782, 〈피가로의 결혼〉1786, 〈여자는 다 그래〉1790가 초연되었다.

미하엘러플라츠의 중앙 쪽으로 콜마르크트와 헤렌가세가 만나는 모퉁이에 있는 집은 주변의 다른 집들과는 전혀 다른 시기에 세워진 것이다. 1911년에 건축가 아돌프 로스가 지은 로스하우스이다. 호프부르크 궁전의 정문에 직면해 있는 집이기 때문에 눈에 척 들어온다. 이 집이 완성되자 토론을 좋아하는 비엔나 지식인들 사이에서는 거센 논쟁이 일어났다. 얼굴로 치면 눈썹이 없는 것과 같은 집이라는 비판이 논쟁의 중심이었다. 이 집은 박공으로 창문을 장식하는 전통 스타일을 전혀 적용하지 않았다.

그리엔슈타이들 카페

카페 그리엔슈타이들

미하엘 광장에서 헤렌가세 쪽으로 들어가 보자. 모퉁이 집인 1번지는 한때 명문 헤르버슈타인Herberstein가의 저택이었으나 그 후 비엔나에서 가장 유명한 커피하우스 중의 하나인 '카페 그리엔슈타이들Cafe Griensteidl'이 되어 사랑을 받았다. 이 집의 비너슈니첼은 맛이 좋기로 정평이 나 있다. 비엔나의 상징이라고 할 수 있는 커피하우스가 어떠했는지에 대해 슈테판 츠바이크Stefan Zweig는 다음과 같이 기록했다.

"커피하우스는 사실상 일종의 민주적 클럽이다. 누구든지 들어와서 별로 비싼 값을 치르지 않고서 커피 한 잔을 마실 수 있는 곳이다. 손님들은 가게에 조금이라도 금전적으로 기여했기 때문에 몇 시간이라도 앉아서 토론을 하거나 혼자서 글을 쓰기도 하고, 몇몇이서 카드놀이를 할 수도 있다. 그런가 하면 커피하우스를 통해 우편물을 받아 볼 수도 있다. 무엇보다 이득이 되는 것은 아주 다양한 각종 신문과 잡지를 마음대로 읽을 수 있다는 것이다. 따라서 커피 한 잔을 시켜놓고 하루 종일 앉아 신문과 잡지를 읽는 것이 습관인 사람이 많아졌다. 하지만 아무도 이제 그만 자리를 내어달라고 하는 사람이 없으며 성가시게 구는 사람도 없다. 그런 사람이 있다면 웨이터들뿐일 것이다. 커피하우스에서는 웨이터를 존경하는 의미에서 '헤르 오버Herr Ober'라고 부른다. '오버'는 독일식 트럼프에서 왕 다음의 장군을 말한다. 다른 나라에서는 왕King 다음이 여왕Queen이고,

CAFE GRIENSTEIDL

그 다음이 기사Jack이지만 독일에서는 쾨니히König 다음이 장군을 말하는 '오버'이다. 그러므로 '헤르 오버'라고 부르는 것은 원래 의미로 볼 때 상당한 존칭이다. 커피하우스에서 웨이터들은 손님이 청하지 않아도 마치 자기의 의무를 다하듯 수시로 마시는 물을 가져다준다. 그러므로 그런 훌륭한 웨이터들에게 존칭을 붙여도 상관없을 것이다. 이 같은 커피하우스 관습은 지금도 몇몇 비엔나 전통의 커피하우스에서 그대로 맛볼 수 있다."

카페 그리엔슈타이들을 연 하인리히 그리엔슈타이들은 원래 직업은 약사로 여관도 운영했다. 그는 1847년 이 카페를 열면서 건너편의 호프부르크 궁전 사람들이 자기 집의 단골이 되기를 희망했다. 그러나 실망스럽게도 호프부르크 사람들은 오지 않고 대신 지식인, 정치인 그리고 길 건너 궁정 극장부르크테아테르의 배우들이 드나들었다. 하지만 오히려 그 때문에 더 유명해졌다. 특히 젊고 유망한 작가들이 많이 찾아왔다. 슈니츨러Schnitzler, 잘텐Salten, 베르-호프만Beer-Hofmann, 호프만슈탈Hofmannsthal, 헤르만 바르Hermann Bahr 등이었다. 언제나 사회에 대해 조롱과 비판으로 일관한 카를 크라우스Karl Kraus도 잊지 못할 단골 중의 하나였다. 그는 1897년 카페 그리엔슈타이들이 철거될 수밖에 없게 되자 직접 조문弔文을 써서 옛것을 존중하지 않는 세태를 혹독하게 비난했다. 당시 카페 그리엔슈타이들이 문을 닫는다는 소식은 비엔나 사람들에게 충격을 줄 정도의 대사건이었다. 그러나 다행스럽게도 1990년 카페 그리엔슈타이들은 다시 문을 열었다.

Michaelerkirche
미하엘러키르헤

_ 천사장 미하엘의 교회

근처의 아우구스틴 교회와 마찬가지로 미하엘 교회도 호프부르크 궁전에 속해 있는 사람들을 위해 건설된 귀족 교회였다. 호프부르크 궁전에는 적어도 300~400명이 살았으므로 궁전 주변에 서너 개 정도의 교회가 있어야 했다. 궁전 안에 있는 직속 궁정교회부르크카펠레는 황제를 비롯한 황실 가족들이 다녔고, 페터스키르헤베드로 교회에는 다른 왕족들과 귀족들이 주로 다녔을 것이다. 미하엘러키르헤와 아우구스티너키르헤도 마찬가지였다. 미하엘러키르헤는 13세기에 처음 건설되었으나 그 후 여러 번에 걸친 대대적인 개축 작업을 거쳐 오늘에 이르렀다. 교회 자체를 찬찬히 보는 것도 중요하지만, 교회에 연결되어 있는 수도원을 볼 수 있다는 것은 중요한 일이다. 수도원에는 역대 수도원장들의 초상화가 전시되어 있어서 수도원의 역사를 알 수 있다. 수도원 식당은 한번 볼만한 장소이다. 당시에 수도승들이 어떤 형태의 식당에서 어떤 수준의 식사를 했는지 짐작할 수 있기 때문이다. 이런 것보다도 더 흥미로운 것은 수도원에 미하엘 교회 교구에서 간직하고 있던 귀중한 성체 현시대顯示臺, 화려한 자수의 법복, 성골함 등이 전시되어 있는 것이다. 전시장으로 들어가려면 슈탈부르크가세 쪽에 난 작은 문을 이용해서 다시 교회로 들어가야 한다. 전시는 5월부터 10월까지 볼 수 있다.

AUTOBUS
HALTESTELLE

미하엘러키르헤

미하엘 교회의 문을 열고 들어가면 왼편에 고난당하는 그리스도상이 마치 우리를 내려다보는 듯 걸려 있다. 계속 들어가면 왼편에 작지만 예쁜 바로크 스타일의 채플이 있다. 이 채플을 지나 유리문을 열고 들어가면 본당이 나온다. 본당으로 들어가기 전에 다시 왼편에 또 다른 채플이 있다. 이 채플은 보통 문이 닫혀 있지만, 그렇다고 그냥 지나쳐서는 안 될 것이다. 채플에 들어가 보면 벽면에 고개를 숙이고 기도하는 사람의 부조가 있다. 오스트리아 수상으로서 어려운 직무를 수행하다가 불행하게도 나치친위대SS에 살해된 엥겔베르트 돌푸스이다. 이 채플은 돌푸스 수상을 기념하는 채플이다. 오스트리아에서 나치의 활동을 반대했던 돌푸스는 그만큼 사람들의 추모를 받았다.

나치에 피살당한 엥겔베르트 돌푸스 수상의 부조

Kohlmarkt 콜마르크트

_ 장작을 팔던 궁전 앞길

콜마르크트라고 하면 양배추 음식인 콜슬러를 연상하여 배추시장으로 생각할지 모르나, 실은 예전부터 장작과 숯을 팔던 시장거리였다. 호프부르크 쪽에서 콜마르크트에 들어서서 바로 오른편에 있는 집은 그로세 미하엘러하우스Grosse Mihaelerhaus라고 하는 11번지이다. 이 집의 안뜰은 꼭 한 번 보고 가는 것이 좋다. 천장이 아름다운 벽토로 치장되어 있는 현관 건물을 통과하여 들어가면, 여러 세월이 혼합되어 있는 안뜰이 있다. 안뜰 구내의 벽은 로마네스크 양식이며 지붕은 르네상스 양식이고 안뜰 옆에 있는 작은 성미하엘 채플의 쿠폴라는 바로크 양식이다. 지붕의 곡선이 특이한 마구간들도 바로크 양식이다. 마구간으로서는 아마 비엔나에서 가장 우아하고 예쁜 건축물일 것이다.

1749년 이 집에서 소년 시절의 요제프 하이든이 살았다. 고향 로라우Lorhau를 떠난 하이든은 비엔나소년합창단의 전신이라고 할 수 있는 슈테판 성당의 성가대에서 활동했다. 그러나 변성기가 되어 더 이상 성가대원으로 있을 수 없게 되자 오갈 데가 없는 신세가 되었다. 마침 미하엘 교회에서 권표權標: 권위의 상징를 받드는 사람이 하이든에게 콜마르크트 11번지의 그로세 미하엘러하우스에 살고 있는 어떤 사람을 찾아가면 거처를 주선해줄 것이라고 했다. 이로써 하이든은 형편없는 다락방이지만

콜마르크트 11번지 그로세 미하엘러하우스. 마구간 위층 방에서 하이든이 소년 시절을 보냈다.

숙소를 해결할 수 있었다. 마침 그로세 미하엘러하우스에는 합스부르크 궁전의 계관시인인 메타스타시오가 살았다. 어느 날 메타스타시오가 하이든이 연주하는 쳄발로 소리에 감동하여 하이든에게 피아노 레슨을 받을 제자를 소개해주었다. 하이든은 메타스타시오의 호의로 부유한 집안의 딸에게 피아노와 성악 레슨을 하며 생계를 유지했다. 오늘날 하이든이 고생하며 살았던 다락방의 모습은 찾아볼 수 없다. 왜냐하면 그 뒤에 한 층을 더 올렸기 때문이다.

콜마르크트 11번지의 바로 옆집인 14번지는 세계적으로 유명한 케이크점인 데멜Demel이다. 상점 주인은 아직도 상점 이름을 '제국과 황실의 제과점'이라고 자랑스럽게 부르고 있다.

데멜 제과점의 건너편에 있는 9번지에는 프레데리크 쇼팽의 자취가 남아 있다. 쇼팽이 1830년 11월부터 이듬해 7월까지 이 집에서 지냈다는 기념 명판이 아직도 남아 있다. 당시 이 집은 1901년 막스 파비아니Max Fabiani에 의해 현재의 아르누보 양식의 집으로 개조되기 전이었다. 10번지는 레티Retti 양초점인데, 이 상점의 현관은 유명한 건축가인 한스 홀라인이 비엔나에서는 처음으로 설계한 작품이다. 7번지 역시 한스 홀라인의 설계이다. 거리의 전통에 맞지 않는 이단적인 설계라고 논란이 많았던 건물이다. 사람들은 로스하우스와 마찬가지로 눈썹 없는 눈이라는 표현으로 현관 설계를 핀잔했다. 현재는 보석상이다. 콜마르크트 거리는 이처럼 다양성이 있어서 흥미롭다.

카페 데멜과 호프부르크 미하엘러토르의 돔

쇼팽이 1830년부터 1년 동안 살았던 집의 기념 명판

Herrengasse
헤렌가세

_ 비엔나의 북촌

헤렌Herren은 우리 식으로 양반 또는 귀족이라는 의미이다. 이름에서 볼 수 있듯 한때 이곳은 호프부르크 궁전과 관련된 귀족들의 본거지였다. 이 거리는 비엔나에서 가장 오래된 거리 중의 하나이다. 일찍이 로마시대 때부터 있었다는 기록이 있다. 거리의 원래 이름은 평범한 호흐슈트라세Hochstrasse: 대로였다. 중세의 길답지 않게 넓은 길이어서 그런 이름이 붙었다. 하지만 아무리 대로라고 해도 비엔나 외곽으로 연결되지는 않고 프라이융에서 끊기는 길이었다. 합스부르크 왕족들이 쇤브룬 궁전에서 호프부르크로 이전하자 헤렌가세는 그야말로 귀족들의 저택들로 가득했다. 귀족들은 왕궁과 가깝게 있는 것이 유리하다고 생각해서 이곳에 집들을 짓고 살았다. 남부오스트리아 주정부가 이곳에 의사당을 짓고 란트하우스Landhaus라고 부르자 이 거리의 이름은 호흐슈트라세에서 헤렌가세로 바뀌었고 그 옆의 길을 란트하우스가세라고 부르게 되었다. 프라이융 쪽에서 헤렌가세로 들어서서 처음 만나는 길 건너 건물은 남부오스트리아의 구청사이다. 구청사의 아래층에는 레스토랑이 들어서서 각종 연회를 담당하고 있다.

헤렌가세 13번지는 남부오스트리아 의사당이다. 비엔나는 오스트리아의 수도이기도 하지만 남부오스트리아주의 주도이기도 하다. 이 건물의 내부는 일반에게 공개하지 않고 있다. 간혹 단체관람이 있는데 청소부에게 미리 부탁해놓으면 언제 그런 단체관람이 있는지 귀띔해준다. 건물 내부는 볼 수 없다 해도 안뜰만 볼 수 있어도 다행이다.

헤렌가세와 파넨가세가 만나는 모퉁이에 있는 건물(6-8번지)은 비엔나 최초의 미국식 마천루이다. 1933년에 지은 이 건물은 통상 5~6층의 개념을 벗어나 무려 11층이었다. 원래 이 자리에는 15세기부터 리히텐슈타인 가문의 궁전이 있었다.

비엔나 최초의 마천루로 11층 건물이다.

Minoritenplatz 미노리텐플라츠

_ 탁발 수도승과 최후의 만찬

이 광장에는 궁전과 같이 웅장한 건물들이 즐비하게 둘러서 있다. 우선 4번지는 팔레 리히텐슈타인으로서 높직하게 걸려 있는 금빛 찬란한 문장紋章이 주위를 압도한다. 그 옆의 5번지는 팔레 슈타렘베르크Palais Starhemberg이다. 현재는 정부의 과학연구성과 문화예술성이 들어서 있다. 3번지는 팔레 디트리히슈타인Palais Dietrichstein이다. 이쯤 되면 이 광장이 얼마나 웅장하고 화려한지 짐작할 것이다. 그러나 이 광장의 핵심은 미노리텐 교회이다. 미노리텐플라츠라는 이름도 미노리텐 교회의 이름에서 가져온 것이다. 미노리테라는 단어는 프라트레스 미노레스fratres minores에서 유래한 것으로 탁발托鉢수도회의 한 교단을 말한다. 대표적인 탁발수도회는 중부 이탈리아의 아시시에서 시작된 프란체스코 수도회이다. 프란체스코 수도회의 수도사들이 비엔나에 온 것은 교황 레오폴트 6세의 지시에 의해서였다. 미노리텐 교회의 뒤편에는 아시시의 성자 프란체스코의 기념상이 있다. 이탈리아에서 온 프란체스코 수도승들은 지금의 교회 자리에 옛날부터 있었던 교회를 매입하고 대대적으로 확장 개축하여 포교활동을 시작했다. 이것이 지금의 미노리텐 교회이다. 이 교회는 현재 비엔나에 있는 이탈리아 커뮤니티의 중심 교회로 이용되고 있다. 그래서 이탈리아어로 진행하는 미사가 자주 열린다.

San Francesco
D' Assisi
1182 - 1226

미노리텐 교회 뒤편의 성프란체스코상

교회의 정문은 1350년에 만든 것으로 대단히 아름답다. 그러나 교회 안으로 들어가면 더 아름답고 더 의미 있는 것들이 있어서 보는 사람들을 압도한다. 불행하게도 세월의 흐름과 함께 교회 내부의 많은 부분이 소멸되어 이제는 예전과 같지 않지만, 그래도 탁발수도회로서의 면모와 위엄은 화려한 스테인드글라스를 비롯해 몇몇 곳에 남아 있다. 그중에서 특히 눈을 끄는 것이 있다. 교회에 들어가서 왼쪽 벽면에 있는 레오나드로 다빈치의 〈최후의 만찬〉을 대리석 가루로 모자이크한 작품이다. 흥미로운 것은 이 〈최후의 만찬〉 모자이크를 만들라고 지시한 사람이 나폴레옹이란 것이다. 한때 밀라노를 점거했던 나폴레옹은 〈최후의 만찬〉 원작이 붙어 있는 수도원 식당의 벽 전체를 뜯어서 파리로 가져가고 싶어 했다. 그러나 벽에 그려진 프레스코화를 뜯어낼 경우 그림이 훼손되어 가져가는 것이 불가능하다는 것을 알게 된 나폴레옹은 보시Bossi라는 화가에게 〈최후의 만찬〉을 모사하게 했다. 이어 1806년에는 거장 자코모 라파엘리Giacomo Raffaelli에게 이 모사본을 바탕으로 벽화와 가장 흡사한 모자이크로 〈최후의 만찬〉을 재현하게 했던 것이다. 밀라노에서 모사이크 작품을 완성하는 데에는 무려 8년이라는 세월이 걸렸다. 그러나 그때는 이미 나폴레옹이 실각한 후였다. 오스트리아 제국의 프란시스 1세 황제가 이 모자이크를 사서 비엔나로 가져왔다. 그로부터 한참 후인 1847년에 프란츠 요제프 1세의 뒤를 이어 황제가 된 페르디난트 1세가 모자이크 〈최후의 만찬〉을 미노리텐 교회에 설치하도록 했다. 모자이크 그림과 밀라노의 원화는 매우 흡사하여 진위를 가리기 어려울 정도이다. 다만 밀라노의 것이 세월의 흐름과 함께 탈색되어가고 있는 데 비해 미노리텐 교회의 작품은 색깔에 변함이 거의 없다. 미세하게 갈아 만든 색대리석 가루를 사용했기 때문이다. 〈최후의 만찬〉 왼편에는 성 요한 네포무크를 기리는 성화가 걸려 있다. 마르틴 알토몬테Martin Altomonte의 작품이다. 세 번째 기둥 뒤에는 아시시의 성자 프란체스코의 초상화가 걸려 있다. 색 돌가루로 그린 16세기의 작품이다.

히틀러의 그림 솜씨

미노리텐 교회는 아돌프 히틀러가 가장 선호하는 그림 주제였다. 화가를 꿈꾸었던 히틀러는 비엔나에 와서 예술아카데미에 입학하려 했으나 재능 부족이라는 사유로 불합격했다. 비엔나에 체류하던 히틀러는 무슨 연유인지 미노리텐 교회에 대단한 관심을 가져 1910년 이 교회를 수채화로 그렸다. 히틀러가 그린 수채화는 교회의 벽면에 걸려 있었으나 찾아오는 사람들의 정서를 고려하여 지금은 공개하지 않고 있다. 히틀러가 비엔나의 예술아카데미에 입학하여 화가가 되었더라면 2차 대전은 일어나지 않았을 수도 있으며, 수많은 유대인과 집시들이 죽음을 당하지 않았을 것이다. 히틀러에게도 유대인의 피가 흐르고 있었다는 것은 알 만한 사람들은 다 아는 사실이니 참으로 아이러니하지 않을 수 없다.

미노리텐 교회

Bankgasse
방크가세

_ 희대의 살인자와 스파이

이곳에 방크가세은행 거리라는 이름이 붙은 이유는 헤렌가세와 만나는 모퉁이에 오스트로-헝가리국립은행이 있었기 때문이다. 1번지가 있는 자리에는 옛날에 네 채의 작고 낡은 집이 있었다. 그중 한 채에 '다섯 희생자의 집'이라는 불길한 이름이 붙어 있었다. 1500년경, 이 집에는 레온하르트 라이스너Leonhard Reisner라는 빵장수가 살았다. 라이스너의 빵공장에는 바르톨로뮤Bartholomew라는 견습공 청년이 있었다. 바르톨로뮤는 약속된 견습 기간이 끝나기도 전에 빵공장을 그만두고 어디론가 가버렸다.

그해 11월 23일 한밤중, 몰래 빵공장을 찾아온 바르톨로뮤는 2층으로 올라가서 자고 있던 후배 견습공을 도끼로 내리쳐서 죽이고 이어 다른 방에 있던 하녀도 같은 방법으로 죽였다. 잠결에 무슨 소리를 들은 주인 라이스너는 침상에서 일어나 2층에서 아래층으로 내려오다가 계단에서 도끼 세례를 받았다. 2층의 주인 방으로 올라간 바르톨로뮤는 자고 있는 안주인을 또다시 도끼로 내리쳐 죽였다. 그런 후 아래층으로 내려온 바르톨로뮤는 마룻바닥에 있는 아버지의 시체 옆에서 울고 있는 주인의 일곱 살 된 딸을 발견했다. 아이는 얼마 전까지도 자기를 귀여워해주던 바르톨로뮤를 보고 놀라면서도 침착하게 애써 웃음을 띠고 애원했다.

"바르텔Barthel: 바르톨로뮤의 애칭 아저씨! 여기 인형을 드릴 테니 제발 해치지 말아주세요. 그리고 아빠의 금고 열쇠가 어디 있는지 알려드릴게요. 제발 나를 죽이지 말아 주세요." 그러나 바르톨로뮤는 듣지 않고 어린아이의 목을 도끼로 내리쳤다. 살인마 바르톨로뮤는 희대의 살인극을 저지른 후 주인의 돈을 훔쳐 가지고 고향인 레겐스부르크Regensburg로 도망갔다.

그러나 훔친 돈을 유흥비로 흥청망청 쓰다가 의심을 받아 체포되었다. 경찰에 붙잡힌 그는 다섯 명의 무고한 생명을 무참히 빼앗은 것을 마치 영웅적인 활동을 한 것처럼 떠벌여댔다. 경찰은 그를 배에 태워 비엔나로 압송했다. 바르톨로뮤에게는 과거에 볼 수 없었던 가장 가혹한 형벌이 선고되었다. 손가락을 하나씩 자른 후 불에 달군 쇠꼬챙이로 몸을 찌르도록 했으며, 그 다음에는 말에 묶어서 비엔나의 다섯 군데 시장거리를 끌려 다니도록 한 것이다. 마지막으로는 처형장으로 끌고 가 사형집행인으로 하여금 바르톨로뮤의 항문에 큰 막대기를 꽂아 막대기가 등허리 부분에서 빠져나오도록 했다. 몸을 뾰족한 막대기로 꽂는 형벌은 아주 오랜 옛날에나 어쩌다 있었을 뿐 계속 집행이 되지 않았던 것인데 바르톨로뮤를 벌주기 위해 부활했다.

사형집행인은 바르톨로뮤의 항문에 막대기를 꽂아 형벌을 집행하려고 했으나 경험이 없어서 계속 실패했다. 그때마다 바르톨로뮤는 울부짖듯 "거기가 아니야! 제발 좀 바로 꽂아요!"라고 외쳤다. 모든 형벌이 끝나고 사형이 집행되려 하자 바르톨로뮤는 자기의 죄를 자백하고 마음속의 말을 털어놓았다. 그는 둘러선 군중들에게 자기가 저지른 살인 중 어른 네명에 대하여는 아무런 죄책감이 없으나 자기를 바라보고 웃음을 지으면서 살려 달라고 애원하던 어린아이의 얼굴을 잊을 수 없다며 용서를 구했다. 그는 그 어린아이를 죽인 죗값으로 무슨 형벌이든지 달게 받겠다고 말했다. 바르톨로뮤가 왜 도끼 살인을 저질렀는지 그 이유에 대해서는 알려진 바가 없다.

길 건너 2번지는 팔레 바티야니Palais Battiyani이다. 오이겐 공자가 죽도록 사모했다는 백작 부인이 살던 저택이다. 백작 부인 이름은 '아름다운 로리Schone Lori'라고만 알려졌다. 백작 부인은 오스트리아 제국 바티야니 대원수의 미망인이었다. 오이겐 공자는 백작 부인이 이미 나이가 많이 들었는데도 연모의 정을 버리지 못하고 한없는 애정을 쏟았다. 오이겐 공자는 거의 매일 저녁 백작 부인을 찾아와 휘스트whist라는 카드게임을 하며 함께 시간을 보냈다. 그런 후 밤 10시쯤 백작 부인과 작별하고 집으로 가기 위해 마차에 오르면 곧장 잠에 떨어졌다. 늙은 마부도 졸음이 많았다. 잠에 푹 빠진 오이겐 공자와 마부를 태운 마차가 밤마다 저절로 벨베데레 궁전을 찾아가는 광경은 비엔나 사람들의 좋은 구경거리였다고 한다.

방크가세 1번지.
'다섯 희생자의 집'
으로 알려진
건물이다.

팔레 바티야니는 19세기에 들어와서 저택의 일부를 호텔로 개조했다. 호텔 클롬저Hotel Klomser는 '아름다운 로리'와 오이겐 공자의 이루지 못할 로맨스가 펼쳐졌던 장소로 유명했지만, 나중에는 여러 나라 스파이들의 활동장소로 더 이름이 알려졌다. 유명한 스파이 알프레드 레들Alfred Redl, 1864~1913년 대령이 자살한 곳도 이 호텔이다. 레들 대령에 대한 스토리는 1985년 〈레들 대령〉이라는 영화로도 만들어졌다. 레들은 당시 오스트로-헝가리 제국의 갈리시아 지방에 속한 렘버그Lemberg, 지금의 우크라이나 르비르에서 평민으로 태어났으나, 뛰어난 두뇌와 조직력으로 오스트로-헝가리 제국의 대령으로서 육군첩보국장의 보좌관이라는 높은 지

팔레 바티야니. 나중에는 호텔 클롬저로 개조되었다.

위까지 승진했다. 레들은 사실상 제국군대의 첩보 총책임자로서 최고의 기밀문서를 만질 수가 있었다. 러시아 비밀첩보국은 레들 대령이 젊은 장교와 동성연애를 하는 것을 알고 뇌물로 젊은 장교를 매수했다. 그 결과 러시아, 이탈리아, 세르비아, 심지어는 프랑스까지도 전쟁 전에 이미 오스트로-헝가리 제국군대의 배치 내용을 알고 있을 정도가 되었다. 아무튼 레들 대령의 간첩활동으로 오스트로-헝가리 제국은 1차 대전에서 막대한 피해를 입었다. 이야기의 마지막 막은 호텔 클롬저의 무대에서 펼쳐졌다. 1913년 5월 23일, 1차 대전의 화염이 유럽을 잿더미로 만들고 있던 때, 레들 대령은 애인을 만나기 위해 그에게 호텔로 오라고 연락했다. 두 사람은 처음에 사소한 일로 말다툼을 벌였으나 나중에는 아주 심한 언쟁으로 발전했고 둘은 결국 헤어졌다. 하지만 그때까지만 해도 오스트리아 비밀첩보당국은 레들 대령의 간첩활동을 알지 못했다.

호텔 클롬저에서 아래로 좀 더 내려가면 우체국이 있다. 우체국에는 니콘 니체타스Nikon Nizatas라는 사람 앞으로 배달된 편지가 있었지만 몇 달째 아무도 찾아가지 않고 있었다. 찾아가는 사람도 없고 반송 요청도 없었기 때문에 우체국장은 그 편지를 뜯어보았다. 놀랍게도 편지 안에는 6천 크로네약 3천만 원나 되는 돈과 군사작전과 관련된 듯한 쪽지가 들어 있었다. 우체국장은 곧바로 첩보국에 연락했다. 첩보국은 우체국 옆집에 비밀 감시소를 마련해놓고 혹시 나타날지도 모르는 니콘 니체타스라는 사람을 잡기 위해 요원들을 잠복근무시켰다. 우편물을 내주는 창구의 여직원과도 미리 약속이 되어 있었다. 누구든지 니체타스라고 하면서 편지를 찾으러 오면 책상 밑에 은밀히 설치해 놓은 벨을 울려 잠복 중인 세 명의 요원에게 연락하도록 했다. 3일째 되던 날 오후, 마침내 문제의 스파이가 나타나 아무런 의심 없이 창구 여직원에게 니체타스 앞으로 온 편지를 찾으러 왔다고 말했다. 놀랍게도 그 사람은 레들 대령이었다. 첩보국은 설마하며 다시 몇 시간째 레들 대령의 동정을 살폈다. 그날 저녁 첩보국 요원들은 호텔 클롬저에서 레들 대령을 반역죄 체포했다. 첩보국 요원들은 레들 대령의 지위와 명예를 고려하여 그의 손에 권총 한 자루를 쥐어주고 물러나왔다. 잠시 후 방 안에서 한 방의 총소리가 들렸다. 이로서 동성 애인에게 버림받은 희대의 스파이 레들 대령 사건은 마무리되었다.

그러나 그것으로 끝이 아니었다. 첩보국은 사태의 심각성을 고려하여 이 사건을 철저하게 은폐하기로 했다. 적국이 역이용할 수도 있다고 생각해서였다. 레들 대령이 자살한 다음 날, 첩보국은 대령이 묵었던 방을 조사하던 중 잠겨 있는 책상 서랍을 열기 위해 열쇠수리공을 불렀다. 우연히 책상 위의 컵받침에 러시아 육군첩보국 연락처가 적혀 있는 것을 본 열쇠수리공은 서랍 속에 있던 서류들을 몰래 숨겨가지고 나왔다. 그는 레들 대령이 간첩활동을 했다고 확신하고 곧바로 신문사에 연락했다. 그리하여 레들 대령 사건은 오스트로-헝가리제국의 가장 충격적인 스캔들로 공개되었다.

Palais Ferstel
팔레 페르스텔

_ 도나우 요정과 카페 센트랄

팔레 페르스텔에 들어가면 프라이융의 쇼핑몰로 연결되는 길목에 도나우 요정 분수Donaunixenbrunnen가 있다. 이 분수는 낭만적 역사주의 스타일의 대표적 작품이다. 팔레 페르스텔이란 이름은 이곳을 설계한 건축가 하인리히 페르스텔Heinrich Ferstel을 기념하기 위한 것이다. 페르스텔은 젊은 시절에 이 복합건물에 대한 설계를 의뢰받아 성공적으로 책임을 완수했다. 그는 이 복합건물에 은행, 증권거래소, 쇼핑몰, 그리고 말할 필요도 없는 일이지만 커피하우스가 들어가도록 설계했다. 아름답게 새로 단장한 쇼핑 아케이드를 감상하기 전에 우선 비엔나 장안에서 가장 유명한 카페 센트랄Cafe Central에 들어가 보자.

프라이융 쪽에 있는 팔레 페르스텔 현관의 육중한 유리문을 밀고 들어가면 오른쪽에 작은 안뜰이 있다. 증권거래소에 속해 있는 안뜰이지만 원래는 커피하우스의 일부였다. 이 안뜰은 '성스러움 중의 성스러움The Holy of Holies'이라고 불릴 정도로 고요하고 순수하며 아름답다. 그 옆으로 찬란하다고밖에 말할 수 없는 아름다운 2중 계단이 있다. 증권거래소로 올라가는 계단이다. 계단은 마치 교회의 강론대 같은 느낌을 준다. 시인들이 계단에 올라서서 아래에 있는 사람들에게 시를 읊어주지나 않았을까 하는 생각이 들게 한다. 계단 아래쪽 공간은 지금은 특별한 행사가 아니면 사용하지 않지만 전에는 카페 센트랄의 일부로서 이용되었던 곳이다. 대리석으로 장식한 작은 탁자에 커피와 물 잔을 놓아두고 유명한 토네트Thonet표 굽은 나무 의자에 앉아 한가로운 듯 신문을 읽는 모습들이 연상된다. 지금은 카페 센트랄의 입구가 헤렌가세 쪽으로 나 있으며, 증권거래소와는 연결되어 있지 않다. 지난날 카페 센트랄에는 프란츠 베르펠Franz Werfel, 아돌프 폴가Adolf Polgar, 에곤 프리델Egon Friedell, 페터 알텐베르크Peter Altenberg, 라이너 마리아 릴케Rainer Maria Rilke, 후고 호프만슈탈Hugo Hofmannsthal 같은 문인들을 비롯하여 오스카어 코코슈카Oscar Kokoschka와 파리스 폰 귀터슬로Paris von Gütersloh 같은 화가, 아돌프 로스Adolf Loos 같은 건축가, 프로이트와 같은 의사들이 단골로 드나들었다. 레온 트로츠키당시 이름은 브론슈타인 같은 사상가들도 단골이었다.

헤렌가세 쪽의 카페 센트랄의 현관문을 열고 들어서면 탁자에 앉아 있는 작가 페터 알텐베르크의 실물대 아크릴 모형정확히는 파피에르 마셰이 보인다. 페터 알텐베르크는 비엔나의 소크라테스로 알려진 인물이다. 카페의 안쪽 벽에는 프란츠 요제프 황제와 엘리자베트 왕비의 대형 초상화가 걸려 있어서 제국에 대한 향수를 불러 일으킨다. 프라이융 몰Freyung Mall로 발길을 돌리면 우선 상점들의 진열 유리창이 아주 매력적이다. 장식 벽과 장식 천장도 빼놓을 수 없는 볼거리이다. 기왕에 카페 이야기가 나온 김에 또 한 곳의 카페를 소개하면 카페 무제엄Cafe Museum을 들 수 있다. 카페에 대한 박물관이 아니라 카페 이름이 '카페 박물관'이다. 아돌프 로스가 설계한 집이다. 이곳의 탁자들 몇 개는 알반 베르크, 오스카 슈트라우스, 구스타프 클림트, 에곤 실레, 오스카어 코코슈카와 같은 유명 예술가들을 위해 마련되어 있다.

팔레 페르스텔의
도나우 요정 분수

카페 센트랄의
페터 알텐베르크 모형

Freyung
프라이융

_ 풍요와 평화의 여신

프라이융이라는 명칭은 1181년으로 거슬러 올라간다. 하인리히 야소미어고트 공작의 초정으로 비엔나 온 아일랜드 수도승들이 아일랜드 본토에서 귀족들의 억압에서 자유로워지기 위한 투쟁에서 승리한 것을 기념하여 붙인 명칭이다. 이 투쟁으로 아일랜드 수도승들은 자체적으로 예배를 드릴 수 있는 권리를 확보했다. 이 광장의 한쪽에는 아일랜드와 관련된 건물 세 채가 있다. 훌륭한 회랑이 있는 쇼텐슈티프트, 귀중한 제단이 있는 쇼텐키르헤, 그리고 이른바 서랍장 집Chest of Drawers House이라고 불리는 팔레 페르스텔이다. 팔레 페르스텔은 원래 은행 및 증권거래소 건물로 지었으나 나중에 군인 카지노가 되었고, 현재는 쇼핑 아케이드와 카페 센트랄이 들어서 있다. 카페 센트랄이 들어선 것은 1860년이다.

광장에서 왼쪽으로 걸어가면 프라이융 3번지가 나온다. 한때는 여러 저택들이 그룹을 이루었던 팔레 하라흐Palais Harrach이다. 하라흐 가문이 1623년부터 살았던 건물이다. 그러다가 17세기에 들어와서 몇 개의 개별적인 저택들을 통합하여 지금의 큰 저택으로 만들었다. 건물은 2차 대전 중에 심하게 손상되었으나 지금은 말끔히 보수하여 아름답게 단장되어 있다. 프라이융 8번지에는 한때 사진갤러리가 있었다. 지금은 미

팔레 페르스텔-
프라이윰 파사지 입구

술관인 쿤스트포룸Kunstforum의 전시장이다. 현관 위에 붙어 있는 황금색 원형 조형물이 유난히 눈길을 끄는 미술관이다. 그러므로 이 미술관을 통해서 일부에 불과하지만 팔레 하라흐의 면모를 볼 수 있다. 앞 건물인 팔레 페르스텔과 마찬가지로 팔레 하라흐에도 안뜰에 상점과 회랑이 있고 작은 식당도 있다.

프라이윰 광장에서 단연 눈에 들어오는 것은 광장 중앙에 있는 아름다운 '오스트리아 분수'이다. 분수의 상단에 서 있는 인물은 오스트리아를 상징하는 풍요와 평화의 여신이다. 왕관을 쓰고 창과 방패를 들고 있다. 그 아래에 있는 네 명의 인물들은 네 개의 강을 상징한다. 도나우Donau, 비스툴라Vistula, 포Po, 엘베Elbe 강이다. 도나우 강은 오스트리아를 흐르지만, 다른 강들은 지리적으로 오스트리아와 관련이 없다. 짐작컨대 한때 유럽을 제패했던 합스부르크 제국의 관할지역을 표현한 듯하다.

프라이융의
오스트리아 분수

쿤스트포룸

Schottenstift
쇼텐슈티프트

_ 아일랜드 수도사들의 이민사

프라이웅 광장은 처음에 '스코틀랜드 사람들의 이웃Next to the Scots' 이라고 불렸다. 이것은 물론 틀린 설명이다. 왜냐하면 이곳에는 스코틀랜드 사람들이 아니라 아일랜드 사람들이 살았기 때문이다. 더 정확히 말하면 아일랜드 베네딕트 수도회의 수도사들이 살았다. '쇼텐'이란 단어는 스코틀랜드를 의미하기 때문에 쇼텐슈티프트를 스코틀랜드 수도원이라고 생각할 수 있지만, '쇼텐'이라는 단어와 아일랜드의 연관성은 라틴어에서 아일랜드를 스코티아 미노레Scotia Minore라고 하는 것을 보면 알 수 있다. 아무튼 쇼텐슈티프트를 비롯한 근처의 여러 건물에는 아직도 아일랜드 베네딕트 수도사들이 살고 있다. 아일랜드 수도사들이 비엔나의 프라이웅에 와서 터전을 잡은 것은 신앙심이 깊었던 바벤베르크의 하인리히 2세 야소미어고트 공작 때문이었다. 야소미어고트 공작은 바벤베르크가 오스타리키의 도읍으로 정한 비엔나에서 기독교가톨릭를 부흥·발전시키기 위해 당시 독일 레겐스부르크Regensburg에서 활동하던 아일랜드 수도사들을 초청했다. 비엔나에 온 아일랜드 수도사들은 1158년 현재의 프라이웅 자리에 수도원을 지었다. 쇼텐슈티프트이다. 야소미어고트 공작은 이곳을 성역으로 간주하여 이곳에 은신한 사람들에게 함부로 하지 못하도록 했다.

프라이융이라는 말은 성처녀, 즉 성모 마리아를 의미한다는 설명이 있다. 스위스 알프스 산의 융프라우Jungfrau와 같은 뜻의 단어라는 것이다. 하지만 또 다른 설명으로는 아일랜드어로서 '젊은 수도사들의 모임'을 의미한다고 한다. 쇼텐슈티프트 건물의 벽면에는 야소미어고트 공작이 젊은 수도사에게 자유로운 포교활동을 허용하는 문서를 주는 장면을 묘사한 부조가 설치되어 있다.

쇼텐키르헤의 벽면에
설치되어 있는
야소미어고트 공작의 부조

쇼텐키르헤

쇼텐키르헤의 화려한 내부

Bognergasse
보그너가세

_ 활장이들의 해골

천사약국

보그너가세는 활과 화살을 거래하던 거리이다. 보그너Bogner는 활 만드는 사람 또는 궁수弓手를 뜻한다. 흥미 있는 건물은 9번지이다. 아르누보 스타일의 건물로 현재는 '천사약국'이 자리 잡고 있다. 건물의 현관 양쪽에 장식되어 있는 천사 그림 때문에 그런 이름이 붙은 것 같다. 바로 옆의 7번지에는 '죽은 자의 머리'라는 끔찍한 간판이 걸려 있었다. 간판에는 해골이 그려져 있어서 지나가는 사람들을 섬뜩하게 했는데 얼마 전에 없어졌다. 해골은 활 장수들이 자기들의 활이 얼마나 정확하게 과녁을 맞출 수 있는지 선전하기 위해 표현한 것이었다.

5번지는 '검은 낙타집Schwarzen Kamel'이라는 델리카테센 상점이다. 델리카테센은 수제 식품을 말하며 여기에는 고기로 만든 음식, 샐러드, 훈제 생선, 소시지, 통조림 등이 포함된다. 간판에는 1618년 이래 제국 궁전에 식품을 납품해온 영광스러운 상점이라는 설명이 써 있다. 현재는 식당 겸 주점이다. '검은 낙타집'은 옆집 아래층까지 가게를 확장하여 주로 초콜릿을 파는 현대적 분점으로 만들어놓았다. '검은 낙타집'이라는 이름은 이 건물의 첫 주인의 이름에서 연유한다. '세례 요한 카밀Johann Baptist Kameel'이란 이름이었다. 카밀Kameel이란 이름을 카멜Kamel로 잘못 표기한 것이 그대로 쓰였던 것이다. 카밀의 후손들 중 한 사람인 게오르크 요제

APOTHEKE
ENGEL·APOTHEKE
DARPHIN

프 카밀Georg Josef Kameel은 선교사였다. 약사이며 식물학자인 그는 생의 대부분을 필리핀에서 선교활동을 하며 지냈다. 그는 필리핀에서 여러 종류의 식물을 수집했고, 처음으로 발견한 새로운 식물에는 이름을 붙여주었다. 그중 하나는 자기의 이름을 따서 카멜리아Camelia라고 이름 붙였다. 동백꽃이다. 사족으로 덧붙이자면, 필리핀은 합스부르크가의 카를 5세의 황태자인의 펠리페 2세 스페인 왕을 기념하여 붙인 이름이다.

검은 낙타집의 간판. 1618년부터 식품을 제국궁전에 납품했던 상점이라는 설명이 쓰여 있다.

Graben
그라벤

_ 페스트를 기념한 황제

콜마르크트와 그라벤이 만나는 모퉁이에 있는 건물의 꼭대기에는 말을 타고 있는 경기병 기념상이 있다. 너무 높은 곳에 있어서 그냥 지나치기 쉽지만 눈여겨볼 만하다. 혹자는 그 경기병을 폴란드 왕 소비에스키라고 불렀다. 그나저나 도대체 경기병이 총을 들고 그 꼭대기에서 무얼 하고 있는지 궁금한 생각이 들 수 있는데, 내용을 알면 좀 실망스러울 것이다.

19세기에 이 건물에는 여행자를 위한 여행 품목과 총기류를 파는 상점이 있었다. 그 상점의 이름이 '경기병Hussar'이었다. 비엔나 사람들은 자기들에게 어색하거나 생소한 사항이 있으면 이를 로맨틱하면서도 약간 깔보는 듯 표현하려고 노력하는 근성이 있다. 그런 근성 때문에 지붕 위의 '경기병'을 폴란드 왕 얀 소비에스키라고 불렀던 것이다. 소비에스키 왕은 터키의 제2차 비엔나 공성 때에 구원병을 데리고 와서 터키군을 몰아낸 인물이다. 그런 훌륭한 인물을 건물 꼭대기에 있는 경기병이라고 빗대어 말한 것은 폴란드 왕을 일개 경기병으로 비하시킨 비엔나 사람들의 바람직하지 못한 근성 탓일 것이다. 그래도 일말의 코믹한 면이 있던 비엔나 사람들은 소비에스키 왕이 그렇게 높은 곳에 있어야 저 멀리 칼렌베르크Kahlenberg를 내려다볼 수 있지 않겠느냐고 설명했다. 칼렌베르크는 소비에스키 왕이 군대를 통합하여 터키군과 싸워 첫 승리를 거두었던 곳이다.

'경기병' 옆집인 16번지는 넬슨 제독과 레이디 해밀튼이 유숙했던 여관이었다. 지금은 아래층에 커피 상점이 들어서 있다. 치보Tchibo라는 이름의 상점이다.

그라벤의 다른 곳을 둘러보기 전에 우선 그라벤에 대하여 알아보도록 하자. '그라벤'이란 단어를 '묘지'라고 해석하여 오래전에 이곳에 수많은 묘지가 있었다고 생각할 수 있다. 더구나 그라벤 거리의 한 가운데에 유명한 페스트 기념탑이 있으므로 공동묘지와 연계하여 생각할 수도 있다. 하지만 그라벤이란 단어는 '커다란 구덩이'이란 뜻이다. 로마시대에 로마군대가 그라벤 지역에 주둔하면서 해자를 구축했다. 해자는 궁성이나 요새의 둘레에 적의 공격을 방어하기 위해 파놓는 참호를 말한다. 그래서 그라벤이라는 지명이 유래한 것이다. 그라벤의 해자는 중세에 들어와서도 사용되었다. 레오폴트 6세1657~1705년 재위는 비엔나 신도시 계획을 세우면서 당시에 이미 성벽 주위에 형성되었던 마을들을 비엔나 시에 통합하기 위해 이 해자를 메우기로 했다. 그는 해자를 메우는 비용의 일부를 충당키 위해 뒤른슈타인에 억류했던 영국의 사자왕 리처드를 석방하는 조건으로 받은 몸값을 사용했다고 한다.

그라벤 거리의 중간쯤에 대단히 화려하고 웅장한 '페스트 기념탑Pestsäule'이 서 있다. 조일레Säule란 둥근 기둥처럼 생긴 조형물을 말한다. 탑의 꼭대기에는 삼위일체를 상징하는 장식이 붙어 있다. 삼위일체Trinity는 성부, 성자, 성신이 일체라는 신앙으로 성신성령은 보통 비둘기로 표현된다. 레오폴트 1세1307~1326년 재위는 비엔나에서 역병페스트이 물러나면 이를 기념하여 탑을 세우겠다고 약속했다. 처음에는 목제 탑이었다. 그러다가 1693년에 현재의 화강암 기념탑으로 대체되었다. 이 탑의 중간 부분에는 레오폴트 1세가 꿇어 엎드려 성삼위일체가 페스트를 퇴치해

그라벤의 밤거리.
추운 날씨인데도 밤늦게까지 인파로 붐빈다.

주면 감사의 기념탑을 세우겠다고 약속하는 장면의 부조가 있다. 그라벤의 페스트조일레가 봉헌된 이후 오스트리아 여러 도시에서도 그라벤의 것을 모델로 삼아 페스트 기념탑이 세워졌다. 비엔나 근교만 해도 바덴과 하일리겐크로이처 수도원에 페스트조일레가 있다. 페스트 탑의 양옆에 있는 분수들은 남부오스트리아의 수호성인인 성 요셉과 성 레오폴트에게 봉헌된 것이지만 현재 분수는 나오지 않고 있다.

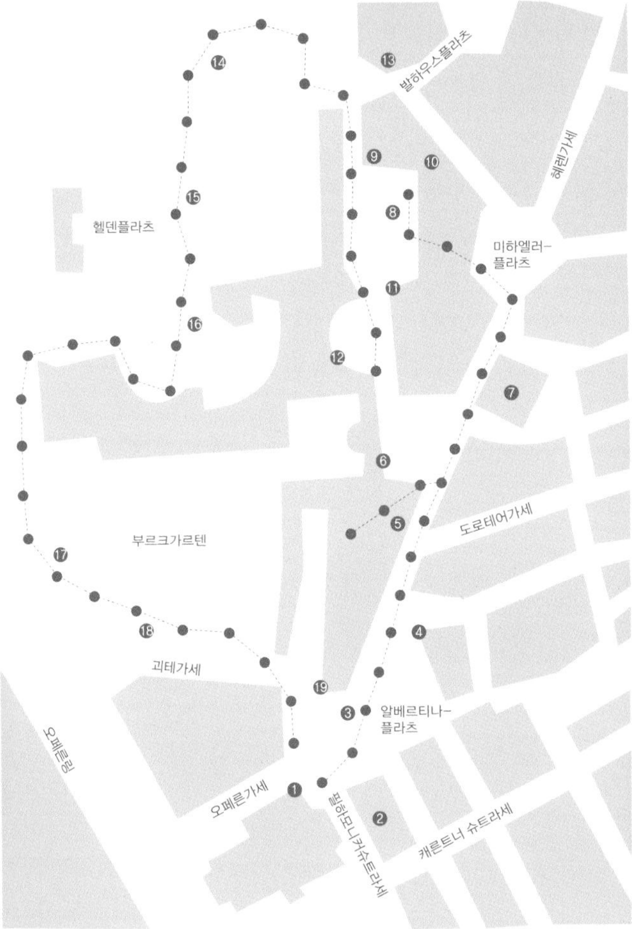

1. 오페라극장
2. 자허 호텔
3. 알베르티나 미술관
4. 로브코비츠 광장
5. 아우구스틴 교회
6. 요제프스플라츠
7. 슈탈부르크
8. 왕궁 구내
9. 연방수상 집무실
10. 아멜리엔부르크
11. 스위스궁전
12. 궁정교회
13. 발하우스 광장
14. 시민공원
15. 카를 대공 기미상
16. 궁정공원
17. 오이겐 공자 기마상
18. 프란츠 요제프 기념상
19. 산타클라라 아브라함 기념상

여섯째 날

● 슈타츠오퍼 : 국립오페라극장 ● 필하모니커슈트라세 ● 알베르티나플라츠 ● 로브코비츠플라츠 ● 아우구스티너슈트라세 ● 요제프스플라츠 ● 왕궁 구내 ● 슈바이처호프 ● 발하우스플라츠 ● 헬덴플라츠 ● 폴크스가르텐 ● 부르크가르텐

Staatsoper 슈타츠오퍼

_ 비엔나의 영혼

슈테판 성당이 '비엔나의 심장'이라면 슈타츠오퍼국립오페라극장는 '비엔나의 영혼'이다. 또한 슈타츠오퍼는 비엔나의 자랑일 뿐만 아니라 비엔나 시민의 마음의 연인이다. 국립오페라극장은 1861~1869년에 두 명의 각기 다른 건축가가 완성했다. 아우구스트 폰 지카르즈부르크August von Siccardsburg와 에두아르트 반 데어 뉠Eduard van der Nüll이다. 두 거장은 극장 건물을 역사적 건축 양식에서 따온 여러 요소를 반영하여 건축했다. 이 때문에 건축가로서 독자적인 스타일은 없다는 비평을 받았다. 그러던 중에 뉠은 프란츠 요제프 황제가 새로운 오페라 극장의 건축양식에 대해 별로 흥미가 없다는 소문을 듣고 비관한 나머지 자살했다. 그로부터 몇 달 후 지카르즈부르크도 심장마비로 세상을 떠났다. 상심이 커서 심장마비를 일으켰다고 한다. 이처럼 비엔나 슈타츠오퍼는 비극을 안고 태어났다. 신낭만주의 스타일의 슈타츠오퍼는 1869년 5월 25일 개관했다. 개관기념 작품은 모차르트의 〈돈 조반니〉였다. 슈타츠오퍼는 수많은 세계 최고의 성악가와 지휘자가 거쳐 간 곳이다. 어림잡아 5,000~6,000명은 될 것이다. 비엔나 슈타츠오퍼 만큼 수준 높은 경력의 오페라 극장은 아직 세계에 없을 것이다.

오페라극장 정문 앞길은 오페른링Opern Ring이며, 정문에서 왼쪽의

슈타츠오퍼

HERBERT VON KARAJAN

슈타츠오퍼 박물관의 카라얀 기념상

길은 오페른가세Operngasse이고 오른쪽의 길은 캐른트너 슈트라세의 시작이다. 슈타츠오퍼의 뒷길은 필하모니커슈트라세Philharmonikerstrasse이다. 필하모니커슈트라세에는 명문 자허Sacher호텔과 함께 '카페 모차르트'가 있다. 오페라가 끝난 후 모차르트 카페에 들러 커피 한 잔과 자허 토르테Sacher Torte 한 조각을 놓고 수다를 떠는 것은 비엔나 상류사람들의 오랜 관습이다. 오페른가세Operngasse 쪽에는 작은 문이 하나 더 있다. 매일 두 번씩 극장 투어가 시작되는 곳이다. 자허 호텔에 연결되어 있는 현재의 모차르트 카페 자리에는 예전에 캐른트너토르 극장Kärntnertor Theater이 있었다. 캐른트너토르 극장에서는 1824년 베토벤의 오페라 〈피델리오〉의 최종본이 공연되었고, 교향곡 제9번 〈환희의 송가〉가 초연되었다. 이야기에 따르면 비록 청각에 어려움이 있었지만 두 공연 모두 베토벤이 직접 지휘했다고 한다. 슈타츠오퍼가 들어선 자리는 예전에 말馬시장이었다. 비엔나 사람들은 비엔나 슈타츠오퍼를 간단히 '오퍼Oper'라고 부른다.

최근 문을 연 슈타츠오퍼 박물관Staatsopernmuseum은 음악애호가라면 꼭 가봐야 할 장소이다. 슈타츠오퍼의 왼편에 있는 괴테가세Goethegasse 1번지에 있다. 지난 50여 년에 걸친 슈타츠오퍼의 역사가 전시되어 있다. 특히 2차 대전 후 10년 동안 슈타츠오퍼가 복구되는 역사가 정연하게 전시되어 있다. 슈타츠오퍼에서 활약했던 세기의 거장 헤르베르트 폰 카라얀, 카를 뵘, 구스타프 말러의 기념 전시물들은 귀중한 전시품이다. 슈타츠오퍼 박물관은 개별적으로 관람할 수도 있으나 슈타츠오퍼 관람과 연계하여 안내받을 수도 있다.

Philharmonikerstrasse 필하모니커슈트라세

_ 자허 호텔과 안나 부인

필하모니커라슈트라세는 세계 최고 수준의 교향악단인 비엔나필하모닉빈필에서 따온 이름이다. 비엔나필의 상당수 단원들이 슈타츠오퍼에서 오페라 공연 때에 연주도 하기 때문에 슈타츠오퍼의 뒷길을 필하모니커슈트라세라고 부른 데에는 이의가 없다. 이 거리에 역사적으로 유명한 자허 호텔이 있다. 여관 관리인의 아들인 에두아르트 자허Eduard Sacher는 슈바르첸베르크Schwarzenberg 대공집의 주방 견습생으로 경력을 시작했다. 견습 기간을 마친 그는 외국 여러 곳을 여행하면서 견문을 넓힌 후 비엔나로 돌아와 캐른트너 슈트라세에 과자 상점을 열었다. 그리고 부유한 정육점 주인의 딸인 안나Anna와 결혼했다. 두 사람은 열심히 일을 해서 상당한 돈을 모았고 얼마 후에는 과자 상점 건너에 호텔을 열었다.

자허 호텔은 위치도 좋고 음식도 좋은 데다 손님을 귀족처럼 대우해주는 것으로 금방 유명해져서 항상 손님들로 넘쳐났다. 이 호텔의 명물은 안나 부인이었다. 그녀는 1892년에 남편 에두아르트 자허가 세상을 떠나자 단독으로 호텔을 경영하며 남편이 못다 이룬 일을 도맡아 했다. 안나 부인은 지휘봉과 같은 막대를 손에 쥐고 굵은 목소리로 종업원들을 지휘 감독했다. 가끔 시가를 피우면서 여장부다운 면모를 과시했다. 사람들은 그런 안나 부인을 몹시 존경했다. 아무리 왕족이라고 해도 안나

자허 호텔 현관

부인을 함부로 대하지 못했다. 자허 호텔은 정치가들이 모여 회합을 하는 장소로 유명했다. 말하자면 정치 문제를 막후에서 타협하는 중립 장소였다. 그런가 하면 왕실의 왕자들이나 돈 많은 귀족 자제들이 바람을 피우는 장소이기도 했다. 프란츠 요제프 황제와 엘리자베트 왕비 사이에서 태어난 루돌프 황태자도 이곳의 단골 손님이었다. 루돌프 황태자가 메이얼링Mayerling에서 자살하기 며칠 전에 와서 친필로 주문한 메뉴가 아직도 이 호텔에 보관되어 있다.

Albertinaplatz 알베르티나플라츠

_ 미술관이 된 궁전

알베르티나의 다누비우스 분수

알베르티나는 세계적인 미술관이다. 원래는 작센-테센의 알브레히트Albrecht von Sachsen-Teschen 대공의 궁전이었지만 미술관으로 바뀌었다. 알베르티나 광장의 한쪽 끝은 높은 램프로 막혀 있다. 옛날 비엔나 성벽이 있던 자리이다. 알브레히트 대공은 성벽 자리에 거대한 저택을 지었다. 그것이 지금의 알베르티나이다. 알베르티나는 18세기 중반에 지은 건물이지만 이후 100여 년이 지나면서 많은 보수와 개축이 있었다. 현재의 알베르티나 미술관은 세계적으로 유명한 그래픽 아트 작품의 총집결지로 알브레히트 대공이 주로 수집했다. 거의 5세기에 걸쳐 150만 점의 소묘, 수채화, 판화 등 세계 최대의 그래픽 아트 작품들을 소장하고 있다. 미켈란젤로, 레오나르도 다빈치, 렘브란트, 라파엘, 뒤러, 클림트의 귀중한 작품들도 상당수 소장되어 있다. 뒤러의 〈기도하는 손〉은 알베르티나의 자랑이다. 알베르티나 정면에 있는 조각 분수는 '다누비우스 분수'이다. 1869년에 만들어진 이 분수는 2차 대전의 포격으로 가운데 부분인 다누비우스 강의 신과 빈도보나의 형상만 남아 있다. 알베르티나 미술관은 뒤편으로 노이에 호프부르크Neue Hofburg의 파피루스 박물관, 악기 박물관, 영화 박물관 등과 연결되어 있다. 알베르티나는 호프부르크라는 거대한 진영의 맨 앞에 있는 하나의 전진기지와 같은 건물이다.

알베르티나의 옆에 필립호프Philipphof라는 웅장한 건물이 있었다. 1945년 3월 3일, 이 건물은 러시아군의 무차별 포격으로 산산조각 파괴되었으며 이 건물에 피신해 있던 수백 명이 목숨을 잃었다. 사망자들의 유해는 파괴된 건물의 잔해를 거두어낸 곳에 매장됐다. 건물의 잔해는 모두 철거되고 대신 작은 광장이 조성되었다. 광장의 한쪽 구석에 수백 명 희생자들의 비운에 대한 명판이 놓여 있지만 키 큰 관목에 덮여 잘 보이지 않는다. 광장에 있는 알프레드 흐르들리카Alfred Hrdlicka의 조각 작품들만이 사망자들을 기념하고 있다. 이 조각 작품들에 대해서는 상당한 논란이 있었다. 비운으로 죽은 자들을 위로하는 조각 작품으로서는 너무나 괴이하여 마땅치 않다는 것이 이유였다. 기념 조각이 하나로 되어 있지 않고 여러 개로 되어 있어서 흩어져 있는 것도 마땅치 않았다. 하지만 비엔나 시는 논란을 잠재우고 원래대로의 작품들을 설치하게 했다. 조각 작품의 공식 명칭은 〈전쟁과 파시즘에 대한 경고물Mahnmal gegen Krieg und Faschismus〉이다.

Lobkowitzplatz
로브코비츠플라츠

_ 로브코비츠 궁전의 영웅교향곡

로브코비츠플라츠는 한때 돼지 시장이었으나 죄인을 처형하는 장소이기도 했다. 1408년 콘라트 포아라우프Konrad Vorlauf가 그의 동료들과 함께 이곳에서 참수되었다. 알브레히트 4세1395~1404년 재위가 세상을 떠나자 뚱보 왕이라는 레오폴트 4세와 강철 왕이라는 에르네스트 1세 사이에 대단한 다툼이 있었다. 다음번 왕위에 오를 알브레히트나중에 5세의 섭정을 누가 맡느냐에 대한 다툼이었다. 당시 비엔나 시장이었던 콘라트 포아라우프는 레오폴트를 반대했다. 레오폴트는 반대파를 제압하기 위한 군자금으로 쓰기 위해 시민들에게 과중한 세금을 부과했기 때문이었다. 레오폴트는 포아라우프가 자기를 반대한다는 것을 알고 포아라우프 및 그를 동조하는 시의원들을 체포하고 즉각 처형했다. 사형집행인이 포아라우프를 사형대로 끌고 가서 다른 사람들보다 먼저 죽을 운명에 처한 포아라우프는 동료들을 돌아보며 "나는 살아 있을 때와 마찬가지로 죽음 앞에서도 그대들을 앞서는 지도자가 되겠다"라고 외쳤다. 로브코비츠플라츠와 글룩가세가 만나는 모퉁이에는 다음과 같은 명판이 붙어 있다. "이들은 죽음으로써 의무를 다했다. 레오폴트 4세 대공에게 저항하는 의무이다."

로브코비츠플라츠의 왼쪽에 있는 로코코 건축 양식의 로브코비츠 궁전은 비엔나 중심가에서 가장 아름다운 건물일 것이다. 원래 디트리히슈타인 백작을 위해 지은 건물이다. 나중에 추가된 웅장한 현관은 유명한 피셔 폰 에를라흐가 설계하고 건축했다. 이 건물이 1783년 로브코비츠 대공에게 넘어간 다음부터 로브코비츠 궁전이라고 불렸다. 로브코비츠 가족의 보호와 지원 아래 이곳은 비엔나 음악의 중심으로서 명성을 떨쳤다. 베토벤은 화려한 마르모르잘Marmorsaal: 마르모르 홀에서 그의 작품을 자주 연주했다. 베토벤의 영웅 교향곡교향곡 제3번이 초연된 곳도 이곳이다. 사람들은 베토벤의 영웅 교향곡에 대해 음악의 '질풍노도'라고 불렀다. 화려한 장식의 프레스코 천장이 있는 이 홀은 그 후 에로이카잘Eroicasaal이라고도 불렸다. 현재 이 궁전의 건너편에는 극장 박물관이 자리 잡고 있다. 연극을 사랑하는 사람이라면 누구라도 이 박물관의 방대하고 귀중한 전시품에 자부심을 느낄 것이다.

로브코비츠 광장과
에로이카잘이 있는
로브코비츠 궁전

Augustinerstrasse 아우구스티너슈트라세

_ 은 항아리에 담은 합스부르크의 심장

아우구스틴 교회와 아우구스틴 수도원은 호프부르크와 알베르티나의 위용을 양 날개 삼아 당당하게 자리 잡고 있다. 하지만 요제프 광장Josefsplatz의 한 귀퉁이에 있는 현관은 웅장하지도 않고 화려하지 않아서 얼른 알아보기가 힘들 정도이다. 아우구스틴 교회는 합스부르크 제국의 심장으로서 실제로 페르디난트 2세부터 마리아 테레지아 여제에 이르기까지 합스부르크 왕가의 주요인물들의 심장을 은 항아리에 담아서 보관해놓은 곳으로 유명하다. 이를 헤르츠그뤼프틀Herzgrüftl이라고 부른다. 합스부르크 사람들은 죽으면 몸을 여러 부분으로 나누어 각기 다른 곳에 보관해야 한다고 믿었다. 종교적인 이유에서 때문이었다. 훗날 죽은 자가 부활할 때에 몸의 지체 중 어느 하나라도 잘 보관되어 있으면 쉽게 부활할 수 있다는 믿음이었다. 몸의 지체가 여러 교회에 분산되어 보관되다 보니 서로 자기 교회야말로 왕후장상들의 마지막 안식처라고 주장하는 형국이 되었다. 아무튼 아우구스틴 교회에는 심장을, 슈테판 성당에는 내장을, 그리고 카푸치너그루푸트에는 몸을 안치했다. 아우구스틴 교회는 궁정 교구의 본부로 공식적으로 인정받았기 때문에 왕실의 가장 중요한 행사가 진행되던 곳이다. 합스부르크 왕실의 가장 중요한 행사는 결혼식이었다. 아우구스틴 교회는 합스부르크 왕실의 전용 결혼식장

아우구스틴 교회에서의
프란츠 요제프 황제와
엘리자베트(씨씨)의 결혼식 장면

이었다. 예를 들어, 1736년 거행된 마리아 테레지아 여제와 프란츠 슈테판의 결혼식, 1810년 나폴레옹 황제와 오스트리아의 마리 루이제 공주의 결혼식, 1854년 프란츠 요제프 황제와 엘리자베트씨씨의 결혼식, 루돌프 황태자와 벨기에의 스테파니 공주의 결혼식 등이 있었다.

교회로 들어가서 오른쪽으로 가면 유명한 조각가인 안토니오 카노바Anonio Canova가 만든 대단히 감동적인 묘소가 있다. 작센-테셴의 알베르트 대공 부인이며 마리아 테레지아가 가장 사랑했던 딸인 마리아 크리스티나를 위한 영묘이다. 마리아 크리스티나 공주의 유해는 실제로 이곳에 없다. 합스부르크 영묘인 카푸치너 교회의 카이저그루프트에 있다. 아우구스틴 교회에 있는 마리아 크리스티나의 영묘는 규모가 일반 묘지보다 크다. 특이한 것은 애통해하는 사람들이 영묘 안으로 묵묵히 걸어 들어가는 모습의 조각이다. 알베르트 대공이 가장 사랑했던 아내 크리스티나의 죽음을 애도하기 위한 사람들이다. 그중에는 천사의 모습도 있다. 묘비에는 'Uxori optimae Albertus알베르트의 아내 중 최고의 사람에게' 라고 적혀 있다. 알베르트 대공은 나중에 두 번이나 재혼했다. 모차르트가 세상을 떠난 직후, 그의 죽음을 애통해 하는 특별미사가 이 교회에서 거행되었다는 내용의 명판은 정문을 들어서면 오른쪽 벽에 부착되어 있다. 잠시! 아우구스티너슈트라세 1번지는 오스트리아 영화 박물관으로 이곳에서는 헤디 라마르Heddy Lamarr와 같은 옛날 배우들의 모습을 만나볼 수 있다.

Josefsplatz 요제프스플라츠

_ 신성로마제국 황제의 위용

옛날 성벽을 허물고 대대적인 도시계획을 단행한 요제프 2세는 도시계획의 일환으로 국립도서관 앞에 광장을 조성했다. 이 광장이 요제프스플라츠이다. 광장의 한가운데에는 로마황제의 모습을 한 요제프 2세의 기마상이 있다. 합스부르크의 황제가 신성로마제국의 황제도 겸하고 있다는 것을 보여주기 위해서 로마황제가 월계관을 쓰고 토가를 입은 모습이다. 요제프스플라츠는 비엔나에서 가장 위엄이 있고 아름다운 광장이다. 위엄이 있다는 것은 배경에 국립도서관이 웅장하게 압도하고 있고, 앞쪽으로는 팔레 팔피Palais Palffy와 팔레 팔라비치니Palais Palavicini 등과 같은 궁전이 마주하고 있기 때문이다. 국립도서관은 천재 건축가인 피셔 폰 에를라흐 부자가 공동으로 건설한 것이다.

팔레 팔피는 전쟁 도중에 심하게 손상되어 화려함은 사라지고 대신 소박한 흔적만이 남아 있다. 현재 이 궁전의 홀은 전시회, 강연회, 연주회 등의 각종 행사에 사용되고 있다. 팔레 팔피의 피가로잘Figarosaal: 피가로 홀은 어린 모차르트가 피아노와 바이올린을 연주했던 장소다. 또한 1786년에는 모차르트가 인근 궁정극장부르크테아테르에서 〈피가로의 결혼〉의 비엔나 초연을 가지기에 앞서 몇몇 지인들을 초청하여 리허설을 했던 곳이다. 팔레 팔라비치니에는 원래 막시밀리안 2세 황제의 공주이자 프랑스 왕 샤를 9세의 왕비였던 엘리자베트가 '성 바르톨로뮤의 대학살' 사건 이후 프랑스에서 돌아와 기거했던 '왕비의 수녀원'이다. 18세기 말에 이 수도원을 허물어 현재의 팔레 팔라비치니로 재건축했다. 이 궁전은 아직도 팔라비치니 가문의 소유로 되어 있는 개인 저택이지만 정문은 대개 열려 있다. 그러므로 잠시 실례를 무릅쓴다면 화려하고 장엄한 현관홀을 구경할 수 있다. 과거에 귀족저택의 화려함이 어떠했는지를 알 수 있을 것이다. 아니면 현관의 양쪽에 장식해 놓은 헤라클레스 타입의 조각만 보는 것으로 만족해야 할 것이다.

요제프 2세 기념상

팔레 팔피 현관

이들 궁전 건물의 모퉁이를 돌면 브로이너슈트라세Bräunerstrasse라는 골목길이 있다. 이 거리에는 거의 매일 저녁 젊은이들이 삼삼오오 몰려 있어서 무슨 일인가 궁금증을 자아낸다. 댄스홀에 들어가기 위해서 온 젊은이들이다. 현대식 디스코를 추기 위해서가 아니라 우아한 비엔나 왈츠를 배우려고 모인 젊은이들이다. 브로이너슈트라세 3번지는 유명한 오페라 가수 겸 극작가인 요한 네스트로이Johan Nestroy가 태어난 집으로 '네스트로이 생가'라는 기념 명판이 붙어 있다. 베이스를 맡았던 네스트로이는 1822년 캐른트너 토르 극장에서 모차르트의 〈마술피리〉 중 자라스트로 역으로 무대 생활을 시작하였으나 나중에는 극작가로서 더 많은 활동을 했다. 현재 지하철 U1의 네스트로이플라츠에 있던 카를 극장Carltheater의 지배인이기도 했던 네스트로이는 오페라와 연극의 공연을 위해 많은 기여를 했다. 특히 바그너의 〈탄호이저〉를 비엔나에서는 처음으로 카를 극장에서 공연하여 비엔나에서 바그너를 받아들이는 데 큰 역할을 했다. 네스트로이플라츠는 네스트로이를 기념하는 광장으로 그의 기념상이 있다.

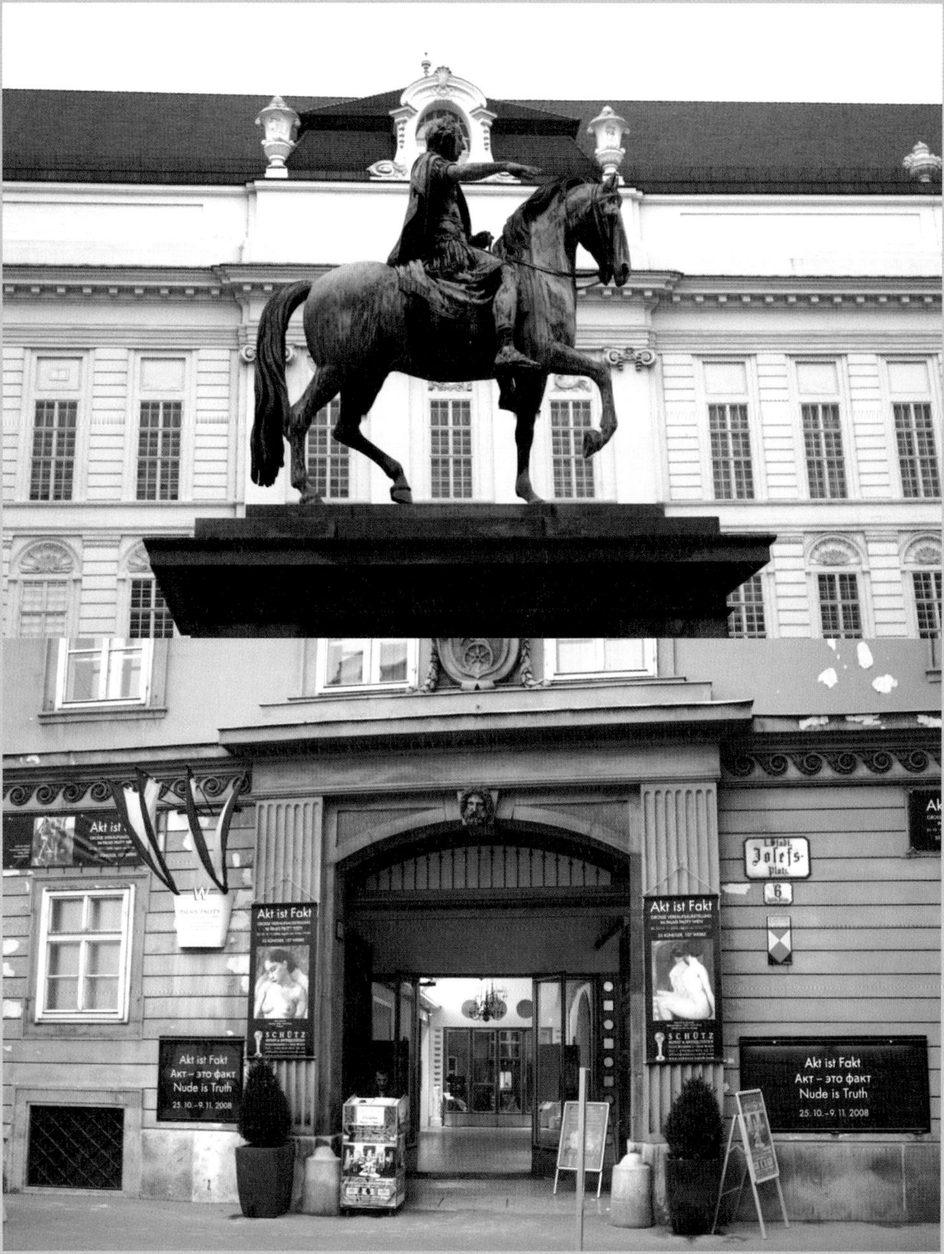
Akt ist Fakt
Akt ist Fakt
Akt ist Fakt
Акт – это факт
Nude is Truth
25. 10.–9. 11. 2008
Akt ist Fakt
Akt ist Fakt
Акт – это факт
Nude is Truth
25. 10.–9. 11. 2008
Josefs-
Platz
6
SCHÜTZ
SCHÜTZ

In der Burg 왕궁 구내

_ 찬란했던 대제국의 영화

미하엘러토르미하엘 문를 지나 궁전 안으로 들어가보자. 정문의 양편에 있는 역사力士들의 조각도 감탄을 자아내지만 그보다도 미하엘러토르 돔의 웅장한 천장에 압도당한다. 구석마다 자리 잡고 있는 그리스 신화의 조각들도 감상할 만하다. 하지만 이곳보다 더 볼만한 곳이 많다. 미하엘러토르를 거쳐 '인 데어 부르크In der Burg: 왕궁 구내'라고 불리는 궁전의 안으로 들어가면 넓은 광장이 나온다. 광장 초입에는 커피하우스가 있다. 카페 호프부르크이다. 카페의 안쪽에는 기념품 상점이 있고 그 안에는 호프부르크 황실 아파트Kaiserappartements, 씨씨 기념관, 질버캄머Silberkammer를 관람할 수 있는 안내소 겸 매표소가 있다. 질버캄머에는 황제와 왕비가 사용하던 금은 식기류 등 화려한 물건들이 아름답게 전시되어 있다. 광장의 한가운데에 있는 기념상은 프란시스 황제이다. 그는 신성로마제국의 황제로서는 프란시스 2세프란츠 2세이고 오스트리아 제국의 황제로서는 프란시스 1세로 불리므로 혼동하지 않도록 해야 한다. 프란시스 황제는 오스트리아를 제국으로 선포한 인물이다. 기념상의 하단에는 라틴어로 'Amorem meum populis meis'라고 적혀 있다. '나의 백성에 대한 나의 사랑'이라는 의미이다. 그러나 황제 프란시스는 상당히 인색한 인물로 자기 욕심만 부렸다. 그래서 사람 들은 그를 "백성들을 사

아멜리엔부르크의 현관

랑한다고요? 가난한 백성들을 위해서는 노랑 동전 한 푼도 쓰지 않았는데!"라며 핀잔을 주었다.

프란시스 기념상의 뒤에 있는 건물은 16세기에 막시밀리안 2세 1564~1576년 재위가 지은 아멜리엔부르크Amelienburg이다. 발하우스플라츠 Ballhausplatz에 면해 있다. 막시밀리안 2세는 자신의 아들 루돌프를 위해 이 건물을 지었다. 따라서 당초에는 루돌프트락트라고 불렀다. 그러나 루돌프 2세1576~1612년 재위가 황위에 오르자 비엔나를 별로 좋아하지 않아 궁정 사람들을 모두 거느리고 프라하의 궁전으로 이사를 갔다. 아멜리엔부르크라는 현재의 이름은 막시밀리안 2세의 미망인인 빌헬미나 아말리아Wilhelmina Amalia에서 연유한다. 아말리아는 남편 막시밀리안 2세가 세상을 떠나자 이 건물에서 살다가 1642년 세상을 떠났다. 아말리아의 아들로서 나중에 황제가 된 루돌프 2세는 이곳에서 살지 않았다. 하지만 그는 어머니를 추모해서 수많은 훌륭한 건축가와 예술가를 동원하여 이 건물을 새롭게 단장했다.

광장의 오른쪽에 있는 트락트Trakt는 라이히스칸츨라이트락트Reichskanzleitrakt이다. 제국수상 집무실이란 의미이다. 트락트라는 말은 본 건물에 연결된 건물이란 뜻으로 영어의 윙wing에 해당한다. 이 건물은 황실 사람들이 생활하던 곳이었으며, 특히 프란츠 요제프 황제의 황실 아파트였다. 황제의 집무실 겸 침실 등을 보면 놀라움을 금치 못한다. 제

슈바이처토르
슈바이처호프로
들어가는 문의 상단

국의 찬란한 영화와는 거리가 멀기 때문이다. 프란츠 요제프 황제는 자신을 가장 성실하고 모범이 되는 공직자로 자처했다. 그래서 지나친 화려함을 멀리하고 검소하게 살았다. 아마 그런 직무 때문에 자기 자신을 희생했는지도 모른다. 야전용 스타일의 간소한 침대가 고작인 황제의 침실을 보면 당장 그런 느낌을 받는다. 황제는 선천적으로 전쟁을 증오하는 성격이지만, 그와는 상반되게 벽에는 전쟁화들이 걸려 있다. 더구나 황제로 있으면서 거의 군복만 입었다. 반면, 씨씨의 침실에는 그가 사랑하는 말들의 초상화가 여러 개 걸려 있다.

광장의 왼쪽에 있는 건물은 붉은색, 금색, 흑색으로 단장된 훌륭한 아치 문이 우선 눈에 띈다. 슈바이처호프로 들어가는 문이다. 아치문의 상단에는 황금왕관과 함께 합스부르크와 관련된 문장이 조각되어 있다. 쌍두독수리 주위를 둘러싼 문장들은 페르디난트 1세 치하에서 제국에 속해 있던 지역들의 것이다. 문장에 기록된 글귀는 '신성로마제국 황제이며 헝가리와 보헤미아의 왕, 스페인의 공자, 오스트리아 대공, 부르군디 대공인 페르디난트. 1552년'이다. 화려한 르네상스식의 이 문은 유명한 화가이자 석공인 피에트로 페라바스코Pietro Ferrabasco의 작품이다.

Schweizerhof 슈바이처호프

_ 스위스 용병들의 막사

슈바이처호프스위스 궁라고 한 것은 스위스 용병들의 막사가 이곳에 있었기 때문이라고 한다. 스위스 용병들은 슈바이처호프로 통하는 아치문과 도개교를 지켰다. 슈바이처토르스위스 문를 들어서서 왼쪽으로 아름다운 철책으로 장식된 분수가 있다. 역시 페라바스코의 작품이다. 오른쪽으로는 '외교관의 계단'이라고 불리는 계단이 있다. 궁정에 용무가 있는 각국의 외교관들이 이 계단을 통해 왕궁에 드나들었다고 한다.

외교관의 계단

안뜰의 한쪽 끝에는 또 다른 계단이 있다. 궁전채플Burgkapelle, 부르크카펠레로 올라가는 문이다. 채플은 9월 중순부터 이듬해 6월까지 주일이나 종교기념일 또는 특별한 경우에 관람할 수 있다. 지난날 왕실 사람들이 사용했던 작은 채플에 불과한 이 부르크카펠레는 항상 관람객들로 붐빈다. 건축적으로 아름답거나 역사적으로 중요한 곳이어서라기보다는 주일마다 미사 때에 유명한 비엔나소년합창단이 특별찬양을 부르기 때문이다. 비엔나소년합창단의 연혁은 막시밀리안 1세 황제 때로 거슬러 올라간다. 물론 그 이전에도 궁정 음악가들로 구성된 합창단이나 오케스트라가 없었던 것은 아니었다. 비엔나는 페르디난트 2세가 황제가 되자 신성로마제국의 수도로서 확실하게 자리를 잡았다. 따라서 왕실의 각종 행사에 종사하는 왕궁 오케스트라와 합창단이 상설되었다. 이 합창단의 한 파트가 오늘날

세계적으로 유명한 비엔나소년합창단이다. 1916년 11월 28일 궁정채플에서 68년 동안 제국을 통치했던 프란츠 요제프 황제의 국장이 치러졌다.

왕궁 오케스트라와 합창단은 '작곡가 황제'라는 별명이 붙은 페르디난트 4세 그리고 레오폴트 6세, 요제프 1세, 카를샤를 3세 시대를 거치면서 점차 확고한 위치를 차지하게 되었다. 궁정 음악가들은 이들 황제를 위해 '왕실 음악'을 작곡하고 연주하는 한편, 당대의 가장 유명한 작곡가들에게 작품을 의뢰하기도 했다. 하이든, 모차르트, 슈베르트, 브루크너 등이 궁정음악단을 위해 작곡했다. 궁정음악단Hofmusikkapelle, 호프무직카펠레은 국립오페라 오케스트라와 비엔나소년합창단의 멤버로 구성되었다.

호프부르크의 궁정채플에 들어가려면 돈을 내고 표를 사야 한다. 로마 가톨릭의 미사에 참여하는 것이다. 그러나 이것은 의식이기 때문에 비엔나소년합창단의 정기공연 같은 것을 기대한 관광객은 많이 실망할 수도 있다. 게다가 비엔나소년합창단과 악기연주자들은 오르간이 있는 교회 뒤편의 높은 곳에 위치한다. 따라서 회중석에서는 볼 수 없다. 아래층 회중석에 설치된 한두 군데의 비디오 스크린을 통해 2층에서 어떤 일들이 일어나는지 볼 수 있을 뿐이다. 그리고 사순절 기간 중에는 예전부터의 관습에 따라 악기 반주 없이 아카펠라로 주로 그레고리안 찬송을 부른다. 그러므로 비엔나소년합창단이 「아름답고 푸른 도나우」나 「봄의 소리 왈츠」를 부를 것으로 기대했다면 발길을 돌리는 게 좋을 것이다.

궁정채플을 지나면 왼쪽 코너의 황실보물실로 들어가는 입구가 있다. 샤츠감머Schatzkammer라고 부르는 전시실이다. 원래 이름은 '세속적 및 종교적 보물실'이다. 값으로 따질 수 없는 수많은 보물을 관리하고 있기 때문인지 입구의 문은 마치 금고문처럼 육중하다. 황실보물실은 비엔나에서 반드시 보아야 할 곳 중 하나이다. 필자는 비엔나와 합스부르크에 대해 진득하게 알고 싶어 하는 사람이 있으면 비엔나에서 반드시 방문해야 할 세 곳을 추천한다. 첫째가 호프부르크에 있는 샤츠캄머이며, 둘째는 카푸친 교회의 지하에 있는 카이저그루프트이고, 셋째는 짐머링에 있는 중앙공동묘지이다. 샤츠캄머에 전시되어 있는 보물로는 8각형의 신성로마제국 왕관, 성 슈테판의 장기臟器를 보관한 상자, 샤를마뉴 대제의 검, 성창聖槍: 롱기누스라는 로마 병사가 십자가에 매달린 예수의 옆구리를 찔렀던 창, 신성로마제국 및 오스트리아 제국의 왕관과 홀笏과 보주寶珠, 대관식 의상, 세례식 의상, 황제의 황금양털 망토, 나폴레옹의 아들인 라이히슈타트 대공의 요람 등 헤아릴 수 없다. 벽에는 여러 개의 귀중한 태피스트리가 걸려 있다. 이밖에도 세상에서 제일 큰 유니콘뿔, 커다란 공처럼 생긴 세상에서 제일 큰 마노瑪瑙 등등 경탄을 금치 못하게 하는 보물들이 산적해 있다. 기독교인들이 존경하는 성 베드로의 치아도 있다. 이쯤 되면 누구나 대단히 흥미를 느낄 것이다. 이 합스부르크의 보물창고는 국립미술관미

호프부르크의 황실보물실에 전시되어 있는 신성로마제국 황제의 왕관, 홀, 보주

술사박물관의 소속으로 되어 있다. 하지만 전시 내용은 경우에 따라 달라질 수 있으므로 유의할 필요가 있다.

이제 다시 헬덴 광장으로 나가서 카를 대공의 기마상을 만나보자. 카를 대공은 나폴레옹 전쟁 당시 오스트리아의 영웅이었다. 아스페른-에슬링 전투에서 나폴레옹군을 몰아낸 명장이다. 카를 대공을 태운 말은 꼬리나 앞발의 도움 없이 두 뒷발의 발목으로만 그 육중한 조형물을 지탱하고 있다. 이런 형태는 세계에서도 유례가 없는 아주 특별한 것이어서 기마상에 대해 조금이라도 아는 사람은 감탄을 금치 못한다. 뒷발목만 이용하여 균형을 잡게 한 기마상은 공학적으로 대단히 제작하기 어렵기 때문이다. 카를 대공 기마상을 직접 제작한 조각가 안톤 페른코른Anton Fernkorn은 천재라는 찬사를 받았다. 페른코른은 건너편의 오이겐 공자의 기마상도 똑같은 공법으로 제작하려 했지만 어찌된 일인지 실패만 거듭했다. 어쩔 수 없이 말의 두 뒷발에 꼬리를 합해 전체 기마상을 지탱하게 했다. 오이겐 공자의 기마상은 공학적으로는 대단히 우수한 작품이지만, 말의 두 발목으로 전체를 지탱하게 한 카를 대공의 기마상에는 명함도 내밀지 못한다. 페른코른은 오이겐 공자 기마상을 카를 대공의 기마상을 본떠서 만들지 못한 죄책감으로 나중에 정신이상에 걸렸다고 한다.

도서관 건물과 ㄱ자형으로 연결되어 있는 노이에 호프부르크 건물에는 화려한 축제홀Festsaal이 있다. 예전에는 황실의 주요 행사와 무도회가 열리던 홀이다. 비엔나의 무도회 시즌은 12월 31일 황제가 주관하는 무도회를 시점으로 시작되다가 부활절 기간에는 잠시 휴식을 취하고, 이어 사순절이 끝나면 슈타츠오퍼에서의 오페라무도회로 절정을 이루는 것이 관례였다. 이 축제홀에서는 주요 국제회의가 사시사철 열린다. 그래서 건물 밖에는 만국기가 게양되어 있다. 국제원자력기구IAEA도 1980년대 후반 오스트리아센터가 문을 열기 전까지 이곳에서 1년에 한 번씩 9월에 총회를 가졌다. 오늘날 호프부르크의 축제홀에서는 특별한 경우를 제외하고 저녁마다 모차르트-요한 슈트라우스 연주회가 열린다. 오케스트라 단원들은 대부분 비엔나 필 단원들이다. 아름답고 장엄한 호프부르크의 축제홀에서 열리는 모차르트-요한 슈트라우스 음악회는 쇤브룬 궁전, 슈타트파르크의 쿠어살롱, 로트링거슈트라세의 콘체르트하우스, 음악가 연맹 연주회장에서 열리는 모차르트-요한 슈트라우스 연주회와 함께 비엔나에서 가장 잘 알려진 관광 상품이기도 하다.

호프부르크 축제홀에서의 연주회

카를 대공의 기마상

Ballhausplatz 발하우스플라츠

_ 수상 집무실과 대통령 집무실

호프부르크 정문인 미하엘 문의 양편에는 각각 장대한 조각분수가 있다. 스페인승마학교 쪽으로 있는 분수는 '바다의 제패자Supremacy of the Sea: 또는 바다의 권세'이며, 발하우스플라츠 방향으로 있는 것은 '땅의 제패자Supremacy of the Land: 또는 땅의 권세'이다. 마치 헤라클레스와 넵튠이 살아서 당장이라도 움직일 것 같은 웅장한 조각 작품이다. 합스부르크 왕가의 무궁한 권세를 표현한 것이다.

발하우스플라츠는 호프부르크 왕궁의 정문인 미하엘 문에서 오른쪽으로 샤우플러가세Schauflergasse를 지나자마자 나온다. 호프부르크의 아멜리엔부르크Amelienburg에 면해 있는 작은 광장이다. 이 광장에는 한때 배드민턴과 같은 운동을 하는 구기장 건물이 있었다. 발하우스라고 하니까 춤과 관련지을지 모르지만 실은 공놀이와 관련이 있었던 것이다. 발하우스플라츠 건너의 건물은 연방수상 집무실Bundeskanzleramt이다. 건축가 요한 루카스 폰 힐데브란트가 합스부르크 제국의 수상청사로서 카를 6세를 위해 지은 건물이다. 카를 6세의 딸인 마리아 테레지아는 건물을 증축하여 내무성과 외무성 청사로 사용했다. 현재는 수상 집무실과 외무성이 함께 들어와 있다. 나폴레옹이 패망한 이후 유럽의 정치 판도를 재편성하는 데 주역을 맡았던 위대한 정치가 겸 공포의

바다의 제패자

대상이기도 했던 메테르니히 수상은 이 건물을 본부로 삼아 1848년 혁명으로 몰락할 때까지 수상 집무실로 사용했다.

현재의 수상 집무실 겸 외무성 청사 바로 옆에는 오스트리아 연방 대통령 집무실이 있다. 대통령 집무 중에는 옥상에 오스트리아기가 게양된다.

땅의 제패자

Heldenplatz
헬덴플라츠

_ '하일 히틀러' 가 메아리쳤던 영웅광장

헬덴플라츠의 정문은 왕궁문부르크토르이라고 부른다. 이 문으로 링과 호프부르크 궁전이 구분된 문 위에는 프란시스 1세 황제의 모토인 'Justitia regnorum fundamentum정의는 제국을 세운 기반이다'이 적혀 있다. 현재 이 문의 한쪽 날개의 지하는 오스트리아를 위해 싸우다 목숨을 바친 병사들의 영묘로 사용되고 있다. 지하에 있는 채플은 이들을 위해 미사를 드리는 곳이다. 지하 영묘로 내려가는 계단에는 그리스 신화의 조각상들이 정교하게 설치되어 있어서 감탄을 자아낸다. 왕궁문의 다른 쪽 날개는 왕실 요직들의 취임식과 같은 행사를 치르는 홀이다.

헬덴플라츠에는 카를 대공과 오이겐 공자의 기마상이 있다. 카를 대공의 기마상 주변에는 라일락이 심어져 있다. 5월이면 꽃이 만개하여 라일락 향이 넘쳐흐른다. 비엔나의 기념상 중에서 이만큼 '향기로운' 기념상은 아마 없을 것이다. 카를 대공의 기마상 주변에 앉아서 호프부르크의 영광인 레오폴트트락트를 감상하는 것은 특별한 즐거움이다.

레오폴트 황제는 말년의 마리아 테레지아처럼 퍼레이드와 같은 웅장하고 스펙터클한 것을 즐겼다. 그는 오페라 공연에 직접 출연했고 스페인승마학교의 마술馬術 공연에도 참가했다. 레오폴트 황제는 원래부터 호기심이 많은 비엔나 시민들의 기호를 충족시켜주는 활동을 많이

FRANCISCVS I. IMPERATOR AVSTRIAE MDCCCXXIV
LAVRVM. MILITIBVS. LAVRO. DIGNIS. MDCCCCXVI.

부르크토르

했다. 예술에 조예가 깊었던 레오폴트 황제는 호프부르크의 한쪽 건물을 자기 취향에 맞게 증축하고, 이를 레오폴트트락트라고 불렀다. 건축에는 7년이란 기간이 소요되었다. 그러나 완성된 지 몇 달 후 화재가 나 레오폴트트락트는 전소되었다. 황제의 가족들은 무사히 피난했지만 다른 사람들은 심한 화상을 입었다. 유대인이 방화했다는 소문이 퍼졌다.

그때 왕비는 17세에 불과했지만 그 같은 소문을 적극 옹호하고 진실이라고 믿었다. 스페인의 로마가톨릭 궁정에서 자란 왕비는 어릴 때부터 유대인에 대한 증오심이 있었으며, 레오폴트와 결혼하자 비엔나에 가면 비엔나의 유대인들을 모두 추방하겠다고 다짐했었다. 왕비는 레오폴트에게 유대인들을 모두 추방하라고 졸랐다. 처음에는 말도 안 되는 소리라고 주장했던 레오폴트였지만 왕비의 끈질긴 주장과 그의 배경에 있는 스페인을 생각하여 마침내 비엔나의 유대인 게토에 살고 있는 모든 유대인을 당시의 비엔나 성곽 밖으로 추방했다. 그곳이 현재의 2구 레오폴트슈타트이다.

헬덴플라츠는 1938년 3월 히틀러가 나치를 앞세워 오스트리아를 독일제국에 강제합병한 후 처음으로 모습을 나타내고 '이제 오스트리아는 고향으로 돌아왔다'라고 선포한 곳이다. 비엔나의 시민 20만 명이 모여 '하일 히틀러, 지그 하일Heil Hitler! Sieg Heil!'을 소리 높여 외쳤던 곳이기도 하다.

Volksgarten 폴크스가르텐

_ 씨씨를 다시 만날 수 있는 시민공원

이곳은 말 그대로 시민들을 위한 공원이다. 원래 호프부르크에는 귀족들만 거닐 수 있었던 부르크가르텐Burggarten: 궁정정원이 연결되어 있다. 백성들을 사랑했다고 하는 프란시스 1세는 일반 시민들을 위한 공원을 새로 만들기로 했다. 그리하여 시민공원폴크스가르텐이 1820년에 문을 열었다. 공원 안에 있는 그리스 신전 스타일의 건물은 젊은 연인들의 만남의 장소로서 잘 알려져 있다. 아테네에 있는 테세우스 신전을 복제한 건축물이다. 테세우스는 그리스 신화에 나오는 아티카의 영웅으로 인신우두人身牛頭의 괴물 미노타우로스를 퇴치했다는 전설의 인물이다. 공원의 한쪽에는 극작가로 유명한 프란츠 그릴파르처Franz Grillparzer: 1791~1872년의 기념상이 우아하게 자리 잡고 있다. 그릴파르처의 기념상 배경에는 그의 대표작인 〈메데아〉, 〈리부사Libussa〉, 〈사포Sappho〉 등의 장면이 아름답게 펼쳐져 있다. 그릴파르처는 오스트리아의 셰익스피어라고 부르는 인물이다. 폴크스가르텐의 북서쪽 코너에는 아름다운 엘리자베트 왕비씨씨가 단아하게 앉아 있는 기념상이 있다.

폴크스가르텐의 엘리자베트 왕비 기념상

폴크스가트렌의 프란츠 그릴파르처 기념상

Burggarten
부르크가르텐

_ 노황제 프란츠 요제프의 회한

한때 부르크가르텐은 왕실과 귀족 전용이었으나 오래전부터 일반에게 공개되었다. 링 슈트라세 쪽이 호프부르크와 연결된 초입에는 유명한 모차르트 기념상이 있다. 모차르트 기념상의 전면 잔디밭에는 커다란 높은음자리표가 아름다운 꽃으로 장식되어 있다. 기념상의 네모난 기단의 뒤쪽 면에는 어린 모차르트가 누나인 나네를Nannerl과 함께 피아노를 연주하는 장면이 조각되어 있고, 앞쪽에는 오페라 〈마술피리〉와 〈돈 조반니〉의 장면이 조각되어 있다. 부르크가르텐의 모차르트 기념상은 비엔나에 있는 수많은 기념상 중 가장 아름답다. 늦가을의 오후에 모차르트 기념상 양 옆의 벤치에 앉아 오후의 햇살과 낙엽을 바라보는 비엔나의 노부부들은 지난날 모차르트와 함께했던 합스부르크 제국의 영화를 회상하고 있을 것이다.

부르크가르텐의 안쪽으로 더 들어가면 슈타츠오퍼 방향으로 공원의 한쪽 끝에 군복을 입은 프란츠 요제프 황제의 기념상이 있다. 평생 동안 군복을 입고 지낸 황제의 모습이 살아 있는 듯하다. 프란츠 요제프 황제는 사냥 갈 때만 군복을 입지 않았다고 한다. 이 책에서 프란츠 요제프 황제에 대한 이야기를 많이 했지만 그의 모습을 보는 것은 이 부르크가르텐이 처음일 것이다. 나이 들어 피곤해 보이는 모습이다. 시선을 아

부르크가르텐의
모차르트 기념상

래로 향하고 있어 더욱 그런 느낌을 받는다. 수많은 시련과 고난을 겪은 나머지 이제는 쉬어야겠다고 이야기하는 듯하다. 그의 어록 중에서 가장 유명한 말이 있다. "Mir bleibt nichts erspart!"이다. "나는 아무런 고생도 하지 않았다"이다. 또 다른 뜻으로는 "만사가 나에게만 일어난다!"이다. 아버지 대신 젊은 나이에 황제가 된 일, 약혼하기로 예정되어 있는 헬렌을 제쳐두고 헬렌의 동생인 엘리자베트와 결혼하겠다며 17세의 엘리자베트와 결혼한 일, 첫딸 조피를 생후 2년 만에 잃은 일, 유일한 아들인 황태자 루돌프가 자살한 일, 사랑하는 왕비 엘리자베트가 제네바에서 칼에 찔려 비명에 세상을 떠난 일, 황태자 루돌프가 죽자 후계자로서 정한 프란츠 페르디난트 부부가 세르비아에서 피살된 일, 그로 인해 세계 1차 대전이 일어난 일 등등 68년이라는 재위기간 중 일어난 수많은 사건이 노황제의 눈앞을 주마등처럼 스쳐 갔을 것이다.

프란츠 요제프 황제 기념상

쇼텐링
프란츠-요제프스-카이 (Franz-Josefs-Kai)
뵈르제가세 (증권거래소)
쇼텐링(Schotten Ring)
쇼텐토르 (비엔나대학교)
잘츠토르브뤼케
독토르-카를-뤼거-링 (Dr.-Karl-Lueger-Ring)
슈베덴플라츠 (스웨덴 광장)
라트하우스플라츠 (시청 광장)
독토르-카를-렌너-링 (Dr.-Karl-Renner-Ring)
팔라멘트 (국회의사당)
슈테판 성당
슈투벤링(Stubenring)
독토르-카를-렌너-링 /폴크스테아터 (시민극장)
슈투벤토르
부르크링(Burgring)
파르크링(Parkring)
바이부르크가세
부르크링
오퍼 (국립오페라극장)
오페른링(Opernring)
슈바르첸버거 플라츠
슈베르트링(Schubertring)
캐른트너링(Karntnerring)

Chapter 4

링-카이를 따라서

이번에는 걷지 않고 무언가 타고서 링을 한 바퀴 돌아보자. 가장 좋은 것은 전차이다. 링Ring은 비엔나 중심지를 둥근 반지처럼 둘러싸고 있는 환상도로를 말한다. 그러나 엄밀히 말하면 반지처럼 완전히 둥근 환상도로가 아니다. 링이라는 이름이 붙은 거리는 도나우 운하Donaukanal 부분에서 끊어지기 때문이다. 도나우 운하를 따라 뻗어 있는 길은 카이Kai라고 부른다. 정확히는 '프란츠-요제프스-카이'이다. 원래 '카이'라는 단어는 선창 또는 부두라는 뜻이다. 부둣가의 거리도 카이라고 부르지만 요즘엔 별로 사용하지 않는다. 또 다른 설명에 따르면 카이는 카날Kanal, 즉 운하라는 단어의 비엔나 식 사투리라는 말도 있다. 하지만 그다지 신빙성이 없는 주장이다. 어쨌든 프란츠-요제프스-카이는 통상 쇼텐링Schottenring 지하철역에서 우라니아Urania: 옛날 천문대. 오늘날에는 영화 극장과 식당 등이 있음까지 도나우 운하를 따라 뻗어 있는 길이다. 링과 카이를 합하여 링-카이라고 부른다.

피아커Fiaker를 타고 다니며 마부에게 직접 설명을 듣는 것이 좋겠지만, 그거야 지갑에 여유가 있고 날씨도 좋을 때의 말이다. 전에는 링에 위치한 어떤 전차 역에서든지 1번이나 2번 전차를 타면 링을 한 바퀴 운행한 후 제자리에 돌아왔다. 반대 방향으로 가는 전차를 타도 마찬가지였다. 전차의 행선지 안내 표지판에는 '링-카이Ring-Kai'라고 적혀 있었다. 그러다가 2008년 10월부터는 링-카이를 한 바퀴 일주하는 1번이나 2번 전차의 노선이 크게 변경되었다. 링-카이 일주 전차를 운행하는 것이 더 이상 실효성이 없다는 판단에서였다. 그러므로 예전처럼 1번이나 2번 전차를 타고 가만히 앉아서 링-카이를 계속 돌며 관광할 수 있는 여유는 없어졌다. 비엔나 제1구의 링슈트라세를 거쳐 프란츠-요제프스-카이를 순환하던 1번과 2번 전차는 시내 중심에서 교외로 연결되는 새로운 노선에 투입되었다.

그러나 많은 관광객들이 링-카이를 순환하던 종전의 1번이나 2번 전차를 아쉬워해서 비엔나 시는 종전과 같은 노선을 운행하는 특별 관광 전차를 운행하기로 했다. 바로 '링 트램Ring Tram'이다. 링 트램은 2009년 4월 4일부터 운행되고 있다. 35석의 링 트램은 1년 내내 오전 10시부터 오후 6시까지 구시가지의 링-카이를 중심으로 순환 운행한다. 여름철에는 저녁 7시까지 운행한다. 링 트램에는 좌석마다 헤프폰과 LCD 모니터가 설치되어 있어서 지나가는 길의 주요 명소의 하이라이트를 간단한 해설과 함께 볼 수 있다. 해설은 7개 국어로 이루어진다. 영어, 독일어, 프랑스어, 스페인어, 이탈리아어, 러시아어, 일본어이다. 24시간용 특별 티켓은 미리 예약해야만 살 수 있다. 전차의 좌석이 한정되어 있기 때문이다. 링 트램 티켓을 가진 승객들은 아무 곳에서나 내렸다가 나중에 다시 탈 수 있다. 링 트램은 슈베덴플라츠에서 출발하여 같은 장소로 돌아온다. 한 번 운행에 23~25분이 소요된다. 매 시 15분과 45분에 출발한다. 아침 10시에 출발하는 링 트램만은 오페라극장오퍼 앞에서 떠난다. 그럼 이제 슈베덴플라츠가 시발점인 링 트램을 타고 링-카이를 돌아보자.

Schwedenplatz
슈베덴플라츠

1차 대전 후 스웨덴은 피폐해진 오스트리아를 지원하기 위해 인도적인 입장에서 많은 구호품을 제공했다. 비엔나 시는 스웨덴의 이 같은 지원을 기억하기 위해 도나우 운하를 통해 구호품이 전달되었던 잘츠토르브뤼케 아래쪽의 지대를 스웨덴 광장슈베덴플라츠이라고 부르기로 했다. 슈웨덴 광장은 슈피텔베르크Spittelberg에 이어 오늘날 비엔나에서 젊은 층이 가장 많이 모이는 곳이다. 특히 이곳에는 이탈리아 젤라토 스타일의 아이스크림 가게들이 많기 때문에 여름철 데이트 장소로 인기가 많다.

Franz-Josefs-Kai
프란츠-요제프스-카이

슈베덴플라츠를 떠난 링 트램은 프란츠-요제프스-카이를 지나간다. 볼만한 것은 별로 없다. 운하의 찰랑이는 물도 길거리에서 떨어져 상당히 아래쪽에 있어서 보이지 않는다. 시내 중심Zentrum에서 도나우 카날을 건너가는 교량은 위쪽으로 잘츠토르브뤼케Salztorbrücke와 마리엔브뤼케Marienbrücke가 있고 아래쪽으로 슈베덴브뤼케Schwedenbrücke와 아스페른브뤼케Aspernbrücke가 있지만 특별한 감동을 주는 것은 아니다.

링-카이에 직접 관련된 랜드마크는 아니지만 도나우 카날운하에 면해 있는 훈데르트바서하우스Hundertwasserhaus를 언급하지 않을 수 없다. 비엔나에서 꼭 방문해 보아야 할 장소이기 때문이다. 훈데르트바서하우스는 3구 케겔가세Kegelgasse 34-38번지와 뢰벤가세Löwengasse 41-43번지에 걸쳐서 있다. 오스트리아가 낳은 세계적 건축가인 프리덴스라이히 훈데르트바서Friedensreich Hundertwasser가 설계한 건물이다. 마치 '헨젤과 그레텔'에 나오는 동화의 집과 같다. 이 집은 1983년부터 3년에 걸쳐 지었다. 바닥은 마치 물결치는 것과 같고 지붕은 흙과 풀로 덮여 있다. 방 가운데에 큰 나무가 자라고 있으며 가지가 창밖으로 걸치도록 되어 있다. 집 안에는 250그루의 나무가 있다. 이 집에는 52개의 거주용 방이 있으며 사무용 방도 네 개나 있다. 오스트리아에는 훈데르트바서하우스와 같은 집들이 몇 채 더 건설되어 있다. 플로힝겐Plochingen에 있는 훈데르트바서하우스는 대표적이다. 독일의 다름슈타트에도 훈데브르트바서하우스가 있다. 훈데르트바서 작품의 상설전시장은 3구 운테레 바이스베르거슈트라세Untere Weissbergerstrasse 13번지에 있는 쿤스트하우스 빈Kunsthaus Wien에 있다. 훈데르트바서하우스에서 도나우 카날을 따라 몇 블록만 위로 올라가면 만날 수 있다.

Stubenring/Stubentor
슈투벤링/슈투벤토르

프란츠-요제프스-카이를 지나면 슈투벤링이 나온다. 천문대였던 우라니아로부터 독토르-카를-뤼거-플라츠Dr.-Karl-Lueger-Platz까지가 슈투벤링이다. 독토르-카를-뤼거-플라츠 뒤편으로 올라가면 독토르-이그나츠-자이펠-플라츠Dr.-Ignaz-Seipel-Platz가 나오고 여기에 예수회교회가 있다. 예수회교회는 대학교회라고 부르기도 한다. 비엔나대학교 구건물과 연결되어 있기 때문이다. 카를 뤼거는 비엔나 시장을 지내며 수많은 업적을 남긴 인물이다. 짐머링Simmering의 중앙공동묘지Zentralfriedhof에 있는 프리드호프키르헤Friedhofkirche는 뤼거 시장이 건설한 것으로 일명 카를 뤼거 교회Karl Lueger Kirche라고 부른다. 슈투벤링의 초입에는 이탈리아 르네상스 양식의 붉은 벽돌 건물인 응용미술박물관MAK이 있고, 이어 응용예술대학Universität für angewandte Kunst이 있다. 잠시 눈길을 왼쪽으로 돌리면 오토 바그너의 우편저금은행Postsparkasse: 포스트슈파카세이 눈앞에 다가온다.

슈투벤링 거리가 시작되는 곳에 율리우스-라아브-플라츠Julius-Raab-Platz가 있고 그곳에 돔 천정의 우라니아가 있다. 우라니아는 원래 천문대였다. 1910년 오토 바그너의 제자인 막스 파비아니Max Fabiani가 설계하고 건설했다. 전차가 프란츠-요제프스-카이에서 오른쪽으로 회전하며 시내 쪽으로 들어가기 전에 잠시 왼쪽을 돌아보면 저 멀리 프라터의 대회전관람차인 리젠라트가 얼핏 보인다. 우라니아는 천왕성Uranus의 발견 을 기념하여

응용미술박물관
Museum für Angewandte Kunst: MAK

천문대로 지었다는 이야기도 있다.

슈튜벤링을 따라 우라니아에서 한 블록 지나면 웅장한 정부청사가 나온다. 지붕 위의 쌍두독수리가 매우 인상적이다. 2차 대전 전까지만 해도 오스트리아 제국의 전쟁성 청사였으나 지금은 농무성, 상무성, 건설성 등이 들어와 있는 정부종합청사이다. 청사 앞에는 라데츠키 장군의 기마상이 있다. 요한 슈트라우스 1세가 작곡한 「라데츠키 행진곡」은 라데츠키 장군이 이탈리아와의 전투에서 승리한 것을 축하하기 위해만들어진 행진곡이다.

우라니아

라데츠키 기마상

Parkring/ Weihburggasse
파르크링/바이부르크가세

슈타트파르크 (시립공원)의 요한 슈트라우스 2세 기념상

슈타트파르크의 쿠어살롱

다음 정류장은 파르크링의 바이부르크가세Weihburggasse이다. 길 건너 쪽이 슈타트파르크Stadtpark: 시립공원이다. 공원 출입구 쪽으로 눈을 돌리면 황금색의 화려한 요한 슈트라우스 기념상이 눈앞에 다가온다. 요한 슈트라우스 기념상은 원래 백색이었으나 그의 영광을 기리기 위해 몇 년 전 황금색으로 칠했다. 시립공원이야말로 비엔나 시민들이 가장 즐겨 찾는 곳이기 때문에 비엔나 시민들이 가장 사랑하는 요한 슈트라우스의 기념상을 이곳에 세웠다고 한다. 요한 슈트라우스는 이 공원의 한쪽에 있는 쿠어살롱Kursalon에서도 왈츠 연주를 자주 했다. 쿠어살롱은 온천장Bad: 영어로는 Spa과 마찬가지로 요양하는 살롱이란 뜻이다. 쿠어살롱에서는 매일 저녁 주로 관광객을 대상으로 한 요한 슈트라우스 연주회가 열린다. 그래서 저녁이 되면 관광버스들이 주차장을 메운다. 공원 안에는 프란츠 슈베르트, 안톤 브루크너, 로베르트 슈톨츠, 프란츠 레하르 등의 음악가와 화가인 야코프 에밀 쉰들러 등의 기념상이 있어서 뜻하지 아니하게 유명인사들을 만나볼 수 있다.

프라터슈트라세로 나온 김에 프라터슈트라세 31번지를 생각하지 않을 수 없다. 옛날 카를 극장이 있던 장소이다. 현재의 성요한 교회 옆으로 한국 사람이 경영하는 아시아 식품점 건물쯤에 있었던 것 같다. 1847

비엔나의 실내 오페라 극장

년 문을 연 카를 극장은 연극과 음악 공연에서 빛나는 전통을 이어왔으며, 1854년 요한 네스트로이가 극장 감독으로 취임하면서 전성기를 구가했다. 네스트로이의 유명한 연극 〈룸펜Lumpazi-vagabundus〉이 초연된 것도 이 극장에서였다. 이밖에도 카를 극장에서는 요한 슈트라우스의 오페레타 〈메투살렘 공자Prinz Methusalem〉, 〈보카치오Boccacio〉, 프란츠 폰 주페의 〈아름다운 갈라테Die schone Galathee〉, 오스카 슈트라우스의 〈왈츠의 꿈Ein Walzertraum〉, 레오 팔의 〈마담 퐁파두Madame Pompadour〉 등이 초연되었다. 바그너의 〈탄호이저〉가 비엔나에서 초연된 곳도 이곳이었다. 오펜바흐의 오페레타 여러 편도 이 극장에서 공연되어 대히트를 기록했고 이로부터 유럽 전역에 널리 퍼졌다. 구스타프 말러는 이 극장에서 근무했으며 젊은 아널드 쇤베르크는 돈을 벌기 위해 이 극장에서 오페레타를 지휘했다. 카를 극장이 문을 닫은 후 비엔나에는 소규모 오페라를 공연하는 소극장 형태의 실내 오페라 극장Kammer Oper이 이곳저곳에 생겨 일반 시민들의 오페라에 대한 목마름을 채워주었다.

Schubertring/ Schwarzenbergplatz
슈베르트트링/슈바르첸베르크플라츠

슈베르트트링의 남쪽 뒷길인 로트링거슈트라세에는 베토벤 기념상이 있는 비교적 조그마한 베토벤플라츠Beethovenplatz: 베토벤 광장가 있다. 음악 교과서에 자주 등장하는 베토벤 기념상은 1880년 베토벤 애호가들이 베토벤음악제를 개최한 것을 기념하여 모금한 돈으로 세운 것이다. 이 광장의 한쪽에 있는 붉은 벽돌 건물은 원래 고등학교였다. 벽에는 한때 슈베르트가 이 학교의 선생으로 근무한 일이 있는데 수업시간 중이라도 악상이 떠오르면 오선지를 찾아 음표를 그렸다는 설명이 곁들어져 있다. 그래서 이 학교 건물의 앞길을 슈베르트트링이라고 부르게 되었다. 슈베르트링이 시작되는 모퉁이에는 '슈베르트트링 호텔'이 있다.

슈베르트트링에서 캐른트너링으로 꺾이는 곳에 슈바르첸베르크플라츠가 있다. 두 번째 날 탐방에서 본 그 광장이다. 호흐슈트랄Hochstrahl 분수가 있고, 분수 뒤에는 '무명의 약탈자'라는 별명이 붙은 러시아 붉은 병사의 기념상이 있다. 분수 앞에 있는 기마상은 슈바르첸베르크 공자인 카를 필리프Karl Philipp이다. 호흐슈트랄은 '물줄기가 높이 솟아오른다'라는 뜻이다.

베토벤플라츠의 베토벤 기념상

슈바르첸베르크 장군 기념상

LUDWIG
VAN
BEETHOVEN.

HOTEL IMPERIAL

임페리알 호텔

임페리알 호텔의 살롱

슈바르첸베르크 공자의 기마상을 지나면 임페리알 호텔이 당당하게 등장한다. 임페리알 호텔 정문 입구 옆 벽면에는 바그너가 이 호텔에 묵으면서 〈탄호이저〉와 〈로엔그린〉의 상당 부분을 작곡했다는 부조가 걸려 있다. 임페리알 호텔은 임페리알 토르테Imperial Torte의 본산이다. 비엔나의 '토르테' 하면 자허 호텔의 자허 토르테를 우선 생각하지만 임페리알 토르테도 전통을 자랑하는 명품이다. 자허 토르테는 케이크 부분에 중점을 둔 반면에 임페리알 토르테는 초콜릿 부분을 더 강조한 것이라고 한다. 임페리알 호텔은 캐른트너 슈트라세 초입에 있는 브리스톨 호텔과 함께 비엔나의 최고급 호텔이다. 지난날 이 호텔에 투숙했던 유명인사는 헤아릴 수 없이 많다. 리하르트 바그너, 구스타프 말러, 헤르베르트 폰 카라얀, 후안 카를로스 스페인 국왕, 가다피 리비아 대통령, 영화배우 찰리 채플린, 브루스 윌리스, 샤론 스톤 등등. 임페리알 호텔을 뒤로하고 오페른링 쪽으로 조금 지나가면 오른쪽 길거리에 위대한 지휘자 헤르베르트 폰 카라얀Herbert von Karajan을 기념하는 카라얀 박물관이 있다. 나중에 한번 둘러보고 카라얀 지휘의 음반을 기념으로 사는 것도 좋은 추억이 될 것이다.

임페리알 호텔 뒤편으로는 빈 필하모니의 신년음악회로 유명한 무지크페어라인Musikverein: 악우회 건물과 예술가 단체 건물이자 연주회장이 있는 퀸스틀러하우스Künstlerhaus가 있다. 퀸스틀러하우스에서는 전시회도 열린다. 비엔나 신년음악회는 무지크페어라인 건물에 있는 그로서 무지크페어라인잘Grosser Musikverinsaal에서 열린다. 황금빛의 찬란한 여신상들이 홀의 양쪽 벽면에 줄지어 늘어서 있기 때문에 황금홀이라는 별명이 붙어 있다. 무지크페어라인의 작은 홀은 브람스 홀이라고 부른다. 브람스와 인연이 깊기 때문이다. 브람스 홀에는 브람스의 기념상이 있다.

브람스 기념상

카를스플라츠 전차역

카를스키르헤에서 퀸스틀러하우스 방향으로 있는 숲 사이에서도 브람스 기념상을 볼 수 있다. 브람스는 카를스플라츠의 한쪽에 있는 카를스가세Karlsgasse 4번지에서 세상을 떠났다. 그 집은 전쟁 때 폭격으로 사라졌지만 브람스가 세상을 떠난 집을 기념하여 부근에 브람스 기념상을 만들어놓았다. 한편, 카를스키르헤를 오른쪽으로 돌아가면 오페라 역사에 찬란히 빛나는 글루크의 기념상이 서 있다. 카를스키르헤를 바라볼 때에 오른쪽에는 비엔나 기술대학교Technishe Universität가 있다. 비엔나 기술대학교 앞 광장은 레셀 공원Resselpark이다. 비엔나 기술대학교 교수로서 선박 추진용 프로펠러와 볼 베어링 등을 발명한 요제프 레셀Joseph Ressel, 1793~1857년을 기념하는 공원이다. 비엔나 기술대학교 건물의 모퉁이를 돌아서 가보면 비발디에 대한 기념 명판이 있다. 비발디의 말년은 불운했다. 후원자들이 끊어지는 바람에 비참한 생활을 해야 했던 비발디는 현재의 비엔나 기술대학교 자리에 있던 한 집에서 쓸쓸하게 세상을 떠났다. 당시 현재의 비엔나 기술대학교가 있던 장소는 정신병자 수용소였으며, 그 앞의 공터는 처형당한 사형수들의 묘지였다.

카를스플라츠에서 캐른트너링의 전찻길 쪽으로는 아름다운 쌍둥이 역사驛舍 건물이 있다. 오토 바그너 파빌리온Otto Wagner Pavillion이라고 불리는 건물로 원래는 카를스플라츠 전차역이었다. 현재 한 건물은 오토 바그너 기념관으로 사용되고 있으며, 다른 건물은 식당 겸 카페이다. 오토 바그너의 유겐트슈틸 작품이다. 독일에서는 아르 누보를 유겐트슈틸이라고 부른다. 유겐트슈틸은 19세기 말부터 20세기 초까지 독일 뮌헨의 잡지 ≪유겐트Jugend≫가 주장한 일종의 표현주의 화풍을 말한다.

JOHANNES BRAHMS

CAFE

Opernring/Staatsoper
오페른링/국립오페라극장

제체시온

국립오페라극장인 슈타츠오퍼를 지나자마자 만나는 괴테가세 1번지에 2008년 4월 슈타츠오퍼 박물관이 문을 열었다. 슈타츠오퍼의 역사와 슈타츠오퍼의 무대를 빛나게 했던 프리마 돈나들의 모습을 볼 수 있다. 슈타츠오퍼 박물관은 특히 2차 대전으로 파괴되었던 극장 건물이 복구될 때까지의 과정을 자세히 보여주고 있어서 깊은 감동을 준다.

슈타츠오퍼국립오페라극장에서 나슈마르크트 쪽으로 있는 제체시온Secession은 프리드리히슈트라세 12번지이다. 제체시온의 정문 위에는 'Die Zeit ihre Kunst-der Kunst ihre Freiheit'라고 적혀 있다. 번역하면 '예술의 시대로, 자유의 예술로'이다. 지붕 위에는 금빛 나뭇잎을 돔으로 엮어놓았다. 비엔나 사람들은 이 돔을 '양배추 머리'라고 부른다. 제체시온은 1897년에 구성된 비엔나 예술가들의 모임이다. 이들은 전통적인 예술 비즈니스를 거부하고 새로운 예술아르 누보을 추구했다.

오스트리아에서 제체시온을 이끈 사람은 구스타프 클림트였다. 클림트는 이듬해인 1898년 비엔나조형예술아카데미의 뒤편에 제체시온 멤버의 작품을 전시할 수 있는 전시관을 만들었는데, 그것이 제체시온 건물이다. 이곳 지하 전시 홀에 있는 베토벤프리즈Beethovenfries는 오스트리아 아르 누보 작품의 백미로 인정받고 있는 클림트의 작품이다. 프리즈Fries: 영어로는 frieze는 천정과 벽 사이의 공간에 그린 그림을 말한다.

ERSTE
STAN DOUGLAS
KLATSASSIN

Burgring
부르크링/호프부르크/미술사박물관/자연사박물관

부르크링을 사이에 두고 한쪽은 호프부르크 앞의 헬덴플라츠이며 건너편은 마리아 테레지엔 플라츠를 중심으로 자연사박물관과 미술사박물관국립미술관이 있다. 두 건물은 가운데의 마리아 테레지아 기념상을 사이에 두고 서로 마주보고 있다. 자연사박물관Naturhistorishes Museum은 간단히 NHMW엔하엠베라고 부른다. 엔하엠베는 'Naturhistorisches Museum in Wien'의 첫 알파벳을 축약해서 부르는 말이다. 자연사박물관은 건너편의 미술사박물관국립미술관과 함께 1889년 문을 열었다. 기본적으로 자연사박물관은 합스부르크 왕가에서 수집한 막대한 양의 동식물 표본 및 광물 표본을 전시하고 있다.

자연사박물관의 최대 자랑은 곤충 표본이다. 합스부르크의 곤충 수집은 1793년으로 거슬러 올라간다. 당시 오스트리아의 프란츠 1세는 세계적인 곤충 수집가로 곤충학자인 요한 나테러Johann Natterer로부터 곤충을 사들이기 시작한 것이 시초였다. 합스부르크는 기왕이면 세계 제1의 곤충 수집가로 이름을 떨치기 위해 이곳저곳에서 수많은 곤충 표본을 사들였다.

2009년 현재 자연사박물관의 전시품은 2,000만 점에 이른다. 말이 2,000만 점이지 일반인으로서는 상상도 못할 숫자이다. 이 표본들은

미술사박물관

모두 과학적으로 잘 보존되고 있다. 비엔나의 표본 보관기술은 가히 세계 최고 수준이다. 여러 소장품 중에서 특별한 것은 2,500년 전의 조각 작품인 '빌렌도르프의 비너스'이다. 풍요와 다산을 상징하는 작품이다. 공룡 뼈도 대단한 소장품이다.

쌍둥이 건물인 미술사박물관과의 중간에는 카스파르 폰 춤두슈 Caspar von Zumdusch가 1887년에 완성한 마리아 테레지아 기념상이 있다. 폰 춤두슈는 슈베르트링의 베토벤플라츠에 있는 베토벤 기념상도 제작했다. 마리아 테레지아 여제가 높은 보좌에 앉아 있는 아래에는 그의 충성스런 자문관들이 언제라도 여제를 위해 나설 수 있는 자세로 말을 타고 있다. 좌대의 위에는 마리아 테레지아 시대에 활동했던 하이든, 글루크, 모차르트 등 16명의 저명인사들의 모습이 소개되어 있다.

미술사박물관Kunsthistorische Musuem은 1891년에 문을 열었다. 루브르에 이어 유럽 최대의 미술관이라고 불리는 비엔나의 미술사박물관에는 명성에 걸맞게 귀중한 예술 작품들이 엄청나게 소장되어 있다. 루벤스와 브뤼헐의 작품은 이곳 소장품이 세계에서 가장 유명하다. 이밖에도 이집트 전시관, 골동품 전시관, 동전 전시관 등도 유명하다. 현관에서 2층으로 올라가는 계단에는 안토니오 카노바Antonio Canova가 제작한 유명한 대리석 조각 작품이 있다. '센타우르를 제압하는 테세우 스'이다. 천장화는 한스 카논Hans Canon이 그린 '삶의 사이클'이다. 한편 자연사박물관의 현관 천장에는 '총독들에게 둘러싸여 있는 프란시스 1세'가 그려져 있다. 합스부르크가 수집한 각종 무기와 악기는 노이에 호프부르크에 별도로 전시되어 있다. 그리고 합스부르크의 보물들도 호프부르크의 궁정 재플 쪽에 있는 별도의 전시실에 전시되어 있다. 자연사박물관과 미술사박물관의 뒤편은 박물관구역이다. 예전에 만국박람회엑스포가 열리던 장소를 개조하여 집단박물관미술관으로 조성해놓은 곳이다. 엑스포가 열리기 전에는 왕실 마구간이었다. 박물관구역에는 레오폴트박물관Leopold Museum, 근대예술박물관Museum Moderne Kunst: MUMOK, 어린이박물관인 춤ZOOM Kindermuseum, 현대미술관인 쿤스트할레Kunsthalle, 건축센터Architekturzentrum Wien 등이 있어서 하루 종일 예술과 더불어 시간을 보낼 수 있다. 이 중에서 레오폴트박물관에는 세계 어느 곳에서도 볼 수 없는 구스타프 클림트와 에곤 실레 등의 작품이 상당수 전시되어 있다. 유명한 안과 전문의이자 수집광인 루돌프 레오폴트는 합스부르크 왕족들 못지않게 수집광이었다. 레오폴트는 당시에는 주목을 받지 못했던 구스타프 클림트와 에곤 실레의 작품을 부지런히 수집했다. 그 결과 오늘날에는 값으로 환산할 수 없을 정도의 엄청난 작품들을 소장하게 되었다. 박물관구역에 대한 종합설계가 끝나자 시당국은 전시관 한 채를 레오폴트에게 무료로 분양했다. 루돌프 레오폴트가 레오폴트박물관의 종신 박물관장이 된 것은 덧붙일 필요도 없을 것이다. 오페른링에서 부르크링으로 이어지는 곳의 길가에 점잖은 신사 한 분이 앉아 있는 기념상이 있다. 요한 볼프강 폰 괴테Goethe 기념상이다. 괴테는 한때 비엔나에서 체류한 일이 있다. 괴테는 이 거리를 산책하는 것을 즐겼다. 괴테 기념상의 뒷길이 괴테가세이다. 괴테는 산책 도중 귀족들을 만나 점잖게 인사를 나누는 것을 좋아했다고 한다. 하지만 간혹 괴테와 함께 산책하던 베토벤은 왕족이건 귀족들이건 간에 모자를 벗고 인사하기를 거부했다. 베토벤은 "저들이 나에게 먼저 인사를 해야 할 것이지 어찌하여 내가 먼저 저들에게 인사를 해야 한단 말인가?"라고 말했다. 베토벤은 그때 이미 공화사상을 가지고 있었다.

괴테 기념상

Dr.-Karl-Renner-Ring/ Parlament
독토르-카를-렌너-링/국회의사당

독토르-카를-렌너-링에 있는 그리스 신전과 같은 건물이 국회의사당 팔라멘트Parlament이다. 웅장한 모습에 절로 감탄사가 나온다. 1872~1883년에 완성되었다. 이곳에는 오스트리아 국회와 연방자문위원회가 자리 잡고 있다. 의사당 앞의 아테나팔라스 분수Pallas/Athene-Brunnen는 국회의원들에게 지혜로운 정치를 해달라는 의미를 담고 있다. 아테나 여신상의 아래쪽 둘레에는 오스트리아의 여러 강들을 상징한 조각이 있으며 여인들의 모습은 입법과 행정의 권위를 표현하고 있다. 램프를 따라 올라가는 팔라멘트 현관 양 옆에는 고대의 저명한 역사학자들의 조각이 있다. 왼편에는 그리스인이, 오른편에는 로마인이 있다. 의사당 건물에는 약 60개의 대리석 인물상이 있다. 모두 그리스와 로마의 유명한 철학자와 사상가이다.

국회의사당 뒤편은 대법원Justiz-palast이다. 대법원 앞의 슈멜링플라츠Schmerling-platz에는 1918년 1차 대전 이후 오스트리아 공화국의 창건에 공로가 지대했던 3인의 기념상이 있다. 이를 공화국 기념상Republik Denkmal이라고 부른다. 3인의 건국 유공자는 야코프 로이만Jakob Reumann, 빅토르 아들러Viktor Adler, 페르디난트 하누슈Ferdinand Hanusch이다.

Rathausplatz/Rathaus
라트하우스플라츠/시청

전차가 진행하는 방향으로 가다보면 나뭇가지들 위로 네오고딕 양식의 높은 탑이 보인다. 시청이다. 아마 세계에서 가장 아름다운 시청 건물일 것이다. 가운데 탑의 높이는 90미터이다. 1872~1883년에 프리드리히 슈미트Friedrich Schmidt가 건축했다. 탑의 꼭대기에는 철갑을 두른 기사가 세워져 있다. 시청 청사를 수호하는 기사라고 생각하면 된다. 사람들은 그를 '라트하우스만Rathausmann'이라고 불렀다. 시를 위해 봉사하는 시청 직원이라는 뜻이다. 건물 안의 넓은 로비에서는 1970~1980년대만 해도 IAEA 총회 기간 중 비엔나 시장이 주최하는 무도회가 열렸다. 시청 앞 광장은 시민들의 문화휴식 공간이다. 여름철에는 영화 페스티벌이 열린다. 주로 오페라 영화가 상영된다. 간혹 서커스 등 수많은 행사가 이곳 시청 앞 광장을 수놓는다. 12월의 크리스마스 시장은 유명하다. 시청 지하에 있는 라트하우스켈러Rathauskeller는 비엔나에서도 알아주는 유명한 주점이다. 원래 프란츠 요제프 황제는 라트하우스를 슈타트파르크시립공원 건너편, 즉 현제 마리오트 호텔과 SAS 호텔 등이 있는 위치에 짓고자 했다. 그러나 시민들을 위한 광장이 필요해서 현재의 위치로 변경했다.

라트하우스 공원에는 여러 기념상들이 있지만 그 중에서 눈길을 끄는 것은 팔라멘트 쪽에 있는 요제프 란너와 요한 슈트라우스 1세의 기념상이다. 두 사람은 비엔나에서 농부들의 민속무곡인 란들러를 왈츠로 승화시켜 비엔나 왈츠의 기반을 마련했다. 라트하우스 안의 페스트 계

라트하우스

라트하우스 파르크에 있는 요제프 란너와 요한 슈트라우스 1세 기념상

단에는 요한 슈트라우스 2세의 흉상이 있다. 비엔나 시청이 시민들을 대표하여 가장 환영하고 존경해야 할 인물로 요한 슈트라우스 2세를 선정한 것이다.

Schottentor/ Votivkirche/Universität
쇼텐토르/보티프 교회/ 비엔나대학교

쇼텐링 정류장과 시청 사이에 비엔나대학교가 있다. 비엔나의 르네상스를 주도한 유서 깊은 대학교이다. 유럽에서 두 번째로 오랜 역사를 지니고 있는 비엔나대학교는 1365년 루돌프 4세 대공이 설립했다. 비엔나대학교는 프라하대학교에 이어 독일어권에서 현존하는 가장 오래된 대학교이다. 대학교 건물은 장엄하고 화려한 스타일의 이탈리아 르네상스 양식으로 1873~1883년에 건축되었다. 웅장한 대강당어셈블리 홀을 비롯하여 화려하게 장식된 방들이 많으며 8군데의 안뜰이 있고 수많은 기념 조각상들이 있다. 특히 본관 현관에는 비엔나대학교 출신으로서 노벨상을 받은 7명의 과학자들의 모습이 전시되어 있어서 이 대학교가 얼마나 많은 인재를 배출했는지를 짐작하게 해준다.

쇼텐토르 정류장에 도착하기 직전에 오른쪽을 내다보면 두 개의 첨탑이 유난히 우뚝 솟은 네오고딕 양식의 보티프 교회Votivkirche가 장엄하게 시야에 들어온다. 프란츠 요제프 황제에 대한 암살기도가 있었을 때 이를 무사히 면한 기념으로 황제의 동생인 막시밀리안나중에 멕시코 황제이 주도하여 지은 교회이다. 막시밀리안이 웬 멕시코 황제냐고 의아해하겠지만, 당시 저 먼 대륙에 있는 멕시코는 오스트리아 제국의 식민지

비엔나대학교

였다. 보티프 교회 안의 스테인드글라스는 현대적 감각이 돋보여 인상적이다.

보티프 교회는 9구 알저그룬트Alsergrund에 속해 있지만 링과 가까이 있어서 시내에 있는 것처럼 보인다. 어떤 관광객들은 슈테판 성당과 보티프 교회가 서로 비슷하게 생겼다고 생각해서 찾아온다고 한다.

보티프 교회에서 라트하우스 쪽으로 바로 붙어 있는 광장이 루스벨트플라츠Roosevelt-platz이다. 합스부르크 시대에는 '막시밀리안 광장'이

보티프 교회의 중앙제단

라고 했던 곳이다. 1차 대전으로 합스부르크 왕조가 무너지자 이 광장은 '자유의 광장'이라고 불리다가 1938년 히틀러가 독일과 오스트리아를 합병하자 '히틀러 광장'이 되었다. 그리고 지금은 미국 대통령을 기념하여 '루스벨트 광장'이 되었다. 이 광장의 역사는 근대 오스트리아의 변천사이기도 한 것이다.

보티프 교회

Schottenring/Börse
쇼텐링/뵈르제

다음 정류장인 뵈르제Börse에서는 르네상스 양식을 모방한 빨간 벽돌 건물이 당장 눈에 띈다. 1877년에 문을 연 증권거래소이다. 뵈르제의 호프안뜰에는 독일기사장 기념상이 화려하게 서 있다. 뵈르제를 지나서부터가 링슈트라세의 진면목을 볼 수 있는 구간이다.

쇼텐링 다음의 정거장은 잘츠토르브뤼케이다. 별로 크지는 않지만 청색과 백색으로 된 건물이 눈에 띄는데, 오토 바그너의 쉬첸하우스Schützenhaus로 실내 사격장이다. 원래는 강둑에서 물의 양을 조절하는 갑문용 건물로 지었는데 갑문은 지어지지 않았다. 다음 정류장은 쇼텐링이다. 곧이어 요새같이 보이는 건물이 눈에 들어온다. 1865년에 건설한 로사우어 카제르네Rossauer Kaserne는 예전에 군대 병영으로 사용되던 건물이다. 건물이 완성되고 나서 문제가 생겼다. 설계를 잘못해서 화장실이 빠진 것이다. 나중에 건물을 개수해서 겨우 화장실을 설치할 수 있었다.

Schwedenplatz/Morzinplatz/Ruprechtkirche
슈베덴플라츠/모르친플라츠/루프레헤트 교회

카이를 따라 운행하는 전차는 슈베덴플라츠에서 정차한다. 여름밤 이탈리아 젤라토 아이스크림을 먹기 위해 온 사람들로 북적대는 곳이 슈베덴플라츠이다. 슈베덴플라츠의 전차 정류장을 지나자마자 오른쪽 높은 곳에 담쟁이덩굴이 무성한 교회를 볼 수 있다. 성루프레헤트St Ruprecht 교회이다. 교회 아래쪽에는 작은 광장, 모르친플라츠Morzinplatz가 있다. 나치 시절에 게슈타포의 본부였던 호텔 메트로폴이 있던 장소이다. 광장에는 메트로폴에 끌려갔다가 희생된 사람들을 추모하는 기념비가 있다. '나치전제정치의 희생자 기념비Mahnmal für die Opfer der NS-Gewaltherrschft'이다. 슈베덴플라츠에는 중세에 곤자가바스타이Gonzagabastei라는 능보稜堡가 있었다. 이곳에서 발굴된 곤자가Gonzaga 가문의 문장 조각품은 예술적 가치가 높아 슈베덴플라츠 지하철 U1 역 구내에 전시되어 있다.

프라터의 리젠라트

Chapter 5

비엔나 외곽과 근교의 필견 15곳

1.Baden
바덴: 온천장

바덴은 비엔나에서 남쪽으로 약 26킬로미터 떨어진 곳에 있는 온천장이다. 바덴은 통상 '비엔나의 바덴Baden bei Wien: 바덴 바이 빈'이라고 부른다. 물론 공식적인 명칭은 아니지만 다른 지역의 바덴, 예를 들어 독일의 바덴-바덴이나 스위스의 바덴과 구별하기 위해 '바덴 바이 빈'이라고 부른다. 바덴은 비엔나 숲Wienerwald의 자락에 자리 잡고 있는 헬레넨탈Helenental: 헬렌의 계곡의 초입에 있다. 헬레넨탈은 슈베하트 강을 따라 늘어선 낭만적인 계곡이다. 바덴은 온천과 함께 주변의 자연경관이 놀라울 정도로 아름답기 때문에 오랫동안 비엔나의 귀족이나 부유층의 여름 휴양지로 이용되어왔다. 바덴에는 세계적으로 유명한 온천장이 많다. 대표적인 온천장만 해도 15개가 넘는다. 이곳의 온천은 석회암에서 나오는 유황온천으로 수온은 섭씨 22~36도로 쾌적하다. 유황온천은 인근 갈보리 산에서 흘러나오는 것이다. 바덴의 또 하나 특징은 주변에 포도밭이 많다는 것이다. 그래서 바덴에는 이름난 와인 집들이 많다.

베토벤은 바덴에 여러 차례 와서 묵었다. 그가 머물렀던 집들에는 기념 명판이 붙어 있으며, 그중에서 라트하우스가세Rathausgasse 10번지는 기념관이 되어 있다. 요한 슈트라우스도 바덴에서 한동안 요양했던 것은 잘 알려진 사실이다. 바덴 극장은 1909년 페르디난트 펠너Ferdinand Fellner가 설계한 것으로 주로 오페레타를 공연한다. 여름밤 살랑이는 바람결에 오페레타의 아리아를 듣는 것을 상상해보라. 바덴의 쿠어파르크Kurpark

에서도 여름철에 야외음악회가 자주 열린다. 바덴의 중심가인 하우푸트플라츠에는 비엔나의 그라벤에 있는 것과 비슷한 페스트조일레페스트탑가 있다. 매년 9월 말에는 하우푸트플라츠를 중심으로 제빵연합 사람들의 축제가 열린다. 모두들 자기가 만든 빵들을 높이 들고 악단을 앞세워 거리를 행진한다. 바덴을 가기 위해서는 슈타츠오퍼또는 칼스플라츠 건너편의 캐른트러링에서 로칼 전차를 타면 편하다.

바덴의 오페라 극장

2.Donauturm
도나우투름/ 다뉴브타워와 인근지역

비엔나의 명물 타펠슈피츠끓는 물에 넣어 익힌 얇은 고기는 자허 호텔에서만 즐길 수 있는 것이 아니다. 도나우 강변의 도나우투름다뉴브 타워 높은 곳에서도 자허 호텔에 못지않은 타펠슈피츠를 먹을 수 있다. 도나우투름의 회전식당에서 감자튀김, 사과, 고추보다 더 매운맛의 호스 래디쉬Horse radish를 곁들인 타펠슈피츠를 먹는 것은, 음식도 음식이지만 비엔나의 경관을 파노라마처럼 볼 수 있어서 한번 가볼 것을 추천하고 싶다. 1964년에 완성된 도나우투름은 지상 160미터의 높이이다. 슈테판 성당의 슈테플남탑보다 24미터가 높다. 회전식당은 정확히 45분마다 일주한다. 그래서 후식으로 멜랑즈와 아펠슈트루델Apfelstrudel을 먹을 때쯤이면 제자리에 다시 돌아온다. 도나우투름 주변의 250에이커에 이르는 넓은 공원을 산책하는 것도 또 하나의 즐거움이다. 공원에는 잘 가꾸어놓은 꽃밭을 비롯하여 노천극장, 의자 리프트, 미니 기차 등이 있다.

카이저뮐렌Kaisermühlen의 우노시티UNO-City에 인접하여 건설된 밀레니엄 타워Millennium Tower는 비엔나뿐만 아니라 오스트리아에서 가장 높은 건물이다. 높이가 202미터에 51층이다. 주거와 사무실 공용으로 사용되고 있다. 슬로베니아 건축가인 보리스 포드레카Boris Podrecca가 설계했다. 밀레니엄 타워가 있는 지역을 밀레니엄 시티라고 부른다. 밀레니엄 타워는 밀레니엄 시티의 중심이다. 밀레니엄 타워는 1999년에 다가오는 천년밀레니엄을 기념하여 완성했다.

알테 도나우Alte Donau는 보트놀이를 하거나 요트를 즐기는 사람들의 낙원이다. 더운 여름철에는 비엔나 특유의 누드 일광욕 장소로 이용된다. 이를 갠제호이펠Gänsehäufel이라고 부른다. '갠제'는 거위를, '호이펠'은 무리 또는 집단이라는 뜻이다. 사람들이 거위 떼처럼 모여 웃고 떠들기 때문인 것 같다. 강변의 풀밭에서 피크닉을 하거나 나무 그늘에서 책을 읽으면서 여유를 부리는 데에는 알테 도나우만 한 곳이 없다. 돼지갈비구이Sparenribs 식당도 유명하다. 예를 들면, 플로리안-베른들가세Florian-Berndl Gasse에 있는 슈트란트카페Strandcafe가 있다.

도나우투름

3.Grinzing
그린칭의 호이리게 거리

호이리게는 그 해에 나온 새 포도주를 말한다. 오스트리아의 대부분 포도산지는 도나우 강 오른쪽 언덕에 집중되어 있다. 비엔나 근교에서 호이리게로 세계적인 명성을 떨치고 있는 곳은 그린칭이다. 시내의 비엔나대학교가 있는 쇼텐링에서 38번 전차를 타고 종점에서 내리면 된다. 사실 그린칭은 오늘날 외국인들을 대상으로 한 관광명소로서 더 유명하며, 진짜 비엔나의 호이리게를 즐기려면 지버링Sievering, 누스도르프Nussdorf, 하일리겐슈타트Heiligenstadt, 노이슈티프트Neustift, 발데Walde, 칼렌버거도르프Kahlenbergerdorf, 잘만스도르프Salmannsdorf의 호이리게를 찾아야 할 것이다. 비엔나 토박이들이 그린칭을 관광명소라는 이유 때문에 그다지 선호하지 않지만 그린칭만큼 오랜 역사와 전통을 간직하고 있는 호이리게 마을도 없다. 루돌프 황태자의 발자취가 남아 있으며 유명한 오페레타 작곡가인 로베르트 슈톨츠가 비엔나의 멜로디를 다듬던 곳도 그린칭이다.

그린칭에는 수십 개의 호이리게 주점이 있다. 이들 주점에서는 여러 종류의 전통음식도 맛볼 수 있다. 주로 뷔페이다. 여기에 호이리게 특유의 음악호이리게 음악이라고 함이 곁들이면 분위기가 흥겨울 수밖에 없다. 와인 주문은 보통 피어텔Viertel: 4분의 1리터부터 시작한다. 와인은 호이리게Heurige: 금년에 만든 것와 알터Alter: 작년에 만든 것로 구분하여 주문할 수 있다. 와인을 마시기 전에 우선 갈증부터 해소하고자 한다면 그스프리츠터

그린칭의
호이리게 주점

G'spritzter를 주문하면 된다. 와인을 소다에 섞은 것으로, 이걸 마시면 맑은 정신으로 시작할 수 있다. 당뇨기가 있는 사람들을 위해서는 디아Dia라는 와인이 있다. 아주 순수한 무공해 포도로 만든 것이다. 와인 전문가들은 이 디아를 높이 평가한다. 하지만 아무 집에서나 팔지 않는다. 연륜과 전통이 있는 집에서만 간혹 주문에 응한다. 어떤 와인을 마실지 결정하기 어려우면 이른바 프로비어-아흐텔Probier-Achtel을 주문하는 것도 한 방법이다. 8분의 1리터의 샘플이다. 주의사항! 호이리게와 같은 와인 주점에서는 맥주나 샴페인 종류를 주문하지 않는 것이 좋다. 같이 온 다른 사람들을 실망시킬 수도 있기 때문이다.

일반에게는 별로 알려지지 않은 비엔나 근교의 호이리게 마을을 소개하지 않을 수 없다. 그린칭에서 북쪽으로 도나우 건너편에 있는 슈트레버스도르프Strebersdorf, 슈탐머스도르프Stammersdorf, 비잠베르크Bisamberg의 거리에는 호이리게 집들이 줄지어 있다. 슈트레버스도르프에서 좀 더 북쪽에 있는 몇 개 마을에서도 와인을 생산한다. 이곳에서는 완전 무공해 포도로 와인을 만든다. 이것은 브륀너슈트라세Brünnerstrasse를 따라 재배된 포도로 만든 것이므로 브륀너슈트라슬러Brünnerstrassler라고 부른다. 비엔나 사람들은 매우 드라이하며 약간 신맛이 감도는 브륀너슈트라슬러를 상당히 높이 평가한다. 이처럼 이곳의 호이리게는 그린칭의 것과 차이가 난다. 뷔페도 아주 간소하다. 빵과 치즈가 전부이다. 하지만 순수하고 때 묻지 않은 아늑한 분위기 때문에 비엔나 사람들은 일부러 이곳을 찾는다.

굼폴즈키르헨Gumpoldskirchen 와인 산지는 산뜻한 맛의 기분 좋은 화이트 와인으로 유명하다. 이곳에서 만들어지는 바하우어Wachauer라는 와인은 오스트리아 와인의 품질을 보장한다는 공증서와 같다. 그림같이 아름다운 굼폴즈키르헨 마을에는 바로크 양식과 후기 고딕, 그리고 르네상스 양식의 가옥들이 잘 보존되어 있다. 한편 페르흐톨즈도르프Perchtoldsdorf 와인 산지는 비엔나 남부에서 8킬로미터 지점에 있는 아름다운 마을이다. 이 마을에서 만든 와인은 가벼우면서도 약간 달콤하다. 이를 쥐피게Süffige라고 부른다. 맛이 좋아 마실 만하다는 뜻이다. 비엔나 북쪽의 와인과는 전혀 다른 맛이다. 마을 중심에는 중세의 요새가 유적으로 남아 있다. 41미터 높이의 이 요새에는 '대공바벤베르크 대공을 말함의 탑'이란 이름이 붙어 있다. 여름철 저녁에는 이 요새탑 앞의 광장에서 연극이 공연된다. 비엔나에서 시즌을 마감한 유명 배우들이 시간의 여유가 날 때 호이리게도 마실 겸 출연하는 공연이다.

하일리겐슈태터 파르플라츠Heiligenstädter Pharrplatz도 호이리게로 명성이 높은 곳이다. 베토벤은 1817년 하일리겐슈타트의 파르플라츠에 있는 한 집에서 살았다. 파르플라츠는 소박한 시골 정경이 펼쳐진 포도밭 마을이다. 옛날부터 비엔나 사람들은 하일리겐슈타트에 있는 베토벤하우스에 와서 호이리게를 즐겼다. 베토벤의 음악만이 흘러나오는 곳이다. 심각한 청각장애로 고통을 받고 있던 베토벤은 인근 프로부스가세Probusgasse 6번지에서 마지막 열정으로 불후의 명작들을 남겼다. 베토벤의 유언장과 같은 유명한 '하일리겐슈태터 테스타멘트'를 쓴 곳도 이곳이다.

그린칭의 와인 집

4. Hundertwasserhaus
훈데르트바서하우스

훈데르트바서하우스는 3구 란트슈트라세의 주택가에 한적하게 자리 잡고 있기 때문에 지나칠 수도 있지만, 기왕에 비엔나를 방문했다면 반드시 찾아가보아야 할 명소이다. 훈데르트바서하우스는 세계적 현대 건축가인 훈데르트바서가 설계하여 지은 주택건물로서 1983~1986년에 완성되었다. 수십 가지 다른 색채로 알록달록하게 칠해놓고 건축 자재도 다양한 재료들을 사용한 특이한 건물이다. 가장 특징적인 것은 직선은 하나도 없고 모두 곡선으로 구성되어 있다는 것이다. 그러므로 건물의 구조에서 대칭되는 곳이 하나도 없다. 그래서인지 주위의 네오바로크 양식의 건물들과 묘한 조화를 이루고 있다. 훈데르트바서하우스는 인간의 독특한 개인성과 조화성을 표현했다고 한다. 훈데르트바서하우스에는 59가구가 입주할 수 있으며 일반 사무실도 있다. 지붕에는 19개의 루프 테라스가 있다.

1928년 비엔나에서 태어난 훈데르트바서는 젊은 시절 에곤 실레의 영향을 받았으며, 그후 구스타프 클림트의 작품과 흡사한 스타일로 관심을 끌었다. 말년의 그의 작품은 스페인의 거장 안토니오 가우디Antoni Gaudi의 작품과 비견된다는 평을 받았다. 훈데르트바서는 직선을 '악마의 도구'라고 부르며 나선형을 선호했다. 그는 어두우면서도 화려하게 밝은 색을 선택했으며 유기적 형태의 디자인을 즐겨 사용했다. 또한 어떤 작품이든지 예술가의 견해보다는 관람자의 견해에 초점을 두어야 한다고 주장했다. 그래서 주로 다다이즘이나 초현실주의 회화에서 볼 수 있는 무의식에 의한 자동기술법을 그의 예술이론으로 삼았다. 대담한 색깔로 그린 그의 초기 작품은 그다지 환영을 받지 못했으나, 오늘날 그의 혁신적인 건축 디자인은 세계의 관심을 끌기에 충분하다.

그는 건축에서 자연적인 요소를 통합한 디자인과 불규칙적인 형태를 추구했다. 건물의 마룻바닥은 평평한 것이 아니라 물결처럼 구불구불한 모습이다. 그는 '평탄하지 않은 마룻바닥이지만 발에게는 멜로디'라고 말했다. 집 안에는 커다란 나무 한 그루가 벽을 뚫고 자라고 있으며 나뭇가지는 창문을 통해 방 안까지 뻗어 있다. 훈데르트바서는 비엔나의 훈데르트바서하우스를 설계할 때에 설계비를 한 푼도 받지 않았다. 그는 당연히 할 일이었다며 보기 흉한 모습을 방지하는 일이어서 보람이 있었다고 덧붙였다.

훈데르트바서는 행위예술가로서도 알려졌다. 어떤 날은 생태계 친화적인 비수세식 화장실의 이용을 늘리기 위해 누드로 대중 앞에 나타난 일도 있었다. 그는 예술이든 건축이든 환경 친화적고 철학을 담고 있어야 한다고 주장했다. 훈데르트바서의 작품 세계는 일상생활과 자연 속에 들어 있다.

훈데르트바서하우스

5. Kahlenberg
칼렌베르크 산정

비엔나의 파노라마를 보려면 칼렌베르크에 올라가는 것이 가장 바람직하다. 하일리겐슈타트에서 버스 38A를 타면 그린칭을 거쳐 해발 484미터 높이의 칼렌베르크 정상에 도착한다. 비엔나 사람들은 칼렌베르크를 '우리들의 언덕'이라고 부를 정도로 애정을 가지고 있다. 칼렌베르크 정상에서는 비엔나가 파노라마처럼 펼쳐지지만 시선을 옆으로 돌리면 산비탈을 뒤덮은 포도밭과 드문드문 서 있는 오두막집이 바로 눈앞에 정겹게 다가선다. 시선을 또 다른 쪽으로 돌리면 굽이굽이 흐르는 도나우 강이 내려다보이며 비엔나 숲이 바로 눈앞에 펼쳐진다. 날씨가 좋은 날에는 저 멀리 카르파티안Carpathian 산맥과 심지어는 알프스의 끝자락까지 보인다. 산꼭대기에는 칼렌베르크 교회성요셉 교회가 있으며 전망대와 식당도 있다. 1683년 폴란드왕 얀 3세 소비에스키가 터키군에게 포위당한 비엔나를 구하기 위해 칼렌베르크 교회에서 비장한 심정으로 출발 예배를 보고 구원군을 출발시켰던 것은 역사적인 일로 기록되어 있다. 그런 의미에서 폴란드 출신의 교황 요한 바오로 2세가 1983년에 소비에스키 지원 300주년을 기념하여 이 교회를 방문한 것은 뜻 깊은 일이었다. 회엔슈트라세는 칼렌베르크를 거쳐 레오폴즈베르크Leopoldsberg까지 이어져 있다. 레오폴즈베르크에는 아름다운 성당이 있는 수도원이 있다. 클로스터노이베르크Klosterneuberg 수도원이다. 회엔슈트라세의 언덕 위에서 클로스터노이베르크의 장관을 내려다보는 것은 또 다른 장관이다. 20킬로미터에 걸친 회엔슈트라세 도중에는 간간이 여인숙이 있어서 여행자와 등산객의 쉼터가 되고 있다. 칼렌베르크의 한쪽에는 높이 165미터의 ORF 송신탑이 있다.

칼렌베르크 교회 전망대

6.Karnumtum
카르눈툼 요새

비엔나에서 머지않은 곳에 로마시대의 유적지가 거의 완벽하게 보존되어 있다는 것은 놀라운 일이다. 비엔나에서 동쪽으로 약 40킬로미터 떨어진 곳에 있는 카르눈툼Karnuntum 또는 Carnuntum이다. 카르눈툼은 비엔나와 브라티슬라바Bratislava의 중간에 있다. 현재의 행정구역으로 남부오스트리아의 페트로넬-카르눈툼Petronell-Carnuntum과 바드 도이치-알텐부르크Bad Deutsch-Altenburg 마을이 옛 카르눈툼이다. 일반적으로 '카르눈툼 고고학 공원'으로 불리고 있다. 그만큼 로마시대부터 그 이후의 유적들이 잘 보전되어 있다.

카르눈툼은 북쪽으로부터 앰버호박를 싣고 도나우를 건너 로마로 가는 가장 중요한 길목으로 사람들이 모여와서 살기 시작했다. 하드리아노 황제는 카르눈툼을 로마제국의 도시로 격상했다. 나중에 황제가 된 철학자 마르쿠스 아우렐리우스는 외적과의 전쟁 중에 카르눈툼에 와서 3년172~175년 동안 살았다. 그는 이곳에 거주하면서 유명한 『명상록 제2집』을 집필했다. 마르쿠스 아우렐리우스 황제는 카르눈툼에서 세상을 떠났다. 그가 세상을 떠난 후 로마제국은 내분에 직면했다. 193년 당시 판노니아의 총독인 셉티미우스 세베루스Septimius Severus가 휘하 장병들의 추대로 황제로 선포된 곳도 카르눈툼에서였다. 그 후 4세기경 카르눈툼은 게르만 민족의 침공을 받아 거의 완전히 파괴되었다. 나중에 발렌티니누스 1세는 카르눈툼을 재건했으나 그때에는 이미 예전처럼 중요한

카르눈툼의 이교도의문

지역이 되지 못했다. 대신에 빈도보나가 로마제국의 군사 중심지가 되었다. 카르눈툼은 중세에 이르러 헝가리의 공격으로 완전히 파괴되어 사람이 살지 않는 지역이 되었다.

현재 '카르눈툼 고고학 공원'은 세 구역으로 분류되어 있다. 일반 시민이 살던 구역, 군대가 주둔했던 구역, 그리고 박물관 구역이다. 카르눈툼은 유네스코의 세계유산으로 선정되어 있다. 시민들이 살던 곳은 현재의 페트로넬-카르눈툼에 있다. 로마시대의 주거지 유적이 노천에 발굴되어 있다. 이밖에도 황제가 지내던 궁전 유적, 야외극장, 그리고 '이교도의 문'의 유적이 우뚝 서 있다. 시민구역에서 당시 백부장百夫長이던 루시우스Lucius가 살던 집은 철저한 고증을 거쳐 2006년에 복원되었다. 시민구역의 중앙에는 대규모 공중목욕탕 유적이 있다. 야외극장은 중앙에서 상당히 떨어진 곳에 있다. 1만 5,000명을 수용할 수 있는 극장이다. 카르눈툼의 야외극장은 전체 로마제국에서 네 번째로 큰 규모였다고 한다. 이곳에서 단 5킬로미터 떨어진 곳에 있는 로라우Rohrau 마을은 교향곡의 아버지 하이든이 태어난 곳이다. 하이든의 생가는 월요일을 제외하고 매일 문을 연다.

군사구역에서 유일하게 남아 있는 유적은 검투사들의 경기가 열리던 노천극장이다. 노천극장의 옆에는 검투사들의 역사와 생활을 보여주는 부속 박물관이 있다. 봄과 가을에는 노천극장에서 검투사글레디에이터들의 시범경기가 펼쳐진다. 검투사들의 경기는 로마가 본거지이지만 현재 로마에서는 검투사 경기를 볼 수 없다. 세계에서 유일하게 로마시대의 검투사 경기를 볼 수 있는 곳은 카르눈툼뿐이다. 영화 〈글레디에이터〉도 이곳에서 촬영했다. 카르눈툼 박물관은 현재의 바드 도이치-알텐부르크에 있다.

7.Kirche am Steinhof
키르헤 암 슈타인호프: 슈타인호프 교회

슈타인호프는 모두 60개 동으로 구성된 초대형 정신병원 겸 재활병원이다. 비엔나 서쪽의 14구 펜칭의 갈리친베르크Galitzinberg 언덕 아래 바움가르트너 회에Baumgartner Höhe라는 곳에 있는데 오타크링 공동묘지에서 서쪽으로 있다. 48A번 버스를 타고 자나토리움슈트라세Sanatori-umstrasse에서 내리면 된다. 일반사람들은 그냥 자나토리움정신병원이라고 부른다. 현재 정신병원의 공식명칭은 'Psychiatrik Krankenhaus der Stadt Wien Baumgartner Höhe바움가르트너 회에 비엔나 시립 정신병원'이다. 대단한 규모의 정신병원으로 아마 세계 최대의 정신병원일 것이다. 언덕 꼭대기에 있는 슈타인호프 교회Kirche am Steinhof는 원래 병원에 속한 교회였다.

슈타인호프 교회는 고전과 현대의 완벽한 조화를 이룬 아르 누보 건물로서 비엔나를 대표하는 현대 건축물 중의 하나이다. 슈타인호프 교회는 성 레오폴트 교회라고도 불린다. 성 레오폴트에게 봉헌한 교회이기 때문이다. 슈타인호프 교회는 유별나게 높은 지역에 있지는 않지만 그래도 해발 310미터에 위치하고 있어서 천국에 한층 가까이 있는 것과 같은 느낌을 준다. 원래 슈타인호프 정신병원에 소속되어 있는 교회였지만 요즘에는 독립적인 교회로 활동하고 있다.

이 현대식 교회는 1903~1907년 당시 63세의 노장 건축가인 오토 바그너가 설계했다. 슈타인호프 교회는 비엔나 유겐트스틸 스타일을 대표하는 건물 중의 하나이다. 내부의 장식을 위해서는 당대에 활동했던 여러 명의 예술가들이 동원되었다. 모자이크와 스테인드글라스 창문은 콜로만 모저Koloman Moser의 작품이다. 외부 벽면에 부착되어 있는 천사 조각들은 오트마르 쉼코비츠Othmar Schimkowitz의 작품이다. 이 밖의 모든 것은 거장 오토 바그너의 솜씨이다. 교회 외부의 두개 탑은 성 레오폴트와 성 세베린St Severin을 뜻한다. 두 성인은 남부오스트리아의 수호성인들이다. 이 조각들은 리하르트 룩슈Richard Luksch, 1872~1936년의 작품이다.

슈타인호프 교회

8.Prater
프라터: 유원지

프라터라는 단어는 일반적으로 오락장이나 유원지를 뜻한다. 하지만 오늘날 프라터라고 하면 특별히 비엔나에 있는 대규모 유원지 공원만을 말한다. 비엔나의 프라터는 1766년에 조성되었고 그만큼 역사가 깊다. 처음에는 주로 사냥터로 사용되었다. 그러나 정식 유원지가 된 후에는 각종 오락시설이 들어서서 마침내 비엔나 최고 최대의 유원지가 되었다. 프라터 내에 있는 여러 시설 중에서 가장 유명한 것은 거대한 회진식 관람차이다. 독일어로는 리젠라트'거대한 바퀴'라는 뜻, 영어로는 페리스 휠Ferris Wheel이라고 부른다. 1897년에 만들어진 리젠라트는 슈테판 성당과 함께 비엔나의 상징이 되었다. 리젠라트에 올라타면 최고 65미터의 높이에서 비엔나 시내를 내려다볼 수 있다. 3월부터 10월까지 매일 오전 10시부터 밤 10시까지 운행된다. 겨울에는 쉰다. 1997년에 비엔나 시는 리젠라트 100주년 기념잔치를 성대하게 치렀다.

프라터에는 언제라도 박람회를 개최할 수 있는 시설이 있다. 메세 빈Messe Wien이다. 1921년 비엔나 만국박람회의 일부가 프라터에서 열린 후 상설전시관의 필요성이 인정되어 메세 빈을 건설했다. '메세'라는 말은 박람회라는 뜻이다. 처음에는 로툰다 형식돔을 얹은 원통형 건물의 건물이었으나 1937년 원인 모를 화재로 파괴된 후 현재처럼 다용도 상설전시관이 지어졌다. 박람회장 안에는 대형 국제회의실도 있다.

프라터의 리젠라트

9.Schloss Belvedere 슐로스 벨베데레: 벨베데레 궁전

오이겐 공자는 1697년 비엔나 도심 동남쪽에 있는 넓은 땅을 사서 정원으로 꾸몄다. 그리고 이 정원에 별장이 있으면 좋겠다고 생각해서 1714년부터 별장 건축공사가 시작되었다. 오늘날 보통 운테레스Unteres라고 부르는 하下벨베데레Lower Belvedere 궁전이다. 처음 계획은 전적으로 정원용 빌라를 짓고 여기에 오렌지 온실을 만들려고 했다. 빌라 안에는 화랑갤러리을 만들어 그림을 걸어놓고, 물론 적당히 거주할 공간도 만들기로 했다. 건축 담당은 바로크 건축의 대가인 요한 루카스 폰 힐데브란트였다. 또한 오이겐 공자가 베네치아에서 직접 초청한 조각가 조반니 스타네티Giovanni Stanetti가 합류했다. 특히 운테레스의 난간과 정원의 조각들은 스타네티의 재능을 잘 보여준다. 2년 후인 1716년 운테레스의 중앙 대리석 홀이 완성되었다. 중앙 대리석 홀의 위대한 천장화는 마르티노 알토몬테의 솜씨이다. 천장화에서는 오이겐 공자를 뮤즈들의 리더인 아폴로 신으로 묘사했다. 중앙 홀에는 오이겐 공자를 신격화한 조각도 있다. 운테레스의 서쪽에는 '낙원의 침실'이라는 별칭이 붙은 큰 홀이 있다. 오이겐 공자가 접견실로 사용한 곳이다. 동쪽으로는 대식당이 있어서 귀빈들을 초청하여 작은 음악회를 열며 만찬을 즐겼다고 한다.

오늘날 오베레스Oberes라고 부르는 상上벨베데레Upper Belvedere는

1720~1723년에 완성되었다. 원래는 단순히 정원을 중심으로 하여 운테레스에 대칭되는 적당한 모양의 별장을 생각했으나 오이겐 공자는 기왕에 집을 지으려면 여름 별장으로 사용하고자 했다. 그렇게 하여 오베레스는 운테레스에 비해 훨씬 대담한 규모로 만들어졌다. 중앙의 대리석 홀은 역사적으로 1955년 5월 15일 신생 오스트리아 공화국을 출범시키는 조약이 서명된 뜻 깊은 장소이다. 천장화는 거장 카를로 카를로네Carlo Carlone의 작품이다. 오베레스에 있는 채플의 중앙제단은 프란체스코 솔리메나Francesco Solimena의 솜씨이다.

마리아 테레지아 여제는 1573년 벨베데레 정원과 상하 별장을 오이겐 공자의 후손으로부터 매입하고 벨베데레 궁전슐로스 벨베데레이라고 처음으로 부르기 시작했다. 벨베데레 궁전은 합스부르크의 지원을 받아 더 확장되었다. 벨베데레 궁전은 1775년부터 요제프 2세의 주관 아래 제국 미술전시장으로 이용되었다. 1806년에는 암브라스Ambras 궁전에 있는 미술 소장품들을 운테레스로 옮겼다. 이미 있던 요제프 2세의 소장품과 암브라스 궁전에서 가져온 작품들은 1890년 프란츠 요제프 황제 때에 미술사박물관Kunsthistorisches Museum으로 이관되었다. 운테레스에서 마지막으로 살았던 사람은 사라예보에서 총탄에 숨진 프란츠 페르디난트 대공이었다. 벨베데레는 2차 대전 중에 심한 손상을 입었다. 유명한 '황금방Gold Cabinet'도 불탔으나 전후 모두 복구되었다. 여름밤, 벨베데레의 정원에서 펼쳐지는 오색 조명의 향연은 꼭 보기를 권한다.

1차 대전이 끝난 후부터 벨베데레에는 20세기 오스트리아 회화 작품이 전시되었다. 운테레스에는 중세 오스트리아 예술품로마네스크 및 고딕작품 전시장과 바로크 박물관마울베르츄Maulbertsch, 메세어슈미트Messerschmidt 등의 작품이 자리 잡고 있다. 그리고 오베레스에는 19세기 및 20세기 오스트리아 및 국제 작품들이 전시되어 있다. 아머링, 하우스너, 훈데르트바서, 클림트, 코코슈카, 로모코, 실레, 발트뮬러 등의 작품을 비롯해서 르느와르, 모네 등 프랑스 인상주의 화가들의 작품도 전시되어 있다.

벨베데레 궁전

10.Schloss Schönbrunn
슐로스 쇤브룬: 쇤브룬 궁전

쇤브룬 궁전의 연혁은 1569년으로 거슬러 올라간다. 당시 막시밀리안 2세 황제는 비엔나 성벽에서 상당히 멀리 떨어진 이곳에 장원莊園을 상속받아 주로 사냥 숙소로 이용하기 시작했다. 넓은 지역에 숲이 우거지고 초원이 펼쳐진 이곳은 황제를 위한 훌륭한 사냥터였다. 얼마 후 마티아스 황제1576~1619년 재위가 이곳에서 사냥을 하던 중 맑은 물이 솟아나는 샘을 발견했다. 황제는 이를 '아름다운 샘Schönbrunn'이라고 불렀다. 마티아스 황제는 숲과 샘이 있는 이곳을 너무나 사랑하여 이곳에 궁전을 짓고 살려고 생각했다. 그로부터 오랜 기간에 걸쳐 이곳에 궁전을 지으려는 계획이 진행되었으나 생각처럼 쉽지는 않았다. 마침내 막시밀리안 2세 황제가 장원으로 사용하던 때부터 거의 100년이 지난 후에야 처음의 계획이 실현되었다. 레오폴트 6세 황제1657~1705년 재위 시대였다. 궁전의 이름은 쇤브룬이라고 정했다. 거장 피셔 폰 에를라흐가 설계를 맡았다. 처음에는 베르사유 궁전에 버금하는 대규모의 궁전을 지을 생각이었지만 여러 이유로 계획이 축소되었다. 완공까지는 7년이란 세월이 걸렸다. 그 후 마리아 테레지아는 제국의 위상에 걸맞게 궁전을 확장하도록 명했다. 그리하여 1744년부터 5년에 걸쳐 거장 니콜라우스 피카시Nikolaus Picassi에 의해 지금의 화려한 궁전이 완성되었다. 건물의 외형 길이는

200미터가 넘었고 각각 특성이 있게 화려하게 장식된 방은 1,441개나 되었다. 베르사유에 버금가는 정원이 조성되었고 저 멀리 비엔나가 바라보이는 곳에 글로리에타라는 개선문을 세웠다. 글로리에타를 더 영광스럽게 만들기 위해 그 앞에는 이른바 '해신넵튠의 분수'를 만들어놓았다.

쇤브룬은 합스부르크 제국의 영광이었다. 1762년 여섯 살 된 모차르트가 마리아 테레지아를 위해 피아노 연주를 한 곳이 이곳이었으며, 오스트리아를 점령한 나폴레옹이 1805년부터 4년 동안 거주했던 곳도, 나폴레옹 2세가 젊은 나이로 세상을 떠난 곳도 이곳이다. 68년간 합스부르크 제국을 통치했던 프란츠 요제프 황제는 1830년 이 궁전에서 태어나 1916년 역시 이 궁전에서 세상을 떠났다. 카를 1세 황제가 1918년 퇴위칙령에 서명함으로써 650년에 걸친 합스부르크 통치를 종식한 곳도 이곳이었다. 2차 대전 중 폭격으로 크게 손상을 입은 쇤브룬 궁전은 종전 후 영국군 사령부로 사용되었다. 강대국의 신탁통치에서 벗어난 오스트리아 공화국은 곧 쇤브룬 궁전의 복구에 나서 마침내 '쇤브룬 황색'이라는 과거의 영광을 되살려놓았다. '쇤브룬 황색'은 궁전의 거의 모든 벽지가 정부에서 제작한 황색 벽지로 도배되었기 때문에 붙여진 이름이었다. '쇤브룬 황색'은 마리아 테레지아가 좋아하던 색이었다.

쇤브룬의 수많은 방 중에서 일반에게 공개되고 있는 방은 아름다운 천장 프레스코화가 있는 대회랑에서 프란츠 요제프 황제의 소박한 침실에 이르기까지 다양하다. 청나라 도자기로 꾸며진 '푸른 방'은 마리아 테레지아의 국제적인 취향을 잘 보여준다. 곳곳에 엘리자베트 왕비씨씨의 잔영이 남아 있다. 대정원에는 30만 개 이상의 꽃나무가 심어져 있다. 개선문과 같은 글로리에테Gloriette로 올라가는 양쪽 계단 입구에는 해신 넵튠의 웅장한 조각상이 있고 가운데에는 하늘 높이 솟는 분수가 있다. 마차 궁전Wagenburg: 마차 박물관에는 로코코 양식, 바로크 양식, 비더마이어 양식의 각종 황실 마차들이 전시되어 있다. 식물원인 팔멘하우스Palmenhaus는 건축양식이 대단히 특이하다. 30미터 높이의 철근 구조물인 식물원은 세 구역으로 나뉘어 각기 온도가 달리 조절되고 있어서 희귀식물이나 열대식물을 관리하고 있다. 세계에서 가장 오래된 동물원도 있는데, 이곳은 1752년에 마리아 테레지아의 남편인 프란츠 1세 황제가 설립했다. 동물원에는 800여 종의 동물 4,500여 마리가 살고 있다.

쇤브룬 궁전

11. Spittelberg 슈피텔베르크

비엔나판 작은 민속촌이다. 아마 비엔나에서 가장 흥미로운 지역일 것이다. 비엔나 사람들은 슈피텔베르크를 '보보 문화의 중심지'라고 부른다. 보보는 '보헤미안 부르주아Bohemian Bourgoise'의 앞 두 글자를 딴 것이다. 파리의 라틴 구역이나 스톡홀름의 감라스탄Gamlastan과 같다고 보면 된다. 아무튼 비엔나 도심에 중세의 골목길이 그대로 보존되어 있다는 것은 놀라운 일이다. 이 거리에서 새로 집을 짓거나 보수하려면 반드시 중세의 오리지널 스타일을 따라야 한다. 원래 이 지역은 포도밭이 늘어선 언덕이었다. 그러다가 1525년 비엔나 시가 이곳에 상당한 규모의 양로원을 짓자 사람들이 몰려와서 살기 시작했다. 슈피텔베르크는 '양로원이 있는 언덕'이라는 뜻이다.

슈페텔베르크에는 포도밭이 있어서 다른 곳보다 지대가 상당히 높았다. 물론 지금은 세월의 흐름과 함께 비교적 완만한 지대가 되었다. 지대가 높다 보니 그만큼 군사적으로 이용 가치가 있었다. 실제로 17세기에 터키가 비엔나를 공성할 때에 이곳에 포대를 세우고 비엔나 중심가를 내려다보며 대포을 쏘았다. 나폴레옹도 이곳에 진지를 구축하고 포병들에게 비엔나의 중심지를 포격권 안에 두도록 했다. 터키의 2차 비엔나 공성 이후에 있었던 슈피텔베르크의 대화재는 유명하다. 거의 모든 건물들이 잿더미가 되었는데도 얼마 후 사람들이 하나 둘씩 몰려와 살기 시작했다. 이번에는 주로 화가, 조각가, 음악가, 공예가, 그리고 상인들이 들어와 살았다. 작은 공방들이 생기기 시작했고 이어 포도주와 맥주를 파는 주점들이 늘어서게 되었다. '리베르 아우구스틴'처럼 주점을 순방하여 노래를 부르는 사람들이 많이 생겼다. 이들은 서민들을 즐겁게 해주기 위해 주로 풍자적인 노래를 불렀다. 슈피텔베르크에서 사랑받던 특유의 풍자 노래를 '슈피텔베르크 노래'라고 부른다. 마치 그린칭 특유의 음악을 '그린칭 음악'이라고 부르는 것과 마찬가지이다. 슈피텔베르크의 주점에는 노래뿐만 아니라 흥겨운 춤도 있었다. 맥주집 아가씨와 어울려 추는 랜들러 스타일의 춤을 비어아우슈샨크멘처Bier-ausschankmentscher 춤이라고 불렀다. 이 역시 슈피텔베르크의 명물이었다.

비엔나 시는 한때 슈피텔베르크 거리를 도시계획에 따라 대대적으로 정비하고자 했지만 성공하지 못했다. 주민들의 슈피텔베르크 보존운동에 두 손 들었기 때문이었다. 이후 비엔나 시는 문화유산적인 슈피텔베르크의 보존을 위해 많은 노력을 기울였다. 그 결과 작은 기념품 가게, 화장품 가게, 미장원, 화랑, 가두 연극무대, 주점, 제과점이 이곳에 정착했다. 중세시대에는 모두 138개의 상점이 있었다. 58개 상점은 주류 판매 허가를 받은 상점이다. 홍등가까지 있었다. 오늘날 그런 모든 상점들이 사창가를 제외하고 대부분 재현되어 있다. 그렇다고 중세 당시의 풍습대로 생활하는 주민들의 모습까지 볼 수 있는 것은 아니다. 또한 슈피텔베르크는 크리스마스 시장으로 유명하다. 비엔나에서 가장 아기자기한 크리스마스 시장일 것이다.

슈피텔베르크 거리는 비엔나 중심부에서 가깝기 때문에 찾아가기도 쉽다. 부어가세와 키르헨가세가 만나는 곳에 있으며 지하철 3호선을 이용해서 노이바우가세Neubaugasse나 폴크스테아터Volkstheater에서 내리면 된다. 전차는 49번을 타고 슈티프트가세Stiftgasse에서 내리면 되고, 버스는 48A를 타고 가다가 잔크트 울리히스 플라츠Sankt Ulrichs Platz에서 내려 조금 걸어가면 된다.

슈피텔베르크 거리

슈피텔베르크의 크리스마스 시장

12.Stift Klostenburg
슈티프트 클로스텐부르크: 클로스텐부르크 수도원

비엔나 북서부 13킬로미터 떨어진 레오폴즈베르크Leopoldsberg의 언덕 위에 장엄한 클로스텐부르크 수도원이 자리 잡고 있다. 클로스텐부르크에는 1108년에 설립된 아우구스틴 수도원이 있다. 아우구스틴 수도원은 8세기에 걸친 위대한 예술작품의 보고로서 별도의 보물 보관실과 박물관이 있을 정도이다. 클로스텐부르크에는 일찍이 1113년 신성로마제국의 변방 영주인 레오폴트 3세가 저택으로 지은 성이 있었다. 레오폴트와 결혼한 신성로마제국 황제의 딸인 아네스Agnes 공주가 성의 발코니에 서 있을 때 갑자기 광풍이 불어 아네스 공주가 귀하게 여기는 베일이 바람에 날아갔다. 사람들이 공주의 베일을 찾기 위해 애썼지만 찾지 못했다. 9년 후, 레오폴트가 사냥을 나갔을 때 공주의 베일이 어떤 나뭇가지에 매달려 있는 것을 보았다. 9년이란 세월이 흘렀는데도 베일은 하나도 손상되지 않은 채 그대로였다. 그때 홀연히 성모 마리아가 나타나 레오폴트에게 이곳에 수도원을 지어 봉헌하라고 요구했다. 그렇게 해서 클로스텐부르크 수도원이 생겼다는 전설이 있다.

오스트리아에서 가장 오래된 수도원 중의 하나인 클로스텐부르크 수도원에서는 지하 납골당에 있는 카펠라 스페키오사Capella Speciosa를 방문할 필요가 있다. 카펠라 스페키오사는 마드리드에 있는 에스코리알

클로스텐부르크 수노원

Escorial 수도원을 본뜬 모습이다. 카펠라 스페키오사는 원래 로마네스크 양식으로 지어졌는데 1799년 요제프 2세가 고딕 양식으로 보수했다. 이는 요제프 2세의 할아버지인 카를 6세의 유언에 따른 조치였다. 카펠라 내부의 프레스코화는 거장 미하엘 로트마이르Michael Rottmayr의 작품이다. 카펠라 내부의 다른 한쪽에는 클로스텐부르크 수도원의 창시자인 레오폴트 3세의 관이 안치되어 있다. 지하 납골당에서 가장 눈길을 끄는 것은 베르둔Verdun 제단이다. 1180년에 만들어진 제단으로 오스트리아에 있는 중세 교회의 제단 중에서는 가장 귀중한 문화재이다. 제단에는 신구약 성경에 나오는 45개의 이야기가 조각되어 있다. 그 후 1330년에 구리판에 도금한 그림이 제단에 추가되었다. 이 그림은 오스트리아에서 가장 오래된 작품으로 평가받고 있다. 바벤베르크의 가계를 설명한 판넬은 1485년 작품이다. 또 다른 보물로는 도나우 지방의 금으로 만든 성배와 대공의 의관이 있다. 매일 9시 반부터 11시까지 안내관광을 할 수 있으며 일요일에는 오후 1시 반부터 4시까지 공개되고 있다.

13.Stift Melk
슈티프트 멜크: 멜크 대사원

멜크 수도원은 오스트리아 문화유산의 보고이다. 이곳은 오스트리아의 자랑이기도 하지만 유네스코가 선정한 세계적 문화유산이다. 게다가 주변 경관이 놀랍도록 뛰어나다. 바로크 종탑이 우뚝 솟은 테라스에서 내려다보이는 굽이치며 흐르는 도나우 강은 가히 환상적이다. 누구든지 이곳에 오면 아름다운 주변 경관 때문에 시간이 멈춰버려서 이곳을 떠나고 싶지 않은 심정이라고 한다. 남부오스트리아 바하우에 있는 멜크 수도원은 베네딕트 수도원으로 오스트리아에서 가장 규모가 크다. 건물의 길이는 약 320미터에 이른다. 멜크 수도원에 가면 오스트리아의 역사를 알 수 있다. 바벤베르크 왕조의 중심이었기 때문이다. '멜크'는 우유젖라는 뜻이다. 하느님이 이스라엘 백성을 이집트로부터 구원해서 젖과 꿀이 흐르는 가나안으로 인도하겠다고 약속한 데서 연유한 단어인 것 같다. 멜크의 또 다른 뜻은 천천히 흐른다는 것이다. 도나우 강이 수도원을 가슴에 안듯 포용하며 서서히 흐른다는 의미인 것 같다.

현재 멜크 수도원의 황제동에는 박물관이 있어서 멜크의 역사와 바벤베르크 왕조의 유산을 볼 수 있다. 역대 바벤베르크 왕조 군주들의 초상화들이 간략한 약력과 함께 마련되어 있는 작품은 대단한 귀중품이다. 멜크 수도원 소속 화가인 프란츠 요제프 크레머Franz Joseph Kremer의 작품이다. 황제동의 천장 프레스코화는 거장 파울 트로거스Paul Trogers의 작품으로 아테네 여신이 사자가 이끄는 마차를 타고 있는 모습과 헤라클레스가 지옥의 개를 몽둥이로 제압하는 장면을 담았다.

멜크 수도원은 현재에도 세계에서 가장 많은 중세의 종교사회 도서를 소장한 곳으로 이름을 떨치고 있다. 도서관에는 약 10만 권의 귀중한 장서가 있다. 멜크 수도원은 1780~1790년 요제프 2세가 내건 오스트리아 수도원의 국유화 및 해산 정책에도 불구하고 현재까지 명성을 이어오고 있다. 바벤베르크 왕조의 중심지였다는 역사적 중요성 이외에도 귀중한 도서관이 있기 때문이었다. 멜크 수도원은 나폴레옹 전쟁의 위협 속에서도, 그리고 1938년의 독일과 오스트리아의 합병에도 불구하고 꿋꿋하게 생존했다. 이곳에는 12세기부터 수도원 학교가 있어서 방대한 도서를 소장하고 있었을 뿐만 아니라 귀중본의 사본작업으로 유명했다. 그 수도원 학교는 19세기에 일반 학교가 되었고 2차 대전이 끝난 후에는 일반 남녀공학의 고등학교로 개편되었다. 현재 약 900명의 학생들이 있다.

멜크 수도원

14.UNO-City
우노시티: 국제연합기구 시티

지하철 U1을 타고 도나우 강을 건너 카이저뮐렌에 도착하면 왼쪽으로 높이 솟아 있는 현대식 건물들을 볼 수 있다. 독일어로 '인터나치오날레스 첸트룸 빈Internationales Zentrum Wien'이며 영어로는 '비엔나 인터내셔널 센터Vienna International Centre: VIC'로 불리는 우노시티UNO-City이다. 우노는 유엔 기구의 약자이다. 1955년 전승국의 통치로부터 해방시키자는 평화조약이 맺어지자 오스트리아는 영구중립국을 선언했고, 이를 계기로 유엔에 가입했다. 그로부터 2년 후인 1957년에 UN 산하의 국제원자력기구가 비엔나에 본부를 정했고 이어 1967년에는 유엔공업개발기구UNIDO가 옮겨왔다. 아울러 석유수출국기구OPEC도 비엔나로 본부를 옮겨왔다. 이후 다수의 국제기구가 속속 비엔나를 찾아왔다. 이로써 비엔나는 뉴욕과 제네바에 이어 제3의 UN 도시가 되었다.

이들 국제기구로 인해 해마다 수없는 국제회의가 열리자 비엔나는 유엔 기구를 수용하기 위한 별도의 건물, 즉 비엔나 인터내셔널 센터를 완성하여 매년 단 1실링당시 화폐의 임대료를 받고 영구 임대했다. 우노시티는 A타워에서 G타워까지 7동의 건물로 구성되어 있다. 그중 C빌딩은 회의 전용 건물로 만들었다. 우노시티는 4월부터 10월까지 매일 11시부터 2시까지 관람할 수 있다.

바그라머슈트라세Wagramerstrasse 5번지가 주소인 VIC는 오스트리아 건축가인 요한 슈타버Johann Staber가 설계했다. 1973년부터 건설을 시작하여 1979년에 완성했다. 비엔나에 국제기구 건물을 마련해주자는 아이디어는 당시 수상이던 브루노 크라이스키Bruno Kreisky가 제안했다. 그래서 VIC의 C건물에서 F빌딩으로 가는 복도에 크라이스키 수상의 유화 초상화가 걸려 있다. VIC에는 컨퍼런스C 빌딩 이외에 6개의 빌딩이 Y자 형태로 배치되어 있다. 설계자의 설명에 따르면 Y자는 북구 신화에 나오는 이그드라실Yggdrasil을 의미한다는 것이다. 이그드라실은 우주를 받치고 있는 신화 속의 나무를 말한다. 유엔 기구들이 세계 평화를 위해 중추적인 기능을 해야 한다는 의미를 담고 있다.

총면적은 23만 제곱미터이며 가장 높은 건물은 A빌딩으로 120미터 높이에 28층이다. A빌딩은 슈테판 성당에 비해 16미터가 낮을 뿐이다. VIC에는 54개의 승강기가 있고 2만 4,000개의 유리창이 있으며 1,000개의 화장실이 있다. 하지만 레스토랑과 카페테리아는 하나씩 있을 뿐이다. VIC에는 대형 코미서리Commissary가 있어서 면세품

우노시티

을 구매할 수 있다. VIC에서 근무하는 인원은 약 5,000명으로 100개국 이상의 출신으로 구성되어 있다. 대규모 회의는 바로 연결되어 있는 '오스트리아 센터 비엔나ACV: Austria Center Vienna'에서 열리는데, 최대 6,000명이 모여 회의를 할 수 있다.

VIC는 비엔나에서 각국 대사관과 마찬가지로 치외 법권 지역이다. VIC에는 IAEA, UNODC, UNOV, UNIDO, CTBTO 준비위원회 등이 입주해 있다. 비엔나에 있는 다른 국제기구로는 OSCE, OPEC 등이 있다. VIC에 가려면 지하철 U1을 타고 도나우를 건너 카이저뮐렌, 비엔나 인터내셔널 센터에서 내리면 된다.

15.Zentralfriedhof
첸트랄프리드호프: 중앙공동묘지

중앙공동묘지의 대통령 묘역과 카를 뤼거 교회

비엔나에는 약 50곳의 공동묘지가 있다. 그중에서 11구 짐머링Simmering의 짐머링거 하우프트슈트라세Simmeringer Hauptstrasse에 있는 첸트랄프리드호프중앙공동묘지가 가장 넓다. 넓이가 2.4제곱킬로미터에 이른다. 독일어의 프리드Fried는 '평화', '자유'를 뜻하며 호프Hof는 궁전이나 저택을 말한다. 오스트리아 사람들은 묘지를 평화와 자유를 위한 안식처라는 뜻에서 프리드호프라고 부른다. 슈바르첸베르크플라츠에서 71번 전차를 타고 가다가 중앙문Haupttor에서 내리면 유명인사 묘역과 프리드호프 교회로 갈 수 있다. 1874년에 문을 연 이곳에는 모두 330만 구의 시신이 매장되어 있다. 유럽에서 두 번째로 큰 공동묘지이다.

첸트랄프리드호프가 개장된 후 비엔나 시 당국은 비엔나 시내에 흩어져 있는 유명인사들의 묘를 첸트랄프리드호프로 이장하기로 결정했다. 이에 따라 오스트리아를 대표하는 정치인, 문학가, 음악가, 과학자, 의사, 법률가 등의 묘소가 중앙공동묘지로 이장되었다. 베토벤과 슈베르트의 묘지도 1888년 이곳으로 영원한 안식처를 옮겼다. 화려하게 장식된 묘비만 보아도 중앙공동묘지는 하나의 조각 박물관이다. 아름다운 묘비를 감상하는 것만으로도 하루해가 모자란다. 묘지라고 해서 꺼림칙하게 생각할 필요가 전혀 없다. 이곳은 아름다운 공원이자 조각 작품들

의 숲이다. 그리고 인생과 죽음에 대해 잠시 생각해볼 수 있는 기회를 마련해주는 뜻 깊은 곳이다.

중앙공동묘지에서 가장 유명한 구역은 음악가의 묘역인 32구역이다. 베토벤, 모차르트, 슈베르트, 브람스, 요한 슈트라우스, 후고 볼프, 프란츠 폰 주페, 카를 밀뢰커 등의 마지막 안식처가 한군데에 자리 잡고 있다. 음악 애호가가 아니더라도 한번쯤은 반드시 방문해볼 가치가 있는 곳이다. 중앙의 원형광장에는 오스트리아 역대 대통령의 묘소가 있다. 대단히 검소한 묘소들이다. 그 뒤로는 프리드호프 키르헤공동묘지 교회가 장엄하게 서 있다. 프리드호프 교회는 독토르 카를 뤼거 기념교회 또는 성보로모이스 교회라고 부른다.

프리드호프 교회는 거장 오토 바그너의 작품으로 내부로 들어가면 신비한 느낌마저 든다. 원래는 장례미사를 집전하기 위해 건설한 교회이지만, 현재는 특별한 경우에 일반 미사도 집전한다. 교회의 지하는 납골당으로도 사용된다. 교회는 아르 누보 양식으로 교회 내의 그림들이나 장식품들은 미술사적으로 대단히 중요한 의미가 있는 것들이다.

첸트랄프리드호프는 가톨릭 구역이 중심을 이루고 있지만 개신교 구역도 있다. 규모는 작지만 러시아 정교회 구역과 유대인 공동묘지도 있다. 원래 지금의 첸트랄프리드호프 자리는 유대인 공동묘지였다. 이곳의 유대인 공동묘지는 비엔나 시가 이곳을 첸트랄프리드호프로 확장하여 공식 개장한 때보다 약 10년 전부터 있었다. 나중에 유대인 묘역은 나치의 유대인 '대숙청의 밤Kristallnacht'1938년 11월 11일에 철저하게 파괴되었다. 하지만 다행히 아직도 약 6만 개의 유대인 묘지가 그대로 남아 있다. 유대인 구역에는 유명한 은행가인 로트쉴트Rothschild의 가족, 작가 아르투어 슈니츨러Arthur Schnitzler 등이 안치되어 있다. 1차 대전 말기인

1917년에 조성된 제2차 유대인 묘역은 아직도 사용 중이다.

해마다 만성절11월 1일: Allerheiligen이 되면 상당수의 비엔나 시민들은 누가 권하지 않았는데도 아침 일찍부터 중앙공동묘지로 발길을 향한다. 마치 성지를 향하는 순례자들과 같다. 이들은 일반적으로 자기들의 가족 묘지를 찾아가 꽃을 바치고 추모하지만 대부분은 저명인사, 특히 유명한 배우들 또는 이런저런 유명인사들의 묘지를 찾아가 평소의 존경심을 정성껏 표현한다. 중앙공동묘지는 다리에 힘이 없는 노인들이 걸어 다니기에는 너무 넓기 때문에 구내버스가 운행되고 있다.

정준극 鄭埈克

한국외국어대학교에서 독어독문학을 전공했다. 1966년부터 대한일보사 등에서 문화, 과학 담당 기자로 근무한 데 이어 1973년 한국원자력연구소에 입소하여 2002년까지 원자력국제협력, 원자력부산물관리사업, 원자력국민이해증진사업, 원자력정책연구 등을 수행. 2002년부터 2006년까지 아태원자력협력협정(RCA) 사무국 사업당담관으로 근무. 1980년부터 20여 년간 비엔나 소재 국제원자력기구(IAEA) 총회 등에 한국대표단의 일원으로 참석했으며 IAEA의 전문가 및 초청 강사로 활동했다.

비엔나 워킹 투어

중세의 골목길에서 만나는 영광의 역사와 예술 그리고 낭만

지은이 | 정준극
펴낸이 | 김종수
펴낸곳 | 한울엠플러스(주)

초판 1쇄 발행 | 2009년 12월 1일
초판 2쇄 발행 | 2016년 1월 15일

주소 | 10881 경기도 파주시 광인사길 153 한울시소빌딩 3층
전화 | 031-955-0655
팩스 | 031-955-0656
홈페이지 | www.hanulmplus.kr

등록 | 제406-2015-000143호

Printed in Korea.
ISBN 978-89-460-6109-5 03920

* 책값은 겉표지에 표시되어 있습니다.